JN418777

문화 텍스트로 본 서양역사

문화 텍스트로 본 서양역사

박유정 지음

인간사랑

재판 머리말

이 책은 생애 첫 저술이다. 처음은 누구에게나 특별한 의미가 있는 것처럼 이 책도 내게는 참 소중하다. 박사학위 직후에 출판의 기회가 있었지만 흘려버렸고, 그러다 우연히 역사 공부를 위해 썼던 강의노트가 이 책의 바탕이 되었다. 내가 역사를 공부할 요량으로 적어놓았던 노트를 학생들의 강의이해에 도움이 되라고 제공하였는데, 그 강의노트가 충실하다는 평가에 힘입어 출판을 결심하게 되었었다. 그러나 출판이 처음이라 두려워 몇몇 교수님들께 자문을 구했지만 한 분을 제외하고 출판에 부정적이셨으며, 그 가운데는 철학을 전공한 내가 인문학적인 역사서를 쓰는 데 대한 전문성을 지적하신 분도 계셨다. 그로 인해 저명한 역사학계의 원로 교수님께 자문을 구하기도 하고 한국연구재단에 평가를 받아보기도 하면서 객관성을 확보하려고 노력했는데, 그러던 차에 철학적 외피를 가진 역사서로 꾸미라는 조언을 받고 글 전체를 수정하기 위해 출판을 1년 미뤘었다. 물론 이러한 우여곡절 속에서도 이 글은 여러 출판사를 전전하지 않고 단 두 번째 보낸 이메일을 통해 인간사랑 출판사와 출판계약을 맺었더랬다. 나는 사실 아무것도 잘 모르는 초짜였기에 그저 두렵고 얼떨떨하기만 했었다.

이제 재판이라는 문턱에 서고 보니 그 과정들이 주마등처럼 지나간다. 그리고 마냥 좋아할 수만 없는 것은 출판계의 상황이다. 출판계의 상황은 녹록치 않아서 2017년 8월에 초판 인쇄한 이 책은, 2019년에만 겨우 명맥을 유지하였고, 2020년도 알라딘 서점에서 역사부문 18–19위를 기록했을 뿐이다. 이에 출판사는 전자책 출판을 권유하기에 이르렀고, 나는 그저 한 학기와 두 번의 계절학기 개설이라는 교과목의 특성을 들어 약간의 유예시간을 얻었을 뿐 책을 잘 사지 않는 학생들에게 어떻게 하면 교재를 사도록 할까 하는 고민 아닌 고민을 하고 있다. 그러나 결국 모든 것은 저자의 문제로 귀결되는 것 같다. 이런 저런 이야기는 변명일 뿐이고, 그것들은 결국 나의 부족함에서 비롯됨을 시인하지 않을 수 없다. 재판을 위해 죽 통독을 하면서 눈에 들어오는 것은, 역사적 사건의 세부사항을 담아내는 보편적인 큰 틀이 미비하다는 점이다. 즉 서양사 전체를 다루었기 때문에 다룬 양이 많고, 그 양을 조리 있게 다룰 수 있는 질적인 틀, 즉 반성의 힘이 부족하다는 것이다. 그래서 단순한 Story가 아니라 History를 그려낼 수 있는 글의 힘, 헤로도토스나 플루타르코스 혹은 함석헌의 역사서가 가졌던 그러한 힘을 언제쯤 담아낼 수 있을까 하는 생각이 든다.

현재의 글은 양적 내용을 담아낼 질적 틀을 발견하지 못해서, 재판 수정본이긴 하나 부분적 교정에 머물고 있다. 그러나 결론에서 '역사 이념의 현상학'이라고 말씀드린 것처럼 그러한 보편사의 지평이 드러나는 글로 머지않은 시간 안에 거듭날 수 있을 거라고 약속드려 본다.

아무튼 두려움과 기쁨 그리고 아쉬움이 교차하는 가운데 나의 첫 저술의 두 번째 인쇄판을 내놓게 된다. 비록 부족하지만 내게 기회를 주신 도서출판 인간사랑과 이국재 선생님께 감사드리고, 이 세상에 태어나 음으로 양으로 가깝거나 멀거나 인연을 맺었던 모든 분들께 감사하다는 말씀을 드리고 싶다.

2021년 1월 30일

박유정 씀

초판 머리말

나는 우리나라가 세계에서 가장 아름다운 나라가 되기를 원한다. 가장 부강한 나라가 되기를 원하는 것은 아니다. … 오직 한없이 가지고 싶은 것은 높은 문화의 힘이다.

–백범 김구

자신의 나라를 사랑하거든 역사를 읽을 것이며, 다른 사람에게 나라를 사랑하게 하거든 역사를 읽게 할 것이다. 영토를 잃은 민족은 재생할 수 있어도 역사를 잃은 민족은 재생할 수 없다.

–단재 신채호

이 글은 "문화–예술로 본 서양사"라는 교양과목을 위해 쓴 강의노트를 바탕으로 한다. 2014년 2학기부터 대구 가톨릭 대학교에서 개설되었던 이 교양과목은, 사이버 강의 형태로 한국대학 가상교육연합(KCU)을 통해 전국의 여러 대학에서 동시에 수강할 수 있는 교과목인데, 이를 개발하는 과정에서 강의 동영상과 함께 집필되었던 강의노트가 이 글의 토대가 되었다. 이렇게 해서 서양의 역사에 대한 교양적 입문서가 태어난 것이다. 그러나 개인적으로 이 글은 대학 졸업반 시절부터 역사를 알아야 철학을 할 수 있다는 돌아가신 은사님의 질책 때문에, 그럼에도 늘 역부족으로 중도하차했던 자신에 대한 강박관념에서 태어난 것이라고 할 수 있다. 이제 그 질책과 강박관념이 오히려 향수가 되어 그립고, 긴 노력의 끝이라면 조랑말이 천리마를 따라잡듯 나 같이 부족한 사람에게도 집필의 성과라는 은혜가 함께 할 수 있구나 싶기만 하다.

"문화-예술로 본 서양사"라는 제목이 보여 주듯이, 이 교과목은 문화와 예술을 통해서 서양의 역사를 살펴보고자 한다. 즉 과목의 목적은 서양의 역사를 탐구하는 것이고, 문화와 예술은 그것을 위한 매개 고리 역할을 하는 것이다. 그리하여 학생들에게는 문화와 예술이라는 즐거움을 주는 소재를 통해 역사의 다소 무거운 논의에 접근하도록 유도하고, 이는 결국 역사와 예술의 학제학적 융합의 시도가 될 수 있다고 본다. 그러나 무엇보다도 역사를 안다는 것은 한반도의 역사적 정세문제를 차치하고서라도 세계를 이해하는 길이요, 인간을 이해하는 길이다. 하나의 역사적 사건일지라도 그것은 인간이 무엇인지를 보여 주고, 그러한 인간이 살고 있는 세계를 열어 보일 수 있기 때문이다. 이러한 역사의 의미를 본 교과목을 통해 조금이나마 되새길 수 있기를 바라는 마음이다.

역사의 의미 파악이라는 이러한 대의 속에서 이 글은 크게 세 부분으로 나누어진다. 그것은 고중세사, 근대사, 현대사라는 연대기 분류에 따른 것으로 문화와 예술을 매개로 각각의 시대를 살펴보려 한다. 즉 문화-예술로 본 고중세사, 문화-예술로 본 근대사, 문화-예술로 본 현대사라는 시대 고찰 이후에 결론을 맺을 것이다. 이때 각각의 시대별 역사적 사건에 대해서는 서양사 관련 저술이나 사전을 참조하였고, 이를 문화와 예술을 가지고 해석할 때는 역사의 의미를 되새겨 보는 철학적 해석으로 나아가고자 했다.

먼저 첫 번째 장인 문화-예술로 본 고중세사는 이 글의 전체 주제 의식, 즉 역사의 의미에 대한 총론적인 논의를 한다. 역사의 의미는 본 교과목이 도달해야 할 총론적인 지평이고, 그것은 곧 역사의 역사성과 역사의식에 있다고 논의되었다. 즉 문화-예술로 본 서양사 과목을 통해 알아야 할 것은 단순히 개별적인 역사적 사건이 아니라 단 하나의 사건 속에서도 드러나는 역사적 의미이다. 다시 말해서 역사는 사건이 아니라 의미를 이해할 때, 사건 속에 드러나는 중층적 의미지평, 즉 역사성을 이해할 때 진정으로 이해되는 것이고, 그럴 수 있을 때 비로소 역사의식을 갖게 된다는 것이다. 그리고 나서 고중세사의 연대기에 따라 선사시대와 고대문명, 고대 그리스와 헬레니즘 그리고 로마제국과 중세를 다룰 것이다. 이때 각각의 시대에서 대표적인 문화예술을 다루면서 그것을 통해 그 시대사를 논의해 나가는데, 라스코 동굴벽화를 통한 선사시대에 대한 논의나 함무라비법전을 통한 고대문명에 대한 논의가 그러한 예들이다. 그러한 방식으로 고대 그리스에서는 호메로스와 플라톤의 저술을, 헬레니즘에서는 마르쿠스 아우렐리우스의 『명상록』을, 로마제국에서는 시저와 클레오파트라의 사랑을, 중세에 대해서는 고딕교회·스콜라철학·십자군 원정을 가지고 고찰해갔다.

다음 장인 문화-예술로 본 근대사도 문화예술을 통해서 근대사를 다룬다는 점에서 그 서술방식이 고중세사와 같다. 근대사에서는 고중세사의 연대기적 사건순이 아니라 근대의 기념비적인 역사적 사건을 다루어 나가는데, 그 순서는 르네상스와 근대국가의 탄생, 과학혁명과 산업혁명, 시민혁명과 계몽주의, 낭만주의와 종교개혁, 보수주의와 자유주의 순이다. 이때 다루어질 문화예술로는 르네상스에서는 미켈란젤로의 〈피에타〉, 근대국가의 탄생에서는 마키아벨리즘, 과학혁명에서는 갈릴레이의 〈피사의 탑〉에서의 실험관찰, 산업혁명에서는 벤담의 공리주의, 시민혁명에서는 들라크루아의 〈민중을 이끄는 자유의 여신〉, 계몽주의에서는 칸트의 철학, 낭만주의에서는 노발리스의 시(詩) 「밤의 찬가」, 종교개혁에서는 아우구스부르크 화의, 보수주의와 자유주의에서는 청년헤겔이 본 나폴레옹시대 그리고 보수주의·자유주의·내셔널리즘의 전개과정 등이 있다.

마찬가지 방식으로 문화-예술로 본 현대사에서도 문화예술을 통해서 현대의 기념비적인 역사적 사건을 다룬다. 제국주의 시대, 제1차 세계대전과 러시아 공산화, 제2차 세계대전과 전체주의, 냉전과 탈냉전의 현대사회가 다루어질 역사적 사건들에 해당한다. 이때 다룰 문화예술로는 제국주의 시대에서는 리얼리즘 문학으로서 에밀 졸라의 『나나』와 칼라일의 제국주의적 발상, 제1차 세계대전에서는 발칸의 문제, 러시아 공산화에서는 러시아 겨울궁전에서의 피의 일요일, 제2차 세계대전에서는 아우슈비츠의 문제, 전체주의에서는 오웰의 『동물농장』, 냉전의 현대사회에서는 철의 장막이라는 개념, 탈냉전의 현대사회에서는 베를린 장벽 붕괴와 그 이후의 전개 등이 있다.

이렇게 문화예술을 가지고 고중세사, 근대사, 현대사를 살펴보고 나서 다시 한 번 모두(冒頭)에서 이야기했던 역사의 의미에 대해 상기하면서 마무리한다. 역사란 단순한 사실이나 사건 혹은 이야기가 아니라 의미를 담고 있는 이야기이고, 역사가 담고 있는 의미는 정치, 경제, 사회, 문화에 이르는 중층적 의미이기에 그 역사성을 파악하는 역사의식이 중요하며, 그러한 역사의식에서 역사의 의미, 즉 역사의 철학적 의미가 있지 않을까 한다. 그리고 그러한 점에서 역사는 윤리를 각성시키고 우리의 존재전체를 드러내어 인간의 혼과 넋, 그의 정신세계를 형성하는 까닭에 역사 앞에서 우리는 우리의 옷깃을 여미지 않을 수 없는 것 같다. 또한 그것이 역사가 인간을 가장 인간답게 하는 이유가 아닌가 생각해 본다.

이 한 권의 작은 저술이 나오기까지 어머니의 한과 아버지의 한숨이 얼마였을까. 이미 오래 전에 잊힌 그 봄부터 부모님의 사랑과 가족의 노고가 나를 위해 얼마나 울려 퍼졌는지 모른다. 그 희생과 헌신을 위해 이 작은 책자를 바치고 싶은 마음이다. 그리고 앞으로 조금이나마 보답하는 삶을 살겠다는 다짐으로 고마움을 표현하고 싶다. 끝으로 이 글에 대한 여러분들의 진심어린 질정을 바라마지 않는다.

2017년 6월

박유정 씀

차례

Ⅰ. 문화-예술로 본 고중세사

1장 역사와 역사의식

1. 역사와 역사성

"역사와 역사의식"이라는 제목 하에서 우리는 "역사란 무엇인가"와 "왜 역사를 배워야 하는가"에 대해서 다루려 한다. 역사가 무엇이고, 그것을 왜 배워야 하는가 하는 것은, 우리의 논의 전체를 지배하는 총론에 해당한다. 총론적인 메시지를 간단하게 말하자면 다음 두 가지로 요약된다. 첫째, 역사란 단순한 사건이나 사실에 머무는 것이 아니라 그것의 의미를 드러내는 것이고, 사건보다는 의미에서 역사가 무엇인지 드러나므로 역사에서 의미에 대한 해석이 중요하다는 것이다. 둘째, 역사가 드러내는 이러한 의미지평이 곧 역사성이고, 역사성을 인식하는 데서 역사의식이 생기는데, 역사를 배워야 하는 이유는 바로 그러한 역사의식의 고취에 있다는 것이다. 이러한 총론적 내용은 이 글의 논의 전체를 지배하므로 이를 염두에 두면서 앞으로의 내용들을 살펴 나가야 할 것이다.

우선 역사와 역사성이라는 제목 하에 "역사란 무엇인가"에 대해 살펴보도록 한다. 역사의 어원을 따져 보면, 역사는 Story가 아니라 History이다. 이는 역사가 단순한 이야기(Story)가 아니라는 말인데, History는 역사학의 아버지 헤로도토스의 역사서『historia』에서 유래된 말이다. 여기서 historia라는 말은 다시 histor에서 유래했는데, histor는 '현자'라는 뜻으로 세상에 대한 견문이 넓은 나이가 든 사람이라는 의미이다. 그리고 historia는 그런 현자가 들려주는 이야기라는 뜻이다. 따라서 History는 현자에 의해 해석된 이야기 혹은 사실이라고 할 수 있다. 이렇게 어원적으로 볼 때 역사는 "해석된 사실"이라는 의미가 된다. 즉 역사는 한마디로 "사실+해석"이라고 정의내릴 수 있다.

예를 들면 다음과 같은 세 가지 역사적 사건에 대해 생각해 보자. 대한민국의 독립을 외쳤던 일제 강점기, 1960년 박정희 장군에 의한 5·16사건, 1980년 비상계엄에서 광주시민에 의해 발생한 5·18사건에 대해 우리는 어떻게 알고 있나? 그 역사적 의미는 무엇인가? 일제 강점기는 일본에 의해 강압적으로 체결된 을사조약과 한일합방으로 야기된 식민지 시대로 생각하지만, 일부에서는 이 시기가 한국 근대화의 발판이 되는 시기였다고 하고, 일본 역사교과서는 이를 정당화하는 방향으로 집필되고 있다. 또한 5·16사건은 4·19 이후 장면 정권의 무능에 대한 구국의 결단에서 비롯된 혁명이었다고 보는 것이 과거의 해석이었다면, 현재는 군부에 의해 일으켜진 군사쿠데타였다고 해석된다. 그리고 5·18사건도 12·12 이후 혼란한 정국에 비상계엄을 내린 전두환 장군에 대해 광주시민이 불법적으로 폭동을 일으킨 사건이었다는 주장이 과거의 해석이었다면, 현재는 일종의 군사쿠데타에 의한 정권장악에 대해 광주시민이 저항한 민주화 운동이라고 해석된다. 이렇게 역사는 한 사건에 대해 서로 상반되는 해석이 가능하다. 따라서 역사는 단순한 사실이 아니라 해석이라고 할 수 있다.

이런 의미에서 E. H. 카(E. H. Carr, 1892-1982)는 "역사는 사실과 역사가의 상호작용이며 과거와 현재의 끊임없는 대화"라고 했다. 그에 따르면 역사는 19세기

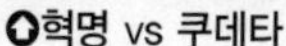

혁명 vs 쿠데타

폭동 vs 민주화운동

랑케(L. Ranke, 1795-1886)가 주장한 것처럼 객관적인 사실만으로 성립하는 것도 아니고, 크로체(B. Croce, 1866-1952)나 콜링우드(R. G. Collingwood, 1889-1943)의 말처럼 현재 역사가의 해석으로서만 존립하는 것도 아니라 이 양자 간의 상호작용, 특히 해석 작용이라는 것이다.[1] 이러한 견해가 바로 이미 고전이 된 카의 유명한 책『역사란 무엇인가』에서 피력되고 있는 내용이다.

역사가 그렇게 사실에 대한 해석 작용이라면, 그렇게 해석되는 대상은 무엇일까? 즉 역사는 무엇을 해석하는 걸까? 임진왜란을 예로 들어 보자. 당시 왜가 쳐들어 올 거라는 데 대해서는 율곡(李珥, 1536-1584)의 십만양병설을 비롯하여 조선 지식인들의 지적이 있었다. 이에 선조는 일본에 통신사를 보냈고, 일본 천황이 보낸 외교문서에는 '정명가도'(征明假道), 즉 명을 칠 테니 길을 비키라는 침략의도가 노골화된 문구가 있었다. 그러나 이에 대한 동인과 서인의 해석은 엇갈렸고, 그러한 당쟁 속에서 제대로 대비를 하지 못한 가운데 1592년 왜가 쳐들어 온 것이다. 그러다 보니 전쟁 하루 만에 정발(鄭撥, 1553-1592) 장군이 부산포에서 전사하고, 그 이튿날 동래성의 송상현(宋象賢, 1551-1592) 공과 주민이 싸웠으나 전사하면서 파죽지세로 몰려오는 왜구를 감당하지 못했다. 충주에서 신립(申砬, 1546-1592) 장군이 그들의 세를 꺾어 주기를 기대를 했으나 신립마저 패하자 선조는 도성을 버리고 피란을 간다. 이때가 전쟁발발 한 달이 안 된 시점이었다. 임금이 궁궐과 도성을 버리고 피란을 가자 성난 민심은 노비문서가 보관된 장례원을 불태우고, 나아가 경복궁과 창덕궁 등 궁궐을 불태웠다. 임진강을 건너 의주까지 피란 갔던 선조는 마침내 만약의 사태에 대비해 광해를 세자로 책봉했고, 명에 원병을 요청했다. 그러나 해상에서는 전라좌수사 이순신(李舜臣, 1545-1598) 장군에 의해 전세가 역전되고 있었다. 그는 거북선을 고안하여 옥포 해전으로부터 승승장구해서 육군에서의 패배를 만회했고, 각 지역의 유림들과 승려들이 의병을 일으켜 곽재우, 정인홍, 고경명, 김천일, 조헌 그리고 휴정, 유정 등이 진주성 싸움에서 전과를 세웠다. 그리고 명의 도움을 받아 권율(權慄, 1537-1599) 장군이 행주산성에서 왜를 물리치자 전세가 기울어 왜가 강화회담을 제안했다. 물론 그들은 얼마 후 다시 쳐들어와서 정유재란을 일으켰지만, 왜는 크게 북진하지 못했다. 그러나 그때 전쟁에 소극적이라는 이유로 이순신은 하옥되었고, 원균이 그 후임을 맡았으나 수군이 전멸하자 다시 이순신이 수군통제사로 명받아 명량대첩에서 승리를 거두었다. 마침내 도요토미 히데요시(豊臣秀吉, 1536-1598)가 죽자 왜는 퇴각하기 시작했고, 노량대첩에서 이순신은 최후를 맞는다.

이러한 임진왜란의 역사 속에서 서인과 동인으로 갈려 있었던 당시의 정치적 상황, 도성을 버리고 떠나는 임금과 위정자들의 파렴치, 그에 반해 왜에 맞서 싸우는 의병과 승병 그리고 성난 민심이 궁궐을 불태우는 데서 드러나는 민초들의 고통, 이순신의 거북선 고안과 그의 하옥 및 최후 등이 드러나는데, 임진왜란이라는 사건은 이렇게 우리에게 여러 가지 정치적, 사회적, 윤리적 의미들을 보여준다.

또 다른 역사적 사건, 프랑스 대혁명을 한번 보도록 하자. 근대 시민혁명의 대표로서 자리매김 되는 프랑스 대혁명은, 체제의 모순에서 발생한 것이 아니라 재정 문제로부터 시작된다. 당시의 구체제(Ancien Régime)는 2%에 불과한 특권층인

왕과 귀족을 위해 98%의 시민이 모든 세금과 군역을 담당하는 정치체제로서 그 모순이 명약관화했고, 특권층은 자유와 평등을 부르짖는 시민들에 대해 두려움을 느끼고 있었다. 루이 14세가 스페인 왕위계승 문제에 개입하여 벌였던 전쟁과 미국의 독립운동을 지원한 데서 재정이 바닥에 이르렀고, 루이 16세 정부는 이를 해결하기 위해 중세 때 있었던 신분회, 즉 귀족과 성직자 이외에 시민의 대표자를 포함한 신분회를 소집하게 된다. 신분회에서 시민대표는 미국과 같이 모든 시민의 자유와 평등이 보장되는 법률을 제정해 줄 것을 주장했고, 이것이 받아들여지지 않을 경우 어떤 협의에도 응하지 않을 태세였다. 이에 신분회에 참석한 시민들은 그러한 법률제정을 위한 국민의회를 수립하고 테니스코트에서 저항하였고(테니스코트 선언), 여기에 불안을 느낀 루이 16세를 위시한 특권층들은 그것을 군사력을 동원하여 제압하려 했다. 이러한 군사력 동원에 대한 소문이 돌고 시민층을 옹호하던 재상 네케르가 해임됐다는 소식이 전해지자, 파리의 시민들은 정치범 수용소로 유명한 바스티유 감옥을 습격하여 왕의 근위병을 죽이고 그들의 무기를 빼앗아 옥에 갇힌 사람들을 풀어 주었다. 이것이 프랑스 대혁명의 상징이 되는 바스티유 습격사건이다. 왕의 군대에 의해 시민들이 대규모로 무참히 살상될 거라고 예상했던 것과는 다르게, 자유를 향한 시민들의 외침은 바스티유로부터 민병을 모집하고 삼색기를 흔들며 시민자치 정부, 즉 파리코뮌을 결성하였고, 이는 점점 농촌으로 이어져 농민들이 귀족의 집을 습격하는 등 전국이 혁명의 소용돌이에 빠지게 되었다. 이른바 대공포와 혼란이 한 달 간 지속되었다. 이에 8월초 귀족과 성직자의 동의하에 영주제가 폐지되고 봉건적 특권이 폐지되었다. 그리고 시민의 자유와 평등을 선언하고, 권력은 왕으로부터가 아니라 국민으로부터 나온다고 선언되는데, 이것이 바로 프랑스 '인권선언'이다.

그러나 이를 인정할 수 없었던 루이 16세와 마리 앙투아네트는 오스트리아로 망명하려 한다. 그러다가 발각되어 실패하고, 왕은 프랑스로 끌려오는데, 국민을 버린 왕을 존경할 사람은 아무도 없었고, 이로 인해 왕의 처형을 두고 의회 내의 강경파와 온건파 간에 대립이 있게 된다. 강경파는 지방에 자치의회라고 할 수 있는 코뮌을 결성하고 있었기에 그들의 정치적 세력을 확대할 수 있었고, 이에 따라 강경파가 득세함으로써 왕의 단두대 처형이 확정되어 루이 16세는 단두대에서 이슬로 사라진다. 이렇게 해서 강경해진 강경파(산악파 혹은 자코뱅파)는 당통과 로베스피에르를 중심으로 공포정치를 시행하게 된다. 다른 한편 왕이 처형된 나라에 대해 주변국들은 전쟁을 선포해 왔고, 그에 대응하는 가운데 공포정치는 1년 동안 1만에 달하는 사람들을 처형했고, 그 속에는 마리 앙투아네트도 끼어 있었다. 그러나 이러한 공포정치는 결국 '폭군을 타도하라'라는 구호 속에서 로베스피에르가 숙청되는 걸로 끝난다. 이러한 정세 속에서 '혁명은 끝났다'라고 외치며 정국을 진압하고 황제에 등극한 사람이 나폴레옹이다. 나폴레옹은 혼란한 정국을 바로잡고 시민혁명의 성과를 제도나 법률을 통해 정비했을 뿐만 아니라 정복전쟁을 통해 그것을 유럽 곳곳에 전파했다. 그러나 그는 그러한 역사적 공로에도 불구하고 공화정에서 제정(帝政)으로 후퇴함으로써 프랑스 대혁명이 갈구했던 참된 공화정을 수립하지 못하고 말았다.

이러한 프랑스 대혁명의 역사 속에서는 구체제의 모순과 사회적 상황, 왕과 귀족에게 대립하는 시민, 강경파의 득세와 공포정치로 이어지는 정치적 상황, 왕을 단두대에 처형했던 공포정치가 다시 로베스피에르 자신도 처형하는 등 복잡하고 비정한 현실이 드러난다. 그리고 시민혁명이 그렇게 원했던 공화정은 나폴레옹이라는 영웅에 의해서도 완전하게 실현될 수 없었던 시대적 한계 등도 느낄 수 있다. 이렇게 임진왜란이나 프랑스 대혁명과 같은 예에서 보듯이 하나의 역사적 사실은 그것을 통해 당시에 있었던 정치, 경제, 사회, 문화 및 윤리에 이르는 의미지평을 드러낸다. 역사가 드러내는 이러한 중층적인 의미지평을 우리는 '역사성'이라고 부른다. 그리고 역사의 해석대상은 바로 이러한 역사성인 것이다. 따라서 역사란, 역사적 사건이 드러내는 의미지평, 즉 역사성에 대한 해석 작용이라고 정의내릴 수 있겠다.

2. 역사성과 역사의식

다음으로 역사성과 역사의식이라는 제목 하에 "역사를 왜 배워야 하는가"에 대해 살펴본다. 앞서 역사적 사건은 의미지평을 드러낸다고 했다. 역사적 사건이 드러내는 의미지평을 역사성이라고 부르고, 이러한 역사성을 인식하는 것이 '역사의식'이다. 역사의식은 별다르게 특별한 것이 아니라 역사적 사건이 드러내는 다층적인 의미지평인 역사성을 인식하는 것을 말한다. 그리고 역사를 배워야 하는 이유, 즉 역사의 목적은 이러한 역사의식을 고취하는 데 있다고 할 수 있다.

그렇다면 왜 역사의식을 고취해야 할까? 그것은 역사의식이 문화의식의 기초이기 때문이다. 역사의식은 문화의식의 기초이고, 문화의식은 한 국가와 민족의 정신세계, 즉 그들의 혼과 넋을 형성한다. 정신이 온전하지 못한 사람이 정상적으로 살 수 없듯이 역사의식이 온전하지 못한 국가와 민족에게 그들의 미래를 기약할 수 없을 것이다. 가령 중국 최후의 왕조로 대략 300년간을 중원을 통치했던 청나라, 그 청나라를 세웠던 만주족. 지금도 자금성의 건청문(乾淸門)의 현판에는 만주어가 함께 기록되어 있지만 만주족은 역사의 뒤편으로 사라지고 없다. 또한 10-12세기까지 요나라를 건립하여 발해를 멸망시키고 고려에도 세 차례나 침공했던 거란족, 이들은 또한 어떻게 되었는가? 그리고 13세기 요나라를 멸망시키며 일어난 금나라, 그리고 금을 세운 여진족 또한 역사에서 자취를 감추었다. 이들은 중국 역사에서 변방민족으로 오랑캐라고 간주되었으나 중국 왕조를 위협하는 위세를 떨치기도 했지만 결국은 중국 한족에 동화되어 그들만의 언어와 역사를 잃어버림으로써 그들의 운명 또한 쇄하고 말았다.

건청궁

만주족

다른 예로 독일의 역사의식이 있다. 1970년대 빌리 브란트(Willy Brandt, 1913-1922) 총리가 폴란드에서 했던 사죄는 유명하다. 독일은 지금도 나치의 유태인 학살에 대해 영원한 책임이 있다고 사과하고 있다. 이러한 독일의 철저한 역사의식은 19세기 훔볼트(Karl Wilhelm von Humbolt, 1767-1835)나 헤르더(Johann Gottfried von

Herder, 1744-1803)와 같은 민족주의에 의해 싹텄다고 생각된다. 이들은 당시 독일에서의 낭만주의와 더불어 민족의 개념을 정신세계의 핵으로 생각했다. 물론 이러한 민족주의는 나치와 같은 극단적인 형태로 왜곡되기도 했지만, 이들 역사의식의 싹은 독일 낭만주의 운동에서 싹튼 민족 개념에 있다고 할 수 있다. 그러한 결실은 2006년 독일과 프랑스의 공동 역사교과서 발행에서 드러나는데, 이는 무려 70년 간 정부와 민간 차원의 교류에서 이루어진 것이라고 한다.

이러한 두 예를 두고 볼 때 역사의식은 한 국가와 민족의 운명과 관계해서 그와 상호작용하는 특징이 있다는 것을 알 수 있다. 그래서 윈스턴 처칠(Winston Churchil, 1874-1965)은 "역사를 잊은 민족에게 미래는 없다"(A nation that forgets its past has no future)고 말했던 것이다. 단재 신채호 선생의 말씀처럼 영토를 잃은 것은 수복 가능하지만 역사를 잃은 것은 회복할 수 없고, 그러한 민족에게 미래는 없기 때문이다.

또 다른 예로 최근 아베 총리의 야스쿠니 신사참배로 격양되었던 주변국들과 미국의 반응이 있다. 그리고 위안부 문제에 대해서도 일본 지도층은 사과하지 않고, 특히 아베 총리는 고노 담화[2]와 무라야마 담화[3]를 계승하지 않겠다고 했다.[4] 또한 주변국과의 외교적 정세를 알려주는 일본의 방위백서에는 독도를 자신들의 영토라고 주장한다.[5] 아울러 일본의 역사교과서에는 자신들의 침략전쟁을 미화하는 역사가 기술되어 있고, 심지어 독도까지 자신들의 영토라고 기술하는 교과서를 발행하고 있는 형편이다.[6] 마찬가지로 중국은 '동북공정'(東北工程)이라고 해서 고구려나 발해와 같은 우리의 역사를 자신들의 역사로 편입하는 역사공정을 하고 있다. 그들은 '통일적 다민족 국가론'을 표방하여 중국 변방에서 일어났던 역사는 중국의 역사로 편입하는 역사공정을 2000년부터 시작하고 있는데, 이에 따라 한국에 대해서는 이른바 동북공정을 기도하는 것이다. 이의 단적인 예로 중국 랴오닝성(遼寧省)에 있는 고구려 성산산성(城山山城) 입구에 있는 표지석에는 '고구려는 중국의 변방 소수민족'이라는 글귀를 새겨 넣는가 하면, 중국 헤이룽장성(黑龍江省)에 있는 발해 옛 도읍지의 발해국 안내 현판에는 '발해가 옛 당나라의 지방정권'이라고 소개하고 있다. 심지어 고구려의 시조 주몽(高朱蒙: 東明聖王, BC 58-19)을 관광기념품으로 만들어 자신들의 역사에 편입하는가 하면, 유엔에 등재된 고구려 벽화는 중국 지역에 존재한다는 이유로 중국의 역사 유적으로 소개되고 있는 실정이다.

이렇게 일본과 중국의 퇴행적 역사의식은 주변의 비난에도 불구하고 버젓이 자행되고 있다. 지금과 같은 글로벌 시대에 왜 이러한 퇴행적 역사의식에 혈안이 되어 있을까? 그것은 역사의식이 한 국가와 민족의 정신세계, 즉 그 혼과 넋을 형성하는 것이기 때문이다. 또한 역사의식은 세계에 대한 종합적 가치판단과 안목을 가능하게 하는 것이므로 그러한 상부구조를 지배함으로써만이 하부구조를 비롯한 전체 구조에 대한 지배가 가능하기 때문에 그렇게 하는 것이다. 따라서 역사를 배워야 하는 이유는 바로 이러한 역사의식을 고취하는 데 있다고 할 수 있다.

지금까지 1장에서 역사란 무엇인지, 그리고 역사를 왜 배워야 하는지 등에 관한 총론적인 내용을 다루었다. 앞으로 이러한 총론을 염두에 두면서 각각의 역사적 사건들을 이해해 나가길 바란다.

2장 선사시대와 고대문명

1. 라스코 동굴벽화로 본 선사시대

이제 본격적으로 구체적인 역사에 대해서 살펴보겠다. 첫 번째 내용은 선사시대와 고대문명에 대한 것이다. 선사시대는 라스코 동굴벽화를 가지고 그 특징을 알아보고, 고대문명은 함무라비 법전을 가지고 살펴볼 것이다. 이러한 학습내용을 통해서 선사시대의 특징과 고대문명의 특징을 이해하면서 인류가 출현하여 그들의 문명을 일구어나가던 최초의 순간에는 어떠했는지를 이해해 보도록 한다.

우선 "라스코 동굴벽화로 본 선사시대"에 대해 살펴본다. 선사시대는 역사로 기록되기 이전의 시대를 말하는데, 역사로 기록된 시대를 역사시대라고 한다면 선사시대는 그러한 역사시대보다 앞선 시대를 일컫는다. 이러한 선사시대는 여러 유적과 유물을 통해서, 그에 대한 고고학적인 발굴 작업을 통해서 인류가 어떻게 출현했고, 그들이 어떻게 살았는지 그리고 그 문명이 어떠했는지를 보여준다. 이러한 선사시대는 크게 구석기시대와 신석기시대로 구분된다. 이는 그들의 도구사용을 가지고 구분한 것인데, 구석기시대는 대략 3만 년 전부터 시작되었고, 신석기 시대는 대략 5천 년 전부터 시작되었다고 한다. 구석기 시대는 수렵과 어로를 통해서 직접 사냥을 하고 나물을 채취하는 삶의 형태를 가졌고, 이런 점에서 그들의 삶은 '획득경제'에 의해 영위되었다고 말한다. 그에 반해서 신석기 시대는 '신석기 혁명'이라고 칭할 만큼 삶의 형태가 급진전했는데, 이는 산업혁명에 버금갈 수 있는 변화라고 한다. 즉 농업이 시작되었고, 그로 인해 사람들은 정착하게 되었으며, 인구가 증가하면서 토지를 소유한 사회계급이 출현했다. 그리고 종교가 출현했다. 이러한 선사시대의 삶을 잘 보여 주는 것으로, 구석기 시대에는 라스코 동굴벽화와 알타미라 동굴벽화가 있다면, 신석기 시대에는 스톤헨지와 같은 거석숭배유적이 있겠다. 그래서 이러한 유적들을 중심으로 선사시대에 대해서 살펴볼 것이다.

구석기시대의 특징은 알타미라 동굴벽화와 라스코 동굴벽화에서 잘 드러난다. 알타미라 동굴벽화는 1879년 스페인에서 발굴됐고, 라스코 동굴벽화는 1895년 프랑스 도르도뉴에서 발굴되었다. 알타미라 동굴벽화를 발굴할 당시에 발굴자가 데리고 간 딸은 이 벽화들을 보고 '아빠, 저기 소가 있어요'라고 말했다고 한다. 이 소의 모습들을 확대해서 보면 아래와 같다. 벽화의 그림들은 현대적 감각에도 전혀 뒤처지지 않을 정도로 여러 가지 동물들의 그림으로 채워져 있다. 인체에 대한 그림은 없는 것으로 보아 구석기인은 인체에 대해서는 무관심했던 걸로 보이고, 이러한 여러 동물 그림들은 어떤 예술적 취향이나 종교적 의미에서 그렸다기보다는 수확을 기원하는 주술적인 의미에서 그렸던 것으로 보인다. 즉 벽화가 현대적 감각에도 뒤처지지 않는 그림들이지만 예술미의 추구나 종교적 기원과 같은 순수한 목적의식에서가 아니라 다산을 기원하는 실용적 목적에서 그려진 것으로 보인다. 이런 점에서 구석기 시대의 삶은 수렵과 어로를 중심으로 한 군집생활이었고, 아직 예술과 종교는 탄생하지 않았던 것으로 생각된다.

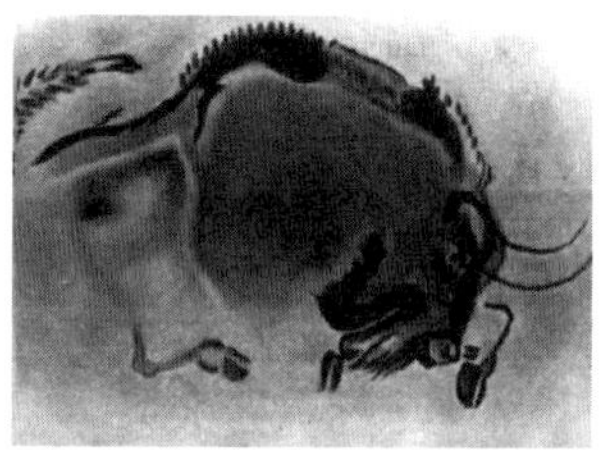

그리고 구석기인은 이미 호모 에렉투스(Homo Erectus), 즉 '곧선 사람'이었다. 이미 최초의 인류라 칭해지는 오스트랄로피테쿠스(원시인류) 때부터, 즉 대략 160만 년 전부터 인류는 직립했다고 한다. 또한 불을 사용했는데, 불은 대략 70만 년 전 혹은 20만 년 전부터 사용했다고 보고되고, 구석기인은 호모 파베르(Homo Faber)로서 여러 가지 도구를 사용했다. 이때의 도구는 돌을 깨서 만든 '뗀 석기' 위주였는데, 당시의 뗀 석기 가운데 가장 인기 있는, 구석기 시대의 히트 상품은 '주먹도끼'이다. 주먹도끼는 좌우가 대칭되고 끝부분이 뾰족하게 만들어진 석기로 손으로 쥐고 사용할 수 있었다. 그리고 뗀 석기를 나무 등에 연결하여 만든 것이 '돌 도끼'인데, 돌 도끼는 신석기 시대에까지 연장되어 사용된다.[7]

뗀 석기

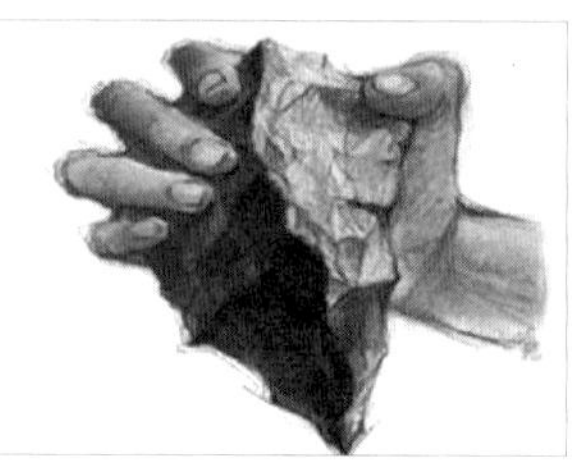
주먹도끼

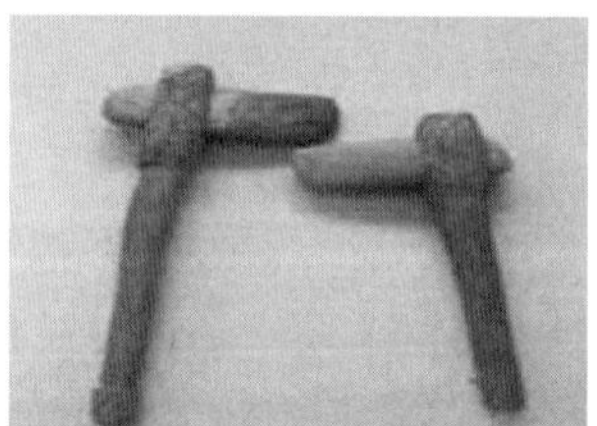
돌 도끼

구석기 시대는 인류가 최초로 출현하여 그 삶의 모습을 드러내었지만 동물과 별반 다르지 않은 모습이었다고 할 수 있다. 이에 반해서 신석기 시대에는 호모 사피엔스로서의 본격적인 인간의 모습이 등장한다고 하겠다. 이러한 신석기 시대의 특징은 곧 신석기 혁명에서 비롯되는데, 대략 BC 7000-3000년에 이르는 기간이 이에 해당한다. 신석기 혁명을 통해 농경이 시작되고, 사람들이 정착하게 되면서 인구가 증가하며, 이로 인해 토지를 소유한 계급이 등장하여 씨족이나 부족사회를 이루게 되는 것이다. 즉 인구가 증가하면서 마을의 대표자가 생겨나고, 그로써 계급이라는 것이 정착했다는 말이다. 그래서 신석기 인들은 구석기 인들과 달리 인위적으로 집을 짓고 살았다. 짚으로 된 움집이라든지 인공토굴을 만든다든지 혹은 나무나 물 위에 집을 지었다고 한다. 그리고 구석기 시대와 달리 인위적으로 불을 만들었는데, 집터에는 화로가 있던 자리가 있고, 영국의 오크니 제도에 있는 신석기 집터인 스카라브레 취락 유적은 유명하다. 신석기 집터는 대부분 사라지고 없는데, 이 지역은 나무가 없어서 집이 석재로 만들어지는 바람에 마을 전체가 고스란히 남아 있고, 그것은 이집트의 피라미드보다 5천년이나 앞선다고 한다.[8]

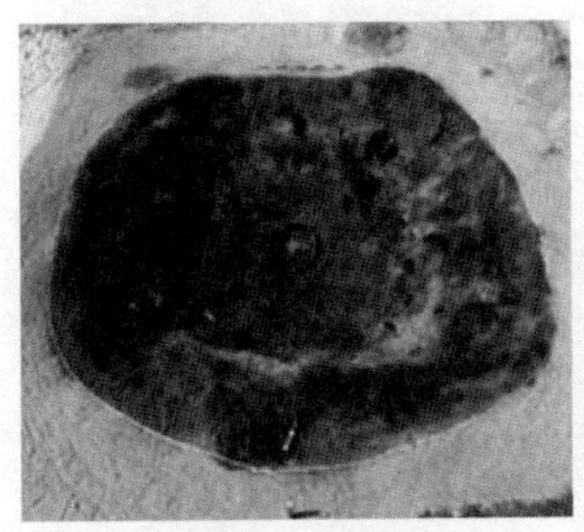

⬆영국 스카라브레 취락 유적

그리고 석기 또한 인위적으로 갈아서 만든 간석기가 위주로 사용되었고, 이 중에는 활이나 창의 끝으로 사용되는 잔석기 또한 만들어졌다. 토기와 옷도 만들어 사용했는데, 민무늬 토기나 빗살무늬 토기 등이 보이고, 옷을 만들어 입었다는 흔적으로 실을 뽑는 데 사용하는 가락바퀴가 발견된다. 또한 신석기 인들은 배나 뗏목을 만들어서 하천이나 바다를 항해를 했고, 그렇게 해서 신석기 시대를 거치는 동안 인류가 여러 지역으로 퍼져나간 것으로 보인다. 끝으로 신석기 시대에는 마침내 종교가 탄생하는 것으로 보인다. 이때의 종교는 만물에 정령이 있다고 믿는 애니미즘의 형태인데, 가령 스톤헨지와 같은 거석숭배 유적이 그 대표이다. 스톤헨지(Stonehenge)는 종교유적이 아니라 외계인이 만들었다느니 혹은 중세의 마술사나 마녀들이 제사를 지내던 곳이라는 등의 설이 있지만 이를 거석숭배 유적으로서 신석기 시대의 종교의 탄생을 보여 주는 곳으로 보는 것은, 스톤헨지 근처에 있는 다른 거석유적인 에이브버리 유적에 기인한다.9 즉 에이브버리 유적(Avebury Stone Circles)은 스톤헨지보다 규모가 크고, 거석유적 중앙에 제단과 같은 작

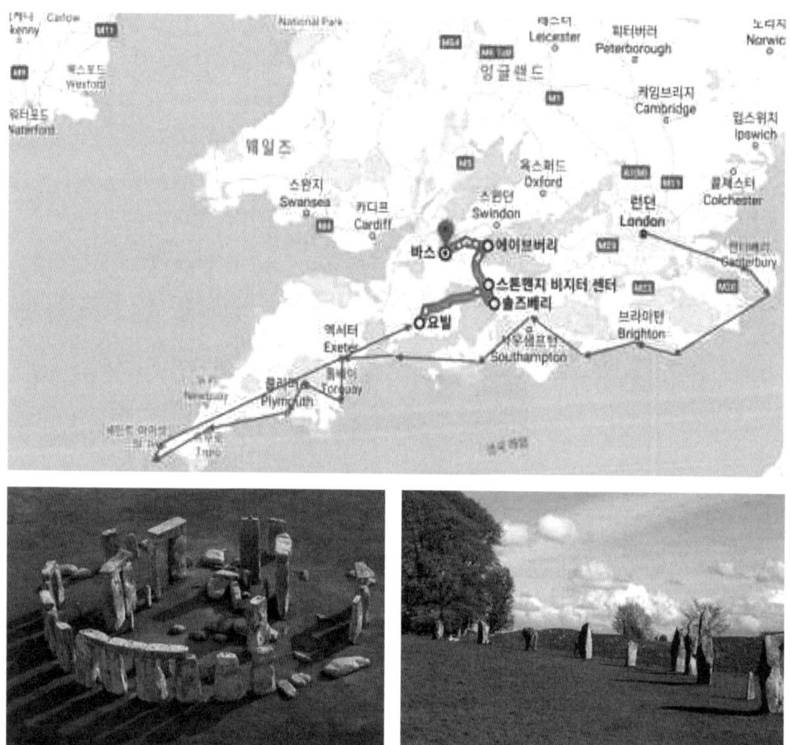

스톤헨지

에이브버리 유적

은 돌이 놓여 있으며, 이곳을 이중으로 돌 거석이 빙 둘러싸고 있는데, 마치 고대 문명에서 종교행사가 행해지는 제단과 비슷한 형태이다.[10] 이 에이브버리 유적이 종교적 성격이 강하므로 그와 비슷한 형태를 취하고 있는 스톤헨지도 신석기 시대의 종교의 탄생을 보여 주는 유적이라고 간주된다.[11]

2. 함무라비 법전으로 본 고대문명

BC 3000년이 되면 고대문명이 탄생한다. 중국의 황하 강, 인도의 인더스 강, 메소포타미아의 티그리스-유프라테스 강, 이집트의 나일 강에서 일어난 4대 문명이 그것이다. 이들 4대 문명이 모두 동방에서 탄생하였기 때문에 '빛은 동방에서'(Lux ex Orient)라고 말한다. 여기서 우리는 메소포타미아 문명을 살펴보려 하는데, 그것은 지금의 이라크가 있는 중동지역인 메소포타미아에서 탄생한 문명이고, 기독교를 위시한 서양문명의 원류가 된다는 점에서 중요하다. 우선 고대문명이 탄생한 시기는 더 이상 석기를 사용하지 않고 청동기를 사용하는 시기로 BC 3000-1200년에 해당한다. 이때의 특징으로는 우선 국가가 형성됐다는 것이다. 씨족이나 부족사회의 규모가 커져서 최고의 권력자를 중심으로 중앙집권적인 국가, 그리고 그러한 계급사회가 탄생한다. 이러한 계급사회가 탄생했음을 보여 주는 유적으로는 고인돌과 같은 거석유적, 이집트의 피라미드 같은 거대한 무덤, 그리고 도시 한 가운데에 거대한 벽돌탑을 쌓아 여기서 도시를 수호하는 신을 숭배했던 메소포타미아의 지구라트(Ziggurat) 등이 있다. 지구라트는 최고 권력자를 위한 유적은 아니지만 왕이 신으로까지 추앙되던 시대에 도시를 지키는 이러한 신전은 곧 계급사회의 탄생을 보여 준다. 이렇게 수메르 인들이 메소포타미아에 세웠던 수메르 도시국가는 이어 셈족에 의한 바빌론 제국으로 발전하고, 고대 바빌론 제국에서 함무라비 왕과 같은 전성기가 도래한다. 이어 아시리아 제국에 의해 침탈당하여 신 바빌론 제국이 수립되는 시대는 이미 청동기에서 철기시대로 이어지는 시기이다. 여기서는 서양문명의 원류가 되는 메소포타미아 문명, 즉 고대 바빌론 문명을 중심으로 논의할 것이다.[12]

지구라트

이 시기에는 이미 농경이 발달하여 농경기술의 진보가 나타난다. 그래서 천문과 역법을 통해 농작물의 생산을 제어할 수 있는 기술적 진보를 한다. 역법은 이집트의 나일 강과는 다르게 달을 중심으로 60진법에 의거해서 원주를 360도, 1분을 60초, 1시간을 60분, 1일을 24시간으로 정하는 태음력이 생겨난다. 그리고 농경뿐만 아니라 메소포타미아 지역에서는 무역 또한 발달해서 화폐가 유통되기에 이른다. 수메르 인들은 화폐로 조개를 사용했다고 하는데, 발달된 화폐는 에게 문명에 가서야 등장한다. 게다가 집도 궁전이나 신전을 건축하는 정도로 그 기술력이 발달했다. 수메르 도시국가에서 인구가 가장 많았던 우르(Ur)에는 흙을 구워 벽돌로 만든 수백 개의 방을 가진 궁전이 지어졌고, 고대 바빌론 제국의 수도 바빌론에는 상하수도가 완비된 수천 개의 방을 가진 궁전이 지어져 그 주변을 해지라가 감쌌을 뿐만 아니라 건물 가운데 정원이 있을 만큼 궁전의 크기가 웅장하여 그것을 옥상정원이라고 불렀다고 한다. 또한 문자가 발달하여 수메르 인들은 점토판에 갈대나 뾰족한 끝으로 글자를 썼는데(석판이나 금속판에 쓰기도 했다), 이를 '쐐기문자'(설형[楔形]문자)라고 한다. 그것은 기원전 3000년경에 생겨나 바빌

쐐기문자

예배상

금속공예

론, 아시리아, 히타이트 제국에서 사용되다가 이후 사라지는 문자이다. 그리고 미술은 원근법을 무시한 매우 단순한 형태였는데, 아래에 있는 예배상과 같은 조각에서 특이한 것은 눈에만 채색을 해서 그것을 따로 갖다 붙였다는 점이다. 눈은 영혼이 드나드는 창이라고 보았기 때문에 그렇게 했다고 한다. 또한 금속 세공기술에 능숙하여 보석을 조각하는 기술이 대단히 우수했다고 한다.[13]

무엇보다도 고대 바빌론 문명의 특징은 법제의 발달에 있다. 계급사회와 국가가 등장하면서 이들을 제어할 사회적 체계로서 법이 발달했던 것이다. 메소포타미아에는 일찍부터 그러한 법제가 발달하여 함무라비 법전 이전에도 고대적인 법전이 존재했다고 한다. 함무라비 법전은 그러한 고대 법전을 종합하는 법전으로 함무라비 왕에 의해 제정된 법전이다. 돌로 이러한 법전을 만들어서 도시나 신전 입구에 건립하여 일반 시민이 이를 알도록 했다는 것이다. 법전의 머리 부분에는 함무라비 왕이 신으로부터 법전을 수여받는 모습이 새겨져 있다. 법전 몸통에는 법조문이 새겨져 있는데, 그것은 전체 284조 8000자로 되어 있고, 대표적인 규정은 타인에게 해를 가하면 동일한 것으로 보복한다는 것으로 '보복주의' 원칙을 보여준다. 또한 불 도둑에게는 화형, 술에 물을 혼합하여 판 자에게도 사형이라는 과한 형이 부가되는 '중형주의' 원칙도 보인다. 아내가 남편에 대해서는 싫다고 할 수 없고, 귀족·평민·노예의 3계급에 따라 평민에게 더 중한 형이 주어진다는 '불평등주의'도 보인다. 보복주의, 중형주의, 불평등주의와 같은 것들은 원시

법의 잔재라고 볼 수 있다. 그럼에도 불구하고 함무라비 법전은 단순하고 소박한 고대 법보다는 놀랄 만큼 정밀하고, 또한 종교적 색채가 적으며, 농경 이외에 상업적인 문제에 관계된 규정까지 명시하고 있고, 약자를 보호하고 귀족의 권력남용을 제한하는 규정을 담고 있다는 점에서 고대법에 비해 진일보한 법전으로 간주된다. 이러한 함무라비 법전은 이후 바빌론 법이나 로마의 12표법에 이르기까지 후대 법에 큰 영향을 주게 된다.[14]

이렇게 해서 선사시대와 고대문명에서 인류가 보여 준 자취를 살펴보았다. 최초의 인류는 동물과 별반 다르지 않은 모습에서 서서히 문명을 건설해 왔는데, 인류는 신석기 혁명과 청동기 시대의 고대문명을 거치면서 지금의 문명으로 이어지는 비약적 발전을 하는 것으로 보인다. 이러한 문명적 비약이 서양에서 어떻게 전개되었는지 앞으로 본격적으로 살펴보도록 할 것이다.

함무라비 법전

법전 상단부

법전 하단부

3장 고대 그리스와 헬레니즘

1. 호머와 플라톤으로 본 고대 그리스

고대 그리스는 기독교와 더불어 서구 문명의 한 축으로서 그 모태라고 한다. 여기서는 고대 그리스의 역사를 살펴보는 가운데, 호머와 플라톤을 통해서 고대 그리스가 서구 문명의 모태라고 불리는 이유에 대해 이해하도록 한다. 고대 그리스는 BC 9-8세기에 이르는 '상고 그리스'와 BC 6-5세기에 이르는 '고전 그리스'로 이루어지고, 전자는 호머, 즉 호메로스 그리고 후자는 플라톤에서 그 문화적 정수를 드러낸다. 이에 따라 호메로스를 통해 상고 그리스를, 그리고 플라톤을 통해 고전 그리스를 살펴본다. 특히 호메로스의 작품과 플라톤의 작품을 고찰함으로써 고대 그리스의 문화적 형태가 어떠했는지 이해하도록 한다.

우선 고대 그리스는 "에게 문명"의 후예이다. 에게 문명은 BC 3000년경 현재의 터키 연안의 트로이에서 시작된 '트로이 문명', 이후 BC 2000년경의 '크레타 문명', 그리고 BC 1800-1000년경의 그리스 본토 펠로폰네소스 반도 내의 '미케네 문명'으로 이루어진다. 이 가운데 크레타 문명과 미케네 문명은 청동기를 중심으로 한 찬란한 문화유적을 남기고 있다. 가령 크레타 문명으로는 '크노소스 궁전'이 유명한데, 이 궁전은 그리스 신화의 미노스 왕의 이야기로 알고 있는 '미노스 궁전'이다. 크레타의 미노스 왕은 신들에게 신실하지 못했고, 이에 노한 신들은 마법의 소를 보냈는데, 미노스의 왕비 파시파에는 이 소와 통간하여 괴물을 낳았고, 그것이 반은 사람이고 반은 소인(半人半牛) 미노타우로스이다. 이를 창피하게 여긴 미노스 왕은 그것을 감추기 위해 그의 명장 다이달로스에게 한번 들어가면 나오기 어려운 미궁(迷宮)을 만들게 했고, 거기에 미노타우로스를 숨겼다. 이 괴물을 쳐부순 것이 바로 테세우스이고, 그 테세우스를 연모한 아드리아드네가 그녀의 실타래를 풀어 그를 미궁에서 구했죠? 이 궁전 터는 20세기 초 영국의 고고학자 에반스(Arthur John Evans, 1851-1941)에 의해 발굴되어 복원되었는데, 이 궁전은 상하수도 시설이 완비되어 집에서 물을 받아 목욕을 할 수 있을 정도로 발달된 거대한 궁전이었을 거라고 추정된다.

⬆크노소스 궁전터

⬆크노소스 궁전의 모습 일부

그리고 그리스 본토의 미케네 문명 또한 발달된 문명을 보여 주는데, 미케네 지역에서 발견되는 원형극장을 보면 그것을 건설할 수 있게 한 기하학과 거기서 상연되었을 문학이 얼마나 위대했을지 상상 가능하다. 원형극장은 미케네 지역에서 잘 보존된 형태로 발견되는데, 특히 그리스 비극이 상연되었던 원형극장은 음향시설 없이도 무대 중앙에 있는 배우의 목소리가 관객석 맨 끝까지 잘 들리도록 공간의 공명현상을 이용한 기하학적 신비를 간직하고 있다. 그리스로 여행을 가면 이 신비를 꼭 한번 시험해 보셨으면 한다.[15] 그리고 아리스토텔레스의 『시학』에 정리되어 있는 것처럼 그리스의 극은 등장인물이 한 사람이었고, 사건의 줄거리는 50-200명에 달하는 코러스의 합창을 통해 전개되는 식의 연극이었다. 가령 소포클레스의 『오이디푸스 왕』을 상연하면 그 극을 보는 사람은 코러스의 합창을 통해 오이디푸스의 운명에 대해 울고 웃게 되고, 아무런 미디어도 없던 그 시절 그 감동은 너무나 강렬하여 며칠이고 몇 달이고 오래 지속되었다고 한다. 또한 빠트릴 수 없는 미케네 문명으로는 그리스 신화가 있다. 신들이 마치 인간과 같이 질투하고 사랑하며 전쟁을 치르는 그리스 신화는, 바로 미케네 문명 시대에 이루어져 사람들 사이에 회자되었던 것이다.

고대 그리스 원형극장

그리스 신화의 12신

크레타 문명과 미케네 문명과 같은 발달된 청동기의 에게 문명 이후에 도래하는 것이 '상고 그리스'이다. 이때 등장하는 시인이 바로 호메로스이다. 이미 그리스 신화는 사람들 사이에서 널리 회자되었고, 그것에 의해 고대 그리스인들은 교육되었다고 한다. 그래서 미케네 문명시대에 생겨난 그리스 신화가 상고시대에 이르면 서사시로 노래되었고, 이때 역할을 한 시인이 호메로스이다. 대략 BC 800년경 호메로스는 이러한 신화적 세계를 서사시의 형태로 옮겨서 노래했는데, 그리스의 시 세계는 이러한 서사시에서 서정시 그리고 극시의 형태로 발전한다. 그렇다면 호메로스라는 사람은 누구인가? 호메로스 자체도 하나의 신화처럼 애매모호한 인물이어서 음악의 달인으로 알려진 오르페우스의 후손이라거나 이오니아 지방을 유랑하는 시인이라고도 하는데,[16] 분명한 건 호메로스는 헤시오도스와 더불어 고대 그리스의 대표적인 시인이라는 것이다. 이는 마치 중국의 대표시인으로 당나라의 두보와 이백을 생각하는 것에 비견될 수 있다. 호메로스가 썼다고 알려진 『일리아스』와 『오디세이아』는 "트로이 전쟁"을 중심으로 벌어지는 이야기인데, 전자가 10년간 이루어졌던 트로이 전쟁 이야기를 담았다면 후자는 전쟁 이후 오디세우스가 고향인 이타케(Ithake: 이타카)로 돌아오면서 겪는 10년간의 모험담을 담고 있다. 『일리아스』는 트로이의 고대 명칭이 '일리온'(Ilion; Illium)이었기 때문에 일리온의 노래라는 뜻이고, 『오디세이아』는 이 두 서사시의 주인공이랄 수 있는 오디세우스가 전쟁 이후에 겪는 모험담을 담은 이야기라는 의미이다. 이러한 트로이 전쟁은 그리스 신화 속에서 매우 흥미진진한 이야기를 보여 주는데, 이것이 단순히 신화의 세계로서 황당한 픽션이 아니라 실제로 존재했던 고대 문명이었다는 것이 19세기의 고고학자 슐리만(H. Schliemman, 1822–1890)에 의해 증명되기도 했다.

호메로스의 서사시 『일리아스』와 『오디세이아』는 트로이 전쟁과 그 이후의 귀환과 관련된 방대한 이야기 전체가 아니라 그 일부만을 포함하고 있다. 트로이 전쟁과 관련된 이야기는 "트로이 서사시권(圈)"이라고 불리는 8개의 작품에서 노래되고 있는데, 이들이 모두 소실되어 그 내용만 문학편람에서 겨우 전해지는 까닭에 그러한 것이다.[17] 특히 『일리아스』는 트로이 전쟁 10년 중 51일간의 내용만을 담고 있는데, 그것은 아킬레우스의 분노로부터 아킬레우스의 복수에 이르는 내용이다.[18] 즉 아킬레우스가 아가멤논과의 갈등으로 화가 나서 전쟁에 불참하고, 그로 인해 그리스에 패색이 짙어지자 아킬레우스의 절친 파트로클로스가 전쟁에 출전하지만 헥토르에 의해 전사하게 된다. 그러자 아킬레우스는 정신을 차리고 친구를 위해 전쟁에 참전하게 되고, 그로써 그는 자신의 죽음이라는 운명에도 불구하고 용기의 덕을 내어 결국 헥토르에게 복수한다는 내용이다. 이에 따라 트로이 전쟁의 발단이 되는 황금사과 이야기나 전쟁의 대미를 장식하는 트로이 목마 이야기 등등의 여러 이야기들은 호메로스의 서사시 속에는 직접적으로 언급되어 있지 않고, 그것들은 트로이 서사시권에 속하는 노래, 특히 제1권인 『퀴프리아』를 포함한 오랜 전승 속에 계승되어 있다는 것이다.[19]

트로이 전쟁 이야기는 "전쟁의 씨앗이 된 황금사과"로부터 비롯된다. 즉 그것은 테티스와 펠레우스의 결혼식에 초대받지 못한 불화의 여신 에리스가 앙심을 품고 식장에 황금사과를 던지는 데서 시작된다. 이 사과에는 마침 '가장 아름다운 여인에게'라는 글귀가 적혀 있었고, 이에 여신들은 그 사과가 자신에게 헌정되어야 한다고 다투게 된다. 이에 이들의 다툼을 판결할 사람으로 아무 이해관계가 없는 근처 이데 산(Ide Mt.)에서 양을 치던 파리스라는 목동을 지목하자, 세 여신은 각각 자신이 가장 아름답다고 말해 달라고 이 목동을 매수하면서 헤라는 세상을 지배할 권력을, 아테나는 세상을 움직일 지혜를, 아프로디테는 세상에서 가장 아름다운 여인을 약속한다. 여러분이 파리스라면 누구의 손을 들어 주었을까요? 아시다시피 권력과 지혜를 넘어서는 게 아름다움이었는지 파리스는 아프로디테의 손을 들어주었다. 약속에 따라 그는 아프로디테로부터 세상에서 가장 아름다운 여인 헬레네를 얻게 되지만 헬레네는 스파르타의 왕 메넬라오스의 왕비였다! 왕비를 빼앗긴 메넬라오스 왕은 그의 형 아가멤논과 함께 트로이를 칠 계획을 세우게 되고, 그것을 위한 원정단을 꾸림으로써 트로이 전쟁이 발발하게 되는 것이다.

그리고 『일리아스』는 트로이 전쟁 중에 빚어진 (1)"아가멤논과 아킬레우스의 갈등", 즉 아킬레우스의 분노로부터 시작된다. 이는 트로이 전쟁 중에 포로로 잡았던 브리세이스라는 여인 때문에 아킬레우스가 전쟁에 참여하지 않겠다고 한 데서 빚어진 갈등을 말한다. 브리세이스는 아킬레우스가 유독 사랑했던 여종이었는데, 갈등은 아가멤논의 첩 크리세이스를 아킬레우스가 돌려보낼 것을 주장하자 아가멤논이 브리세이스를 준다는 조건으로 그것을 허락하겠다고 한 데서 빚어졌다. 왜냐하면 크리세이스는 아폴론 신전의 딸로서 그리스 군에게 전염병이 퍼지도록 아폴론에게 호소한 일이 있었기 때문에 아킬레우스가 그녀를 돌려보낼 것을 주장한 것이다. 이에 자신의 전리품인 브리세이스를 빼앗기고 화가 난 아킬레우스는 전쟁에 불참하겠다고 선언하고 말았다. 명장 아킬레우스가 전쟁에 빠지니 그리스 군이 열세에 몰리는 것은 당연했는데, 더욱이 아킬레우스는 자신이 없는 동안 그리스가 전쟁에 승리하면 곤란하니까 자신의 어머니 테티스에게 부탁하여 그리스가 패배하도록 제우스에게 청원한다. 테티스의 청원을 제우스가 받아들임으로써 아프로디테, 아레스, 아폴론은 트로이의 편인데다가 제우스까지 가세하자 트로이의 명장 헥토르는 전쟁에서 연전연승을 거두었고, 결국 그리스는 전쟁의 최후 보루에까지 몰리게 된다.

이를 보다 못한 아킬레우스의 절친 파트로클로스가 전쟁에 뛰어드는데, 이것이 (2)"파트로클로스의 출전" 이야기이다. 파트로클로스는 그리스의 패색이 짙어 감에 따라 아킬레우스를 찾아가 전쟁에 참전할 것을 눈물로 호소한다. 그러나 아킬레우스가 분노를 누그러뜨리지 못하자 파트로클로스는, 트로이 군이 자신을 아킬레우스로 잘못 알고 싸움을 삼갈지도 모른다고 말하면서 아킬레우스에게 빛나는 그의 갑옷과 투구를 빌려 줄 것을 청한다. 아킬레우스는 절친 파트로클로스에게 그의 갑주뿐만 아니라 창과 두 필의 준마까지 빌려 주면서 제우스를 비롯한 여러 신이 트로이를 비호하고 있는 현 상황에서는 어떻게 치고 빠지기를 잘해야 하는지에 대해 알려 준다. 그리고 그는 각 부대의 대원들을 가지런히 늘어세운 다음 잘 싸울 것을 엄격히 타이르며 명령하여 용기를 북돋워 주고 난 다음 제우스 신께 술을 붓고 친구에게 영광을 내려 달라고 기도를 드렸다. 그러나 제우스신은 그의 소망을 절반만 들어 주어 파트로클로스가 용감히 싸우도록 북돋아 주었으나 무사히 돌아오는 것은 허락하지 않았다. 마침 파트로클로스는 아킬레우스의 충고를 잊고 무분별하게 부대를 추격하게 되었고, 이때 트로이 성벽에 말을 세워 놓고 상황을 예의주시하던 헥토르에게 아폴론 신이 싸움을 종용했으며, 이로써 파트로클로스는 그를 목표로 말굽을 몰아온 헥토르와 사자 같이 맞부딪쳤다. 그러나 끝내 아폴론 신이 죽음의 구름을 몰고 오자 파트로클로스는 투구를 떨어뜨리고 헥토르 앞에 쓰러졌고, 제우스는 그 투구를 헥토르의 머리에 씌워 주었다.

이리하여 결국 아킬레우스는 전쟁에 참전하게 되는데, 그것이 (3)"헥토르에게 복수하는 아킬레우스" 이야기이고, 이 이야기로써 『일리아스』는 끝난다. 무엇보다도 아킬레우스는 신탁에 의해 트로이 전쟁에 참전하면 죽을 운명으로 예정되어 있었다.[20] 그런데 결국 전장에서 절친 파트로클로스의 죽음을 목도하고서 아킬레우스는 짐승처럼 울부짖었는데, 그 통곡이 바다 밑 깊은 동굴 속에 있는 그의 어머니 테티스 여신의 귀에까지 들렸다. 여신은 아킬레우스의 비탄과 전쟁에 참전하고자 하는 결심 앞에서 '헥토르 다음에는 네 차례다'라고 말했지만 그의 결심을 꺾을 수 없었고, 그러자 그녀는 헤파이스토스에게 세상에서 가장 빛나는 갑주 제구를 구하러 간다. 마침내 어머니로부터 헤파이스토스가 만들어준 갑주 제구를 받아든 아킬레우스는 군신 아레스 같은 풍모를 보였고, 그리고 무엇보다도 그는 자신의 죽음을 예감하면서도 친구에 대한 우정과 복수심으로 전쟁에 참전하여 자신의 운명에 정면으로 대결한다. 여기서 우리는 고대 그리스 인들이 칭송하던 용기의 덕, 즉 인간적 성격을 넘어서 신적 풍모를 보이는 완전성을 확인하게 된다.[21]

마침내 트로이 성을 세 바퀴나 도는 아킬레우스와 헥토르의 쫓고 쫓기는 일전 속에서 아테나 여신이나 아폴론 신은 신들이 사랑하는 용사 헥토르를 아킬레우스의 창으로부터 여러 번 빗겨가게 하였고, 그러는 가운데 트로이의 왕 프리아모스와 왕비 헤카베 또한 헥토르에게 아킬레우스와 정면승부 하는 것을 만류했다. 그러나 절친의 죽음에 대한 아킬레우스의 복수심은 전장에서 도망쳐 맨몸으로 애원하는 프리아모스의 아들도 가차 없이 쳐 죽이는 지경이었고, 이는 하신(河神)의 노여움을 사서 신들의 도움이 아니었던들 아킬레우스 또한 강의 신에 의해 물살에 떠내려갈 뻔했다. 게다가 아킬레우스는 헥토르를 베는 것에 그치지 않고, 그의 시신을 전차 바퀴 뒤에 매달아 전장에서 끌고 다니기까지 했다. 그러나 신들의 사랑은 헥토르의 시신이 찢기지 않도록 하였고, 결국 신들의 권고로 테티스가 아킬레우스를 설득함으로써 그는 마음을 돌이켜 헥토르의 시신을 찾으러 온 그의 부친에게 시신을 내어 주게 된다. 그렇게 해서 친구를 잃은 젊은 영웅과 아들을 잃은 늙은 왕은 뜨거운 눈물을 흘리고,[22] 장례를 치르는 동안 휴전하기로 하고서 헤르메스 신의 인도로 프리아모스 왕이 돌아가는 것으로 이야기는 끝난다.

그밖에 "거대한 트로이 목마"에 관한 이야기도 전해져 온다. 그리스가 전쟁에 패했음을 선언하고, 그 선물로 트로이에 거대한 목마를 보내는 것과 관련된 이야기이다.[23] 이는 사실 선물이 아니라 오디세우스에 의해 제안된 기습공격에 관한 계책이었다. 트로이의 수사 라오콘은 이를 알고 목마를 들이지 말라고 반대했지만 신의 노여움을 사서 포세이돈이 보낸 두 마리 뱀에 의해 그의 아들과 함께 살해되었고, 카산드라 또한 트로이 목마의 계책을 알렸지만 아폴론이 그녀의 예언에 설득력을 빼앗아갔기 때문에 아무도 그녀의 말을 듣지 않았다. 그리하여 목마를 들이고 축제에 빠졌던 트로이는 목마 속에 숨어 있던 그리스 군사에 의해 기습공격을 당하여 결국 망하고 만다.

다음으로 『오디세이아』는 오디세우스의 아들 텔레마코스가 아버지의 소식을 알아보기 위해 떠나는 1-4장으로부터 오디세우스가 귀향을 하는 과정에서 겪는 이야기가 5-12장을 이루고, 마침내 귀향하여 적들을 물리치고 아내 페넬로페와 재회하는 13-24장으로 이루어져 있다.[24] 우선 (1)"칼립소를 벗어나 귀향하다"는 오디세우스가 칼립소를 벗어나 귀향길에 오르는 이야기이다. 오디세우스는 트로이 전쟁 후 귀향하던 중 풍랑을 만나 오기기아 섬(Ogygia)에 표류하게 되는데, 그곳 님프인 칼립소(Calypso)를 만나 7년간 살게 된다. 칼립소가 풍랑으로 표류한 오디세우스를 구해주고, 그를 사랑하여 그가 고향에 가지 못하도록 붙들어 두었기 때문이다. 그녀는 그에게 불로불사(不老不死)하는 영원한 생명을 주겠다고 했으나 결국 집으로 돌아가고자 하는 그의 마음을 돌리지 못한다. 이에 오디세우스의 수호신인 아테나는 올림포스의 신들에게 이를 호소하고, 신들의 명을 받은 헤르메스는 칼립소에게 오디세우스를 보내 줄 것을 설득하게 된다. 결국 칼립소는 뗏목을 만들어 오디세우스가 돌아갈 수 있도록 도와준다.

귀향하던 중 오디세우스는 스케리아 섬에 표류하여 나우시카 공주와 그곳의 왕 알키노오스를 만나 환대를 받으며 그가 트로이 전쟁 후 겪었던 모험담에 대해 들려준다. 그 첫 번째 모험담이 (2)"연꽃 먹는 나라 사람들을 만나다"와 "외눈박이 거인 키클로페스(Kyklopes)의 나라에 가다"라는 이야기이다. 오디세우스 일행

이 귀환하던 중 제우스가 일으킨 폭풍우를 맞아 어떤 섬에 표류하는데, 그곳 주민들이 그들에게 연꽃을 먹으라고 주는 이야기이다. 이 연꽃을 먹게 되면 모든 근심걱정이 사라져 행복한 기분에 취해 영원히 그곳에 머물고 싶다는 마음을 갖게 되었던 것이다. 이에 오디세우스의 부하들은 그 꽃을 먹고 고향 이타케 따위는 까맣게 잊어버린 채 그곳에 머물겠다고 울고불고 하는 것을 오디세우스가 억지로 끌고 와서 배에 태워 그곳을 떠나게 된다. 그리고 나서 외눈박이 거인 키클로페스가 사는 나라에 닿았는데, 그들은 산 중턱의 동굴에 살며 양을 치며 치즈를 만드는 거구들이었다. 오디세우스 일행은 그들의 동굴에 숨어들었다가 두 사람씩 그의 먹이가 되는 참변을 당했는데, 그 다음날 오디세우스가 기지를 발휘해 가져온 포도주로 거인을 취해 잠들게 한 다음 불로 지져 뾰족하게 만들어 둔 올리브 몽둥이로 하나뿐인 거인의 눈을 사정없이 찔러 돌렸더니 거기서 뜨거운 피가 흐르고 눈알이 타 들어가자 거인은 무시무시한 고함소리를 질러댔다. 그 틈을 타서 일행은 양들을 세 마리씩 묶어 두 번째 것의 배에 숨어 그곳을 빠져 나왔는데, 고통에 시달리면서도 키클로페스는 양들을 모두 확인했지만 양의 털이 북실북실하여 오디세우스 일행이 중간 것에 숨어있는 것을 눈치 채지 못했다.

그러나 무사히 빠져 나와 배에 탑승하고서는 오디세우스는 동료들이 말리는데도 자신의 이름이 '우데이스'(Oudeis)가 아니라 '오디세우스'라고 말하며 키클로페스를 어리석은 거인이라고 놀려댔는데,[25] 그 때문에 화가 난 거인이 포세이돈 신에게 오디세우스를 저주하는 바람에 그 이후의 항로에서 그는 여러 가지 고초를 겪게 된다. 신이 거인의 소원을 들어준 탓에 여러 우여곡절을 겪고 오디세우스 일행은 키르케의 섬에 당도하는데, 그 이야기가 (3)"여신 키르케(Kirke)가 부하들을 돼지로 만들다"에 관한 것이다. 오디세우스의 명으로 섬 이곳저곳을 살펴보던 부하들은 키르케의 마법에 걸려 돼지로 변하고 만다. 이 마수에서 빠져나온 부하 한 명이 사건의 전말을 오디세우스에게 전하자 오디세우스는 키르케와 단판을 짓기 위해 나서는데, 도중에 헤르메스가 나타나 그녀의 마술을 물리칠 수 있는 약초를 하사한다. 이로써 그는 키르케를 물리치고 부하들을 구하는데, 오디세우스의 용기에 반한 키르케는 그와 그의 부하들을 극진히 대접하여 오디세우스 일행은 키르케 섬에 1년 간 머물게 되었고, 이어 키르케로부터 앞으로의 항해에 있을 위험들에 대한 정보를 얻게 된다.

키르케가 알려 준 대로 오디세우스 일행은 항해 중 (4)"세이레네스(Seirenes)의 공격을 받는다." 오디세우스 일행이 아름다운 노랫소리로 유혹을 하는 세이레네스를 만나는데, 세이레네스의 아름다운 노랫소리에 반해 바다로 뛰어들거나 방향감각을 잃어 배가 난파되니 주의해야 한다고 이미 키르케로부터 주의를 들었던 터였다. 이에 오디세우스와 부하들은 귀를 밀랍으로 막고 몸을 돛대에 꽁꽁 묶음으로써 그곳을 무사히 통과할 수 있었다. 아도르노는『계몽의 변증법』에서 이 부분을 원용하는데, 오디세우스가 자신의 몸을 돛대에 묶었지만 혼자 밀랍으로 귀를 막지 않고서 발버둥 치면서도 세이레네스의 노래를 다 들은 것은, 귀라는 우리의 욕망이 우리를 미치게 할지라도 오디세우스 혼자만 욕망을 향유하지만 그것에 의해 미치지 않은 경우라고 풀이한다.[26]

그밖에도 소용돌이 카뤼브디스 암굴에 살면서 사람의 머리를 낚아 채 가는 스킬라(Scylla) 때문에 여섯 명의 동료를 잃고서 간신히 빠져나와서 태양신의 섬(드리나키에)에 당도하는데, 거기서는 다시 태양신의 소를 잡아먹는 바람에 신의 노여움을 사서 일행이 몰사하고, 겨우 오디세우스만 목숨을 건져 (5)"페넬로페와 재회하다"에 이른다. 고향에 당도한 오디세우스는 알키노오스의 충고대로 고향집에 몰래 숨어들어 아테나 여신의 도움으로 거지행색을 하고서 그의 하인 돼지치기 에우마이오스를 만나 그간의 사정을 알아본다. 구혼자들이 구혼을 핑계로 잔치를 벌이며 오디세우스의 재산을 축내는가 하면 구혼에 대한 답변을 미루며 노부 라에르테스의 수의를 짤 때까지 기다려 달라며 3년 동안 실을 짰다가 풀기를 반복하는 페넬로페의 이야기, 그러다 그러한 계책이 구혼자들과 결탁된 하인에 의해 발각되어 더 이상 답변을 미룰 수 없게 된 사정, 그리고 20년이 흐른 마당이니 아들이 장성하여 아버지의 생사와 안부를 알기 위해 길을 떠났다는 것도 알게 된다. 마침내 오디세우스는 아들과 돼지치기에게 자신의 신분을 노출하고 나서 그들과 치밀한 계획을 세워 고향집에 들어갔는데, 마침 페넬로페는 활쏘기 시합에서 도끼를 맞춘 자를 새 남편으로 정하겠다고 선언한다. 이에 거지이지만 활을 쏠 기회를 얻게 해달라고 실랑이를 벌인 끝에 활을 쏠 기회를 얻고, 이어 그 활로 도끼자루에 구멍을 뚫고 차례로 구혼자들의 심장도 뚫는다.

이러한 호메로스의 서사시는 그리스에서 철학이 탄생하기 전에 그리스 사람들을 교육하고 계몽했을 뿐만 아니라 그것은 그리스적인 시적 세계가 신화와 함께 다채롭게 펼쳐지는 문학적 향취로서도 탁월하고, 나아가 서구인들에게는 그들 정체성의 한 부분으로서 매우 익숙한 작품이니 우리가 흥부놀부나 심청전에 익숙하듯이 서양을 이해하기 위해서 반드시 친해져야 할 작품이다. 그러니 실제로 작품을 읽고 그에 대해 조사도 하면서 서로 이야기 나누어 보면 좋을 것 같다.

그리스 신화, 그리고 그에 입각한 서사시와 역사서 등에 의해 그리스가 계몽된 이후 그리스 주변 이오니아 지방에서 자연철학이 탄생한다. 그리고 나서 대제국 페르시아는 지중해 해상권을 노리고서 그리스를 침공하는데, 그것이 세 차례나 발발하는 페르시아 전쟁(Greco-Percian Wars, BC 492-448)이다. 이 전쟁에서 그리스 도시국가는 아테네를 중심으로 델로스 동맹을 맺어 물자를 델로스에 모아 총공격을 하는데, 그 가운데 유명한 전투가 제2차 마라톤 전투와 제3차 살라미스 해전이다. 이 전쟁에서 그리스는 페르시아를 대파하고 지중해 해상권을 장악하게 된다. 이후로 그리스는 아테네를 중심으로 번영을 누리게 되는데, 이 시기가 BC 480-431년에 이르는 그리스의 전성기, 이른바 '고전 그리스'이다. 특히 아테네는 페리클레스가 지도하는 민주주의에 힘입어 이 전쟁을 승리로 이끌 수 있었고, 페리클레스의 민주주의는 전쟁의 승리와 그 이후 지중해 연안의 식민지 지배를 통한 경제적 부흥을 가져왔으며, 이러한 정치적 안정과 경제적 부흥 속에서 수학, 철학, 문학 등에서 서구 문명의 모태가 되는 문화적 조건들이 탄생하게 되는 것이다.

먼저 고전 그리스의 특징은 정치에 있어서는 잘 알려진 바와 같이 아테네 민주정치이다. 이는 솔론(Solon, BC 640?-560?)의 개혁으로부터 시작된 금권정치에서 그 싹이 터서, 페이시스트라토스(Peisistratos, BC 600?-527)의 참주정을 거쳐 마침내 페리클레스에 의해 시민에 의한 직접 민주정치로 정착된다. 특히 페리클레스(Perikles, BC 495?-429)는 왕과 귀족의 권력기관이라고 할 수 있는 아르콘 혹은 원로원(아레오파고스)의 권한을 축소시키고, 시민을 중심으로 한 민회에 모든 정치적 권한을 집중시킨다. 이로 인해 사형과 같은 중대재판에 대한 권한이나 사법권을 가지고 있던 원로원은 단지 최고의 명예직 혹은 행정직무직으로 전락하고, 그러한 권한은 민회에 집중되는 한편 사법권은 민회 내의 시민법정으로 이동한다. 민회에는 500인 평의회를 두어 매달 4차례 이루어지는 회의에 제출될 법안을 심사했고, 시민법정은 매년 추첨에 의해 배심원 6000명을 선출하여 그들에 의해 재판이 이루어졌다. 또한 클레이스테네스에 의해 민주정을 보호하기 위한 제도로 추가된 도편 추방제는, 아테네 내에서 추방되어야 할 사람을 10년간 축출함으로써 참주나 독재의 출현을 막았다.[27]

⚪페리클레스 ⚪파르테논 신전

경제적으로 아테네는 토지의 1/3 이상이 황폐하여 곡물 생산은 전체 인구의

1/4 정도에게 늘 부족하였고, 이로 인해 식민지 개척이 불가피했다. 이에 페이시스트라토스 때는 보조금을 주어 올리브와 포도를 생산하도록 했고, 이를 이용하여 부족한 식량을 보완하도록 했다. 아테네가 펠로폰네소스 전쟁에 패한 후 급속하게 몰락한 것은 바로 이러한 식량부족 때문이다. 그리하여 해외 식민지 개척을 중심으로 한 상업이 아테네 경제의 핵심이었다. BC 5세기의 전성기 아테네는 연간 1억 4400만 달러의 통상규모를 가지고 있었다고 하는데, 이로써 '아테네에서 구할 수 없는 물건은 없다'[28]라는 말이 나올 정도였다고 한다. 그리고 이러한 활발한 상업경제를 바탕으로 가족주의적 보수주의를 드러내던 아테네인들의 세계관은 점차 개인주의적 진보주의로 변해갔다. 또한 아테네의 경제는 노예경제였다. 자유민은 노동을 하는 것을 수치로 여겼고, 노동은 영혼을 타락시킨다고 생각하여 대부분의 노동은 노예가 담당했다. 그러나 노예들은 대략 11만 500명으로 전성기 아테네 인구의 1/3에 해당했고, 그들은 노동을 담당하는 대신 세금이나 군역의 의무는 지지 않았다. 노예들은 구타할 수는 있으나 살해할 수는 없었고, 주인의 구타가 심할 경우는 신전으로 도피할 수 있었으며, 노예가 병들면 주인은 간호해야 했고, 배상금을 주면 해방노예가 될 수 있었다. 그리고 아테네의 경우 주인은 노예에게 관대하여 노예반란은 드물었고, 일반 그리스인들은 노예제 없는 그리스를 상상할 수 없었지만 그리스의 지성은 노예제에 대해 모순을 느끼고 있었다고 한다.[29]

문화적으로 그리스는 가정에서 아버지가 자식에 대해 유기권한을 가지는 것이 특색이었다. 그래서 기형이거나 간통이나 강간에 의한 아이는 독에 넣어 신전 등에 버려도 무방했고, 이로 인해 그리스는 우생학적으로 우수한 인종이 되어갔던 것 같다. 그리고 그리스인들에게는 성이 없이 이름만 하나 있었고, 동일 이름일 경우 그 출신지나 아버지 이름을 붙임으로써 성이 생겨났다.[30] 성과 가문을 중시하는 우리와는 사뭇 다른 풍습이다. 또한 그리스는 물이 부족하여 그리스인들은 목욕을 잘 하지 않았고, 그런 까닭에 향수가 발달하였으며, 그들의 활동이 주로 야외에서 이루어졌던 것도 이러한 이유라고 한다. 아마 그리스인들은 그다지 깨끗하지는 않았을 것이다. 한편 초대나 음주 문화는 발달하여 초대받은 손님은 자신 이외의 손님을 대동하고 와도 무방하였고, 이는 플라톤의 『향연』에 나오는 것과 같이 빙 둘러앉아 토론을 하며 술을 마시는 그런 음주문화가 있었던 것 같다. 또한 그리스인들은 그다지 예의가 바르지 않았고, 특히 노인에 대해 무례했다고 한다. 그리고 그들의 장례문화는 화장에서 매장으로 발달해 갔는데, 매장문화는 곡을 하고 제사를 지내며 또한 관에 저승의 뱃사공 카롱에게 줄 1오볼을 시체에 물리는 풍습이 있었다고 한다. 물론 그리스인들에게는 저승의 재판이나 천국에 대한 신화는 없었고, 다만 엘뤼시온(Elysion: Elysium, 엘리시움)이라고 해서 소수의 영웅들이 가는 복락의 섬이 있다는 믿음은 있었다.[31]

그리스 교육, 특히 아테네에는 공립체육관을 제외하고는 사립학교밖에 없었다. 그리고 남자아이는 청년이 되면 일종의 군사훈련을 받는 청년병사, 즉 ephebos가 되었다. 대략 2년간 수행되는 이 훈련 이후에는 정식 시민으로 인정받게 된다. 반면에 여자아이를 위한 교육기관은 없었고, 소수의 교육받은 여성은 모두 고급 창녀들이었다.[32] 아테네는 매춘을 허용하여 거기에 세금을 부과했으며, 여성에게 매춘은 재능을 펼칠 수 있는 기회가 되기도 했다. 그리스에서 창녀는 세 계층으로 나누어지는데, 가장 하층이 포르나이(pornai; 알몸)이고 이들은 1오볼만 주면 관계를 가질 수 있었고, 그 다음이 일본의 게이샤와 같은 아울레트리데스(auletrides)이며, 최고 계층이 헤타이라이(hetairai; 동료)로서 이들은 높은 지위나 불멸의 학문적 업적을 낳기도 했다. 페리클레스의 연인 아스파시아(Aspasia, ?-?)도 헤타이라이였다고 한다. 그러나 아테네인들은 이성과의 사랑보다는 동성과의 사랑을 '소년애'(Paiderai)라고 해서 더욱 추천했다. 나이 어린 소년이 나이 많은 어른을 그 덕을 흠모하여 사랑하는 것을 영혼의 사랑이라고 하여 창부들의 육체적인 사랑보다 더 우월한 사랑이라고 생각했기 때문이다. 그래서 창부들에게 가장 경계의 대상은 이러한 소년들이었다고 한다. 그리고 아테네 남성은 평생 3명의 여성을 거느릴 수 있었다. 즉 쾌락을 위해 창부를, 건강을 위해서 첩을, 그리고 자식을 위해서 아내를 거느릴 수 있었다. 결혼은 아테네인에게 지참금을 얻고 법적인 자식을 얻기 위한 목적으로 존재할 뿐 인생을 즐길 방법이 너무도 많았기 때문에 결혼하지 않는 아테네인이 많았다고 한다. 또한 결혼을 위해서는 먼저 약혼을 하는데, 거기에는 증인이 필요로 했고, 결혼식 자체는 신랑이 신부집에서 신부를 데리고 오는 일종의 탈취혼의 형태를 띠었다. 끝으로 결혼은 남성의 전유물로서 결혼 후 여성은 갇혀 지내는 것을 정숙한 것으로 여겼고, 남성은 언제든지 여성을 내쫓을 수 있었으며, 불임은 이혼의 사유가 되었다. 그러나 남성이 간통했을 경우라도 아이는 남성의 소유였고, 여성이 간통했을 경우에는 남편 재량에 따라 처리할 수 있었다고 한다.[33]

이러한 그리스 문화는 특히 서구 문명의 모태가 되는 우수한 문화를 탄생시켰다. 올림포스 축제는 바로 그 중 하나이다. 올림포스 축제는 참주였던 페이시스트라토스가 솔론의 금권정치를 계승하여 아테네의 부흥을 이끌어 "판아테나이 축제"를 개최하기 시작하면서 정착한 것이다. BC 5세기 아테네의 전성기에는 봄, 가을 두 차례 각각 6일 동안 축제가 열렸는데, 마지막 날에는 가장행렬을 비롯하여 그리스에서 가장 뛰어난 극작가의 극을 상연했다. 그 중 가장 뛰어난 자에게 상을 주었는데, 1등 상을 가장 많이 받은 사람이 소포클레스(Sophocles, BC 496-406)였다고 한다. 이것이 아이스퀼로스(Aeschylos, BC 525?-456), 소포클레스, 에우리피데스(Euripides, BC 484?-406?)로 이어지는 그리스 비극으로서 이후 서양의 비극문학의 전통을 형성한다. 이러한 그리스 비극은 원형극장에서 상연되었는데, 이는 유클리드 기하학의 설계 탓인지 음향시설 없이도 충분히 극을 감상할 수 있는 신비로운 설계를 갖추고 있었다고 한다. 또한 파르테논 신전은 서양 건축의 모태가 된 양식을 보여 주고, 그리스 철학은 주지주의의 철학적 사유의 전통을 탄생시킨다.

이제 서구 사유의 모태가 된 플라톤 철학을 한번 살펴보자. 서양철학은 플라톤의 주석이라고 한 화이트헤드(Alfred North Whitehead, 1861–1947)의 말처럼 플라톤의 철학은 그 초월주의와 이원론을 통해 서양의 철학과 종교에 지대한 영향을 미쳤다. 서양의 사유가 동양과는 달리 어떤 유적(有的) 세계를 지향하게 된 것은 바로 플라톤의 이데아론, 즉 그의 초월주의 때문이다. 플라톤(Platon, BC 428–348)은 25편의 대화편을 썼는데, 그 중 초기 대화편은 모두 소크라테스(Sokrates, BC 470–399)가 주인공인 것으로 보아 소크라테스의 영향을 드러낸다. 그 가운데 우리는『크리톤』을 읽고 그것을 통해 그리스 철학의 단면을 엿보도록 한다.『크리톤』은 재판 후에 감옥에서 사형을 기다리고 있던 소크라테스를 그의 친구인 크리톤이 방문하는 것으로부터 시작된다. 소크라테스의 어려서부터의 친구이자 이름난 장사꾼이었던 크리톤은 소크라테스를 찾아와 탈옥하자고 그를 설득하려 한다. 소중한 친구를 잃고 싶지 않고, 돈을 주어 그를 구하지 않았다는 대중의 비난을 받기도 싫으며, 적들이 원하는 것을 소크라테스는 왜 자진해서 하려 하는지, 그리고 자식들을 끝까지 책임져야 하지 않는가, 그렇게 자식을 버리는 것은 유덕한 태도가 아니라면서 제발 자신의 말을 들어 달라고 크리톤은 애원을 한다. 이에 대해 소크라테스는 크리톤의 성의에 대해 감사하다고 말하고, 곰곰이 생각해 보고 그의 제안이 올바를 경우에만 따르겠노라고 말한다. 그리고선 그 특유의 문답법(Dialektikē)을 이용해 자신의 덕 윤리를 설파하면서 왜 그가 탈옥해서는 안 되는지를 크리톤에게 이야기한다. 대략 다음과 같은 논조이다.[34]

소크라테스는 말한다. 모든 의견을 따라야 할 게 아니라 올바른 의견을 따라야 하고, 어리석은 의견은 따르지 않아야 한다. 올바른 의견은 슬기로운 자의 의견이고, 어리석은 자의 의견은 올바르지 않다는 것이다. 또한 슬기로운 자의 의견

플라톤

은 유익하지만 어리석은 자의 의견은 해롭다. 예컨대 운동선수가 의사나 코치와 같은 전문가의 의견을 따르면 유익하지만 그렇지 않은 사람의 의견을 따른다면 몸에 해를 입을 수 있다는 것이다. 그리고 그렇게 해를 입은 몸으로 그가 행복할 수 있겠냐고 크리톤에게 묻고 그렇지 않다는 답을 받아낸다. 그렇다면 탈옥을 하느냐 마느냐는 몸이 아닌 영혼에 관계된 덕의 문제이고, 덕의 문제에 있어 전문가가 아닌 대중의 의견을 따라서 유익할 수 있겠는가, 나아가서 행복할 있겠느냐고 소크라테스는 반문한다. 이것이 『크리톤』 내에서 전개되는 소크라테스의 세 개의 논변 가운데 첫 번째 논변이다. 소크라테스의 문답법이 눈에 보이는가? '교언영색'(巧言令色)을 경계하여 말 잘하는 것을 그다지 평가하지 않았던 동양적 사유와 달리, 서양의 사유는 이렇게 말을 통한 논리와 토론으로 진행되었고, 소크라테스는 그 최초의 선구자, 즉 말 잘하는 남자였던 것이다.

끝으로 이렇게 찬란한 그리스 문화, 즉 고전 그리스가 몰락하게 되는 과정을 그리며 이 챕터를 마무리하겠다. 그리스의 몰락은 펠로폰네소스 전쟁(BC 431-404)으로 말미암는다. 이 전쟁은 아테네의 독주를 견제한 스파르타와의 사이에서 벌어진 내전이다. 민주정치와 상업 국가를 특징으로 하는 아테네와 과두정치와 농업 국가를 특징으로 하는 스파르타는 서로의 차이를 이해하기 어려웠던 것 같다. 아테네를 따르던 델로스 동맹국과 스파르타를 따르던 펠로폰네소스 동맹국에서 벌어진 전쟁이 급기야 아테네와 스파르타의 전쟁으로 번졌는데, 페리클레스는 아테네 주위에 13km의 성벽을 쌓고 그곳으로 농촌민을 도시로 들어오게 하며, 막강한 스파르타의 육군에 대해 정면공격을 가하지 않으면서 해상공격을 해서 전과를 누리는 전술을 폈다. 그런데 농촌민을 도시로 들어오게 한 것이 화근이었다. 그것이 비위생적인 환경을 만들었고, 급기야 아테네에 전염병이 번져 그로 인해 개전 후 2년 만에 페리클레스가 죽게 된다. 그가 죽고 나서 전쟁의 승패는 난 것이나 다름없었고, 페리클레스가 2-3년으로 내다봤던 전쟁은 장기화되어 마침내 스파르타의 승리로 끝난다. 이에 그의 전술에 의심을 품고 또한 그를 절대 권력자라고 비난했던 시민들은 그가 얼마나 뛰어난 정치가였던가를 느끼게 된다. 이로써 아테네의 몰락은 그리스의 몰락으로 이어졌고, 마침내 그리스는 북방의 마케도니아로부터 식민지에 들어가게 되었다. 그리고 아테네가 이렇게 급속하게 몰락한 것은 또한 그들의 척박한 토양과 식량부족이 한몫을 하였기 때문이다.

2. 스토아 철학으로 본 헬레니즘

고대의 두 번째 시간은 헬레니즘에 관한 것인데, 스토아 철학을 통해서 헬레니즘에 대해 살펴보도록 하겠다. 헬레니즘은 BC 323-30년까지의 시기, 즉 알렉산더 대왕(Alexandros the Great, BC 356-323: 알렉산드로스)의 죽음으로부터 아우구스투스(Augustus, BC 63-AD 14)가 로마제국을 건설하는 시기까지를 말한다. 이 시기는 고전 그리스가 몰락하고 나서 이루어지므로 그와 구별하여 '그리스적이다'라고 해서 '헬레니즘'이라고 불린다. 헬레니즘 시대의 의의이자 특징은 그리스의 폐쇄적인 폴리스 문화가 동방적인 요소를 갖게 됨으로써 개방적인 보편문화를 형성했다는 데 있다.[35] 이러한 헬레니즘 문화를 형성하게 한 장본인은 바로 알렉산더 대왕이다. 왜냐하면 그가 의도하지는 않았겠지만, 그의 정복사업은 그리스 문화를 동방으로 확산시키는 역할을 하였기 때문이다.

그리스 북부 마케도니아 출신인 부왕 필립 2세는 그리스를 정복하였고, 그로 인해 그리스는 마케도니아의 식민지로 전락하게 된다. 부왕이 암살됨으로써 20살의 어린 나이에 왕위에 오른 알렉산더는, '세상의 끝과 그 외해를 갖는다'라는 포부 하에 불과 12년 만에 소아시아에서 인더스 강에 이르는 지역을 점령하는 데 성공한다(지친 군사들 때문에 인도정벌을 강행할 수 없었다고 한다).[36] 이러한 대규모 점령은 지역 간 교역을 활발하게 하여 대도시의 성장을 촉진시켰다. 게다가 그는 점령지에 자신의 이름을 딴 도시 알렉산드리아를 건설했는데, 특히 이집트의 알렉산드리아는 대형 도서관 및 문화 그리고 활발한 교역으로 고대의 어느 도시보다 유명했다. 알렉산더의 이러한 정복사업으로 그리스 문화가 동방으로 전파되어 갔는데, 그것은 알렉산더 스스로가 그리스 문화에 젖어 있는 사람이었기 때문에 가능했던 것이다. 즉 그는 13세에 아리스토텔레스를 스승으로 맞아 그에게 지도를 받았고, 가장 감명 깊게 읽은 책이 호머의 『일리아스』여서 전쟁 중에도 그 책이 그의 베개 밑에 있을 정도였다고 한다.[37] 그래서 알렉산더가 우리에게 준 역사적 유산은 거대한 정복지의 통치가 아니라 헬레니즘 문화의 탄생에 있다고 할 수 있다.

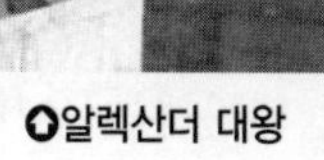
알렉산더 대왕

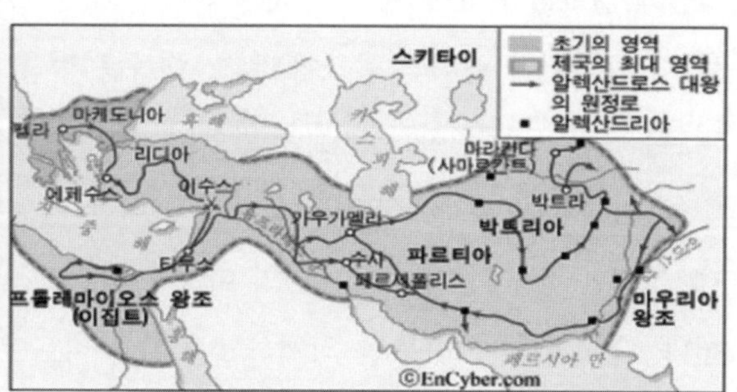

그렇다면 헬레니즘 문화의 특징은 무엇인가? 그것은 한마디로 세계주의, 개인주의, 도피주의, 상대주의라고 요약할 수 있다.[38] 헬레니즘 시대에 이르면 알렉산더의 정복사업에 의해 폴리스가 파괴됨으로써 폐쇄적인 도시국가 의식이 아니라 세계주의적, 코스모폴리탄적 의식이 생겨난다. 즉 폴리스 의식이 아니라 세계시민의식이 생겨나는 것이다. 다시 말해서 바르바로이(Barbaroi; 야만)에 대한 헬레네스(Hellenes; 빛의 땅)라는 폐쇄적인 폴리스 의식이 아니라 우리 모두가 하나요 동포요 세계시민이라는 사해동포주의적 의식이 생겨나고, 그로써 그리스의 폴리스 중심적 사고가 보다 보편적인 인간성에 기반 한 사고로 변화되는 것이다. 그리고 폴리스라는 공동체가 파괴됨으로써 공동체에 참여하는 것보다는 자기 자신의 부와 안위를 생각하는 개인주의적인 성향과, 정복전쟁으로 인해 혼란스러운 사회 속에서 사람들이 현실을 도피하고자 하는 도피주의적 성향을 띠게 되었고, 그리스에서의 보편적 진리보다는 눈앞에 보이는 감각적 진리에 의존하는 상대주의적 경향이 나타나게 되었다. 이러한 세계주의, 개인주의, 도피주의, 상대주의라는 헬레니즘의 특징을 잘 반영하고 있는 사상이 곧 스토아학파와 에피쿠로스학파이다.

스토아학파와 에피쿠로스학파는 헬레니즘 시대의 대표적인 사상으로 당시의 이러한 시대의식을 대변한다. 이 두 학파는 서로 상반되는 사유를 함으로써 서로를 비판하면서 상호작용했는데, 먼저 스토아학파는 금욕주의적인 경향을 띤다. 그들의 철학적 목표는 행복에 있는데, 이는 고전 그리스 사상을 계승한 측면이다. 즉 행복이 인간 행위의 목표이고, 그 행복은 덕을 성취함으로써 도달할 수 있으며, 덕은 곧 이성에 따르는 삶을 말한다. 여기서 이성은 개인의 이성이 아니라 우주를 지배하는 세계이성이다. 우주가 그러한 이성에 의해 자연법을 만들어내는데, 그러한 우주적 이성을 개인의 이성이 따름으로써 행복에 이를 수 있다는 것이다. 즉 감각이나 충동을 억제하고 이성을 따르고, 그러고자 하는 의지를 가지는 것은 "괴로움을 참고 쾌락을 버리라"라는 금욕주의의 형태를 띠게 된다. 그리고 이러한 이성의 상태가 최고에 이른 것이 '부동심'(Apatheia)이다. 스토아 철학은 이렇게 이성을 따르는 덕, 즉 그리스 전통을 계승한 이른바 스토아적 덕 윤리를 제창하였고, 이는 이후 기독교를 중심으로 한 사유와 맥을 같이 하여 서구 사유의 전통 속에 면면히 흐르게 된다.

반면에 에피쿠로스학파는 쾌락주의를 제창했는데, 이들도 스토아학파와 같이 행복윤리를 추구한다. 그러나 그 내용은 정반대다. 그들에 따르면 행복은 곧 쾌락에 있고, 이때의 쾌락은 감각적 만족에 기반 하는 즐거움이다. 뱃속이 편한 것이 선이라는 것이다('선의 뿌리는 위장이다'). 그러나 이러한 감각적 쾌락에도 분별과 사려가 필요하고, 그렇지 않을 경우 쾌락의 역리에 부딪칠 수 있다는 것을 경고함으로써 그들은 결국 최고의 상태인 '평정의 쾌락'(Ataraxia)을 주장한다. 즉 고통이 없는 상태가 최고의 쾌락의 상태라는 것이다. 이들은 데모크리토스의 원자론을 받아들여 우주가 더 이상 쪼갤 수 없는 원자로 이루어져 있고, 그렇기에 쾌락도 계산할 수 있다고 보았다. 이러한 에피쿠로스의 철학은 이후 영국 경험론에서 공리주의 윤리학을 통해 18세기에 부활한다.

그밖에 회의론이 있었다. 피론(Phyrron, BC 365-275)은 아무것도 확실한 것은 없고 결국 진리는 알 수 없으므로 단지 우리는 매순간 아무 의견도 갖지 않고 살아가는 것, 즉 에포케(Epoche; 판단중지)가 지혜에 이르는 길이라는 주장을 한다. 이러한 논의는 상대주의 혹은 회의주의적인 당시의 시대 분위기를 보여준다.[39] 물론 에포케라는 개념은 이후 철학에서, 특히 후설의 현상학에서 적극적으로 수용된다.

우리는 헬레니즘의 이러한 사유들 가운데 마르쿠스 아우렐리우스의 『명상록』을 통해 스토아 철학과 헬레니즘의 분위기를 읽어 보도록 하겠다. 마르쿠스 아우렐리우스(Marcus Aurelius Antonius, 121-180)는 로마의 5현제(賢帝) 가운데 한 사람으로 황제로서 철학자인 사람이다. 스토아 철학자는 매우 다양해서 에픽테토스와 같은 노예, 세네카와 같은 대학자도 있었으며, 아우렐리우스와 같은 황제도 있었다. 『명상록』 2권과 5권을 통해 스토아적 금욕주의와 헬레니즘적 분위기를 보도록 한다.[40] 2권에서는 모든 것은 관념일 뿐이고, 관념에 집착하지 말고 그 관념을 낳은 이성에 따르라고 한다. 그리고 만물은 자연의 일부이니 괴로워하는 것은 자연에서 분리되는 것이다, 즉 자연과 이성을 따르면 괴로워할 일이 없다는 것이다. 우리가 그것을 따르지 않고 관념이나 충동·감각에 집착하기 때문에 괴로움에 봉착한다는 것이다. 인생은 흐르는 물과 같으니 우리가 집착할 것이 없고, 오직 철학을 통해 이성과 자연을 따르라는 것이다. 그리고 5권에 있는 내용은 여러분에게 행위의 지침이 될 것 같아 발췌해 보았다. 신념을 가지고 한 일이 실패를 하더라도 그로 인해 불평하고 절망하지 말고, 그런 식으로 감정에 매달리지 말라는 것이다. 이성적으로 판단했을 때 그 일이 올바르고 떳떳하다면 다시 도전하고 그 도전을 사랑하는 것이 자연에 따른 삶이고 덕 있는 삶이라는 것이다. 그렇게 되면 당신은 이성에 따르게 되고 행복에 이를 거라는 것이다. 어떤가? 스토아적인 삶이 느껴지는가?

끝으로 헬레니즘은 예술, 수학, 의학에서 역사적으로 중요한 업적을 남겼다. 우리에게 잘 알려진 밀로의 비너스, 라오콘의 군상, 니케상은 자연미를 넘어 관능미를 느낄 수 있을 만큼 사실적으로 인체를 묘사하고 있다(황금비율의 예로 등장하는 밀로의 비너스, 트로이 목마의 속셈을 알고 그것을 저지하려다 신들의 벌을 받는 라오콘, 승리의 여신 니케). 그리고 서구의 수학에서 2000년간의 학문적 권위를 누렸던 유클리드 기하학. 이는 5개의 공리를 기반으로 이루어지는데, 마지막 공리인 평행선 공리가 갖는 문제는 20세기에 수리철학적인 문제를 야기한다. 부력을 발견한 아르키메데스, 이를 아르키메데스의 원리라고 한다. 그는 지렛대의 원리를 가지고 적군의 군함을 들어 올림으로써 임금의 전폭적인 신임을 이끌어내었던 천재적인 과학자였다. 지금도 이탈리아 우표에 그의 모습이 나오는데, 우표 속에 있는 나선 모양의 표식은 아르키메데스가 개발한 정원의 분무기이고, 신바빌론 제국의 거대한 정원에 물을 주는 데 사용되었다고 한다.[41] 마지막으로 의학의 아버지 히포크라테스. 그는 히포크라테스 선서로써 지금도 의료인의 윤리적 각성의 지표가 되고 있다.[42]

밀로의 비너스 / 라오콘 군상 / 니케 여신상

평행선 공리 / 아르키메데스 원리 / 히포크라테스 선서

이상으로 고전 그리스의 몰락 이후에 등장하는 헬레니즘 시대에 대해 살펴보았다. 헬레니즘의 특징은 특히 스토아 철학을 통해서 서구의 전통적인 사유 속에 뿌리 깊은 영향을 준다. 서구인들의 마음속에 면면히 내려오는 하나의 전통이 형성된 셈이다.

4장 로마 제국사와 중세사회

1. 시저와 클레오파트라로 본 로마 제국사

이제 헬레니즘 이후의 로마의 역사 그리고 그 로마의 분열 이후에 등장하는 중세 사회의 모습에 대해서 살펴보도록 하겠다. 먼저 로마의 역사에 대해서 살펴보겠다. 로마의 역사는 크게 두 부분, 즉 BC 6-1세기와 BC 1-AD 5세기로 이루어지는데, 전자는 공화정 수립으로부터 로마제국 건설에 이르는 시기이고, 후자는 아우구스투스의 로마제국 건설로부터 서로마제국의 멸망에 이르는 시기이다. 로마의 공화정이 제국으로 발돋움하는 단계에서 치러진 사건 중 가장 중요한 것이 '포에니 전쟁'이고, 그 전쟁을 통해 로마의 팽창과 그로 인한 로마인들의 사치가 나타난다. 그리고 로마제국 성립 이후에 대제국 로마는 '로마의 평화', 즉 팍스 로마나(Pax Romana)라는 전성기를 구가하게 된다. 이러한 제국의 완성기는 결국 게르만족의 이동 때문에 멸망한다. 이 두 시기의 결절점에서 로마의 공화정이 황제정으로 변화하도록 하는 역사의 물길을 튼 사람이 시저(Gaius Julius Caesar, BC

100-44: 카이사르)이고, 그의 연인 클레오파트라(Cleopatra Ⅶ, BC 69-30)가 있다.

로마는 국가의 성립 이후에 공화정을 이루었다. 물론 로마의 공화정도 오만왕 타르퀴니우스를 타도하고 성립된, 즉 왕정 이후에 비로소 완성된 과두적 정치체제이다. 두 명의 집정관(Consul)과 원로원(Senatus) 그리고 시민회(Comitia; 민회)로 구성되어, 원로원은 정치적 자문을 담당하며 집정관 후보를 추천하고, 시민회는 입법권과 재판 및 여러 문제에 대한 승인권을 투표로써 표현하며 무엇보다도 집정관을 선출하고, 집정관은 국방과 내치의 최고 권력을 담당한다. 다만 집정관의 임기는 1년이고, 두 집정관 사이에 상하관계가 없고 서로 거부권을 가지므로 협치를 해야 국정을 운영할 수 있어서 독주를 막도록 되어 있다. 그리고 로마의 공화정 성립 이후에 원로원과 집정관이 긴밀해짐에 따라 평민들의 불만이 높아졌고, 이들의 불만을 해소하고자 로마 최초의 성문법이라고 할 수 있는 12표법(십이동판법)을 제정하여 그들의 권리를 옹호하며, 평민만 출석하는 평민회[43]를 두어 호민관을 선출하게 하여 집정관에 대해 거부권을 행사할 수 있게 했다. 그러나 귀족과 평민의 결혼을 불허하는 12표법의 한계와 전시에 행사할 수 없는 호민관의 거부권 문제로 계급갈등은 해소되지 못했고, 이로 인해 켈트족 침략 이후에는 리키니우스 섹스티우스 법을 제정함으로써 평민에게도 원로원을 개방하여 집정관 두 명 중 한 명은 평민에게 할당하고, 호민관 임기가 끝나면 평민도 원로원 의원이 될 수 있게 하였다. 이로써 공화국 정부의 모든 시민은 누구나 관직에 오를 수 있게 되어 본격적 의미의 공화정이 시작되었던 것이다.[44]

로마가 제국으로 팽창하는 과정에서 중요한 사건이 3차에 걸친 포에니 전쟁이다. 이는 지중해에서 무역을 주도하고 있었던 카르타고와의 충돌인데, 지중해 해상권을 놓고 일대 격돌을 벌인 것이다. 이 전쟁에서 역사상 로마인들의 간담을 서늘하게 했던 장군, 공포와 외경의 대상이 되었던 한니발 장군(Hannibal, BC 247-183)이 등장한다. 한니발은 1차 포에니 전쟁에 패배한 아버지를 따라 에스파냐로

가게 되어 26세에 주둔군 총사령관이 되는데(BC 221), 그는 로마에 대한 복수심으로 불탔다고 한다. 한니발의 전술은 로마동맹을 해체함으로써 결국 본지인 로마로 진격해 들어가는 것이었는데, 이를 위해서 그는 알프스를 넘어 로마의 동맹 도시들을 격파했다. 한니발에 의해서 로마의 유명한 가문들은 성쇠(盛衰)를 거듭했는데, 나중에 포에니 전쟁의 전세를 뒤집는 스키피오도 그의 아버지가 한니발과의 전투에서 중상을 입었다고 한다. 특히 고대 전투사의 백미로 알려진 칸나에 전투(Battle of Cannae)에서 로마군의 1/3정도밖에 안 되는 병력으로 한니발은 대승을 거두었다. 이 전투로 로마군 8만 5천 중 천여 명만이 겨우 생존했는데, 제1차 세계대전의 서부전선 이외에 이렇게 많은 전사자가 발생한 전투는 없었다고 한다.[45]

이러한 까닭에 한니발은 로마인에게 공포와 외경의 대상이 될 수밖에 없었는데, 로마사 연구의 대가 몸젠(T. Momssen, 1817-1903)은 페니키아인 특유의 전술을 구사하는 한니발의 천재적인 지략이나 지중해 통치자들에게 끼친 영향력, 그가 다양한 언어를 쓰는 군대를 완벽하게 통솔했다는 사실, 그리고 그에게서 결점을 찾아내려 했던 세간의 온갖 이야기들도 그의 순수하고 위대한 초상을 흐리게 하지 못했다고 말하면서 한마디로 '그는 위대한 사내였고, 가는 곳마다 모든 시선이 그를 향했다'라고 평가한다.[46] 이러한 한니발에게 정면승부로는 승산이 없다는 것을 간파한 파비우스(Fabius, ?-BC 203)는, 보급로를 차단하여 한니발이 전쟁을 마음대로 주무를 수 없게 만들면서 자신은 후방공격을 하는 지구전(持久戰)을 펼쳤다. 그 틈을 타서 나타난 스키피오(Scipio, BC 236-184)는 에스파냐와 카르타고를 급습하였고, 허를 찔린 한니발이 로마에서 벌이던 전투를 뒤로 하고 급히 귀국해서 일대격전을 벌였지만 결국 패하고 말았다. 이렇게 해서 포에니 전쟁의 주인공은 한니발인데, 그 전쟁의 조연으로 출현했던 스키피오가 결국 전쟁의 승리를 가져가는 역사의 아이러니가 여기서도 발생하였던 것이다.[47]

○공포와 경외의 존재

○카르타고 지도

포에니 전쟁에 승리함으로써 로마는 지중해 해상권과 관련된 지역을 정복하고, 심지어 갈리아와 브리타니아까지 지배하게 된다. 이렇게 해서 로마는 대제국을 건설하게 된다. 넓어진 대제국을 다스리기 위해서 로마는 속주에 지사를 파견하고 그를 통해 그 지역을 다스리고 징세하는데, 그러한 과정에서 부유층이 형성된다. 그리고 지중해 식민지를 통한 활발한 무역으로 은행이 성립했지만, 로마 본토의 농지는 파괴되어 중소농이 몰락하였고, 이때 이미 생겨난 부유층이 그것을 사들여 대농장이 생겨나면서 거기에 소작을 하는 소작인 제도가 나타나게 되었다(이는 이후 중세의 장원제가 등장할 수 있는 씨앗이 된다). 이러한 변화는 대제국에서 상업이 융성함으로써 생긴 농업의 변화이고, 이로 인해 로마인의 사치는 극에 달하게 되었다. 이렇게 넓어진 제국을 다스릴 정치체제를 정비하고자 개혁이 단행된다(그라쿠스 형제(Gracchus, BC 163-133, BC 154-121), 마리우스(Marius, BC 156-86), 술라(Sulla, BC 138?-78)). 그라쿠스 형제의 농지개혁과 시민권법 개혁은 원로원의 반발로, 마리우스의 군제개혁은 동맹국 전쟁을 야기함으로써, 술라는 정치개혁을 이루었지만 마리우스와 내란을 야기하는 등 스스로 제거되거나 혼란을 가중시켜 장장 80년 동안 로마의 내란이 이어지게 된다.[48] 이러한 때 공화정을 일인 독재체제로 만듦으로써 그러한 혼란을 수습하는 이가 나타나는데, 그가 바로 시저이다.

앞서 한니발을 위대한 사내로 평가했던 몸젠은 사실 시저를 새롭게 조명한 공로로 1902년 독일 최초로 노벨문학상을 수상했는데, 그는 시저를 '로마사 최고의 창조적 천재'라고 극찬했다.[49] 시저는 고대 그리스의 페리클레스, 프랑스의 나폴레옹과 함께 서양사 3대 리더십으로 거명되는 정치적 리더십의 대변자이다. 그의 리더십은 정적을 마음으로부터 수용하는 인자한 리더십이었다고 하는데(돈 빌리는 데 천재였다고 한다), 그것이 그가 그 혼란한 시기에도 뛰어난 리더십을 발휘할 수 있었던 핵심이었다고 한다.[50] 의회 내에서 폼페이우스와 대결을 하였고, 그 자신이 갈리아 지방을 정벌함으로써 세력을 키웠으며(그는 뛰어난 문필가였기에 그 자신의 경험을 쓴 『갈리아 전기』(De bello Gallico)는 고대사 연구의 중요한 자료가 되고 있다), 군대를 해산하고 돌아오라는 원로원의 최종 권고에 대해 그는 '주사위는 던져졌다'는 말을 남기고, 루비콘 강을 건너 폼페이우스를 격퇴하였고, 패주하던 폼페이우스는 이집트에서 살해된다.[51] 이후 이집트 왕위 계승전에 휘말린 시저는, 그 전쟁을 승리로 이끌면서 클레오파트라의 왕위계승을 돕게 되는데(물론 둘 사이에서 아들 카이사리온을 두게 되고, 그는 이후 프톨레마이오스 15세가 된다),[52] 이것은 이집트가 로마에 굴복했다는 것을 의미한다.[53] 그는 이 전쟁이 얼마나 치열하고 신속했는지를 보여주기 위해 그 유명한 말 '왔노라 보았노라 이겼노라'(veni, vedi, vici)라는 말을 남기는데,[54] 이는 내란을 종식시킨 후에 그가 원로원에 보고한 내용이다.[55] 이렇게 해서 그는 로마의 공화정을 자신을 필두로 한 일인체제의 종신 독재관[56]이 이끄는 공화정으로 수립해 나가는데, 이는 일종의 황제에 의한 통치로 가는 정치적 길을 트는 셈이다.[57] 그리고 이는 어떤 의미에서 대제국 로마를 통치할 수 있는 유일한 방법이었고, 이에 대해 시저의 리더십을 신뢰했던 키케로(Marcus Tullius Cicero, BC 106–43)를 비롯한 원로원의 암묵적 묵인이 있었다고 한다.[58] 그러나 이에 대해 불안감을 가지고 있었던 공화정 지지자들, 즉 브루투스와 그 일파들은 잘 알려진 바대로 폼페이우스 상 아래에서 그를 살해했고, 피가 낭자한 그의 시신을 본 시민들은 격분했으며, 이러한 시민들에 의해 카이사르는 신격화되는데, 이로써 그는 로마를 건설한 로물루스 이후에 신격화된 유일한 로마인이라고 전해진다.[59]

이후 시저의 뒤를 이은 것은 공화주의자들이 아닌 그의 양자 옥타비아누스(Gaius Octavianus, BC 63–14)와 시저주의자였던 안토니우스(Marcus Antonius, BC 82?–30)이다. 그러나 이 둘의 협조가 결렬되면서 이집트를 정벌하러 갔던 안토니우스는 클레오파트라와 결혼하였고, 그녀의 아들에게 로마전체 속주(알렉산드리아)를 주겠다는 약속을 하게 된다. 이에 분개한 옥타비아누스는 악티움 해전(Battle of Actium)에서 안토니우스를 무찔렀고, 패배한 안토니우스와 클레오파트라는 자살을 한다. 이로써 3000년 이집트 왕조, 300년 프톨레마이오스 왕조는 문을 닫고 만다. 파스칼(B. Pascal, 1623–1662)은 클레오파트라의 코가 조금만 낮았더라도 역사가 바뀌었을 거라고 말하였지만, 실은 그녀는 외국어에 능하고 교양이 풍부하여 어떤 미인보다도 강력한 지성의 마법을 가진 여인이었다고 전해진다. 그녀와 대화하게 되면 그녀의 화술에 넘어가지 않을 수 없었다고 한다. 이제 어떤 미인이 될지 결정했는가?[60]

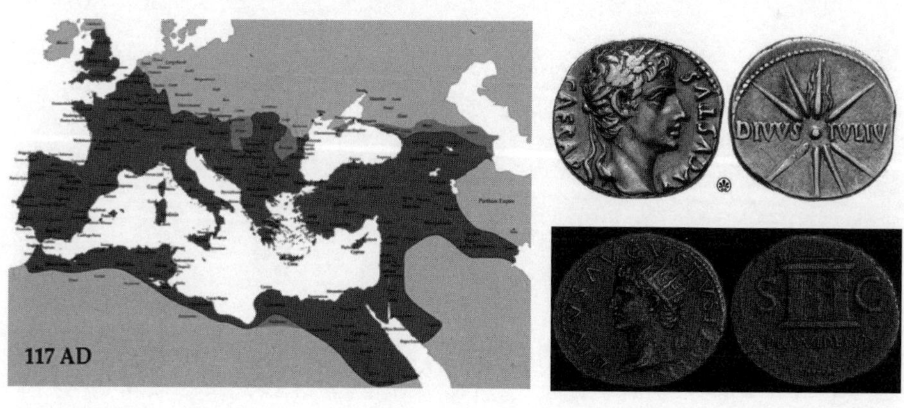

이후 로마는 이른바 로마의 평화기를 맞는다. 옥타비아누스는 시저의 참상을 교훈으로 하여 공화정을 존중하는 제정(帝政)을 제안하고, 원로원은 그에게 임페라토르(Emperator; 승전자), 아우구스투스(Augustus; 존엄한 자)라는 칭호, 즉 실제적인 황제라는 칭호를 내리게 된다. 아우구스투스로부터 5명의 황제는 5현제(賢帝)라고 불리면서 공화정을 존중하는 가운데 제정을 수립해 나간다. 그로써 그것은 그리스 문화를 제국 내에서의 보편문화로 형성하는 계기가 된다. 그러나 열흘 붉은 꽃 없다고 했던가. 이러한 대제국 로마도 몰락하게 되는데, 그 원인은 한마디로 말할 수 없을 정도로 매우 다양하고 복합적인 것에서 비롯된다. 직접적으로는 게르만족의 이동과 476년 서로마 제국이 멸망함으로써 촉발된 것이다. 그리고 보다 세부적으로는 공화정을 존중하는 황제정이 안고 있었던 제위계승의 문제가 결국 동방적인 군주정으로 바뀌는 혼란을 야기했고, 속주의 곡물이 로마로 유입됨으로써 로마 본토의 귀족이 몰락하고 속주의 신귀족이 등장하는 사회적 문제, 콘스탄티누스 황제가 수도를 비잔티움으로 옮김으로써 동서 로마제국이 분열되는 등의 사건이 복합적으로 작용하여 로마제국이 몰락하게 되었던 것이다.

로마제국의 역사적 의의는 그것이 서구문명의 교량자 역할을 했다는 데 있다. 로마제국은 고대와 중세, 헬레니즘과 헤브라이즘의 역사적 가교역할을 했다. 즉 고대에 있었던 문화들을 절충하여 유럽화하였고, 로마인이 가지고 있었던 실용적인 성격은 법전이나 건축을 통해 실질적인 문화를 건설하는 방식으로 나타났다. 대형경기장인 콜로세움, 기독교 등장 이전의 로마의 다신교를 상징하는 판테온, 로마인들의 사치를 보여주는 대형 욕탕인 카라칼라 욕탕 등은 그러한 그들의 토목건축의 우수성을 드러내 준다. 로마인들은 그리스인들처럼 창의적이거나 철학적이지 않았지만 실제적이고 실용적이어서 문인들 또한 그리스의 문화를 종합하고 집대성하는 역할을 했는데, 공화정 말기의 키케로는 로마의 대표적인 문인이다. 이후 로마의 평화시기에는 뛰어난 서정시인들이 많이 등장했다. 호라티우스(Quintus Horaticus Flaccus, BC 65-8), 오비디우스(Publius Nasco Ovidius, BC 43-17), 베르길리우스(Publius Marco Vergilus, BC 70-19) 등이 있다. 그리고 이후 네로 시대의 세네카(Lucius Annaeus Seneca, BC 4-65), 역사학자로는 『게르마니아』를 썼던 타키투스(Publius Cornelius Tacitus, 55?-117?), 『플루타르코스 영웅전』을 쓴 플루타르코스(Plutarchos, 46-120)가 있다.[61]

콜로세움

판테온

카라칼라 욕탕

끝으로 그리스인들의 교과서가 호메로스라면 로마인들의 교과서는 12표법이라고 할 만큼 로마에는 법이 발달했는데, 로마법은 천년 동안 천천히 발달해서 시민을 위한 시민법에서 대제국에 적용되는 만민법으로 발전했다. 6세기에 유스티니아누스 황제(Justinianus Ⅰ, 483-565)는 이렇게 복잡해진 법체계를 법전화해서 정리했고, 로마는 또한 이러한 실정법이 나오게 되는 자연법사상을 정립하였다. 자연법사상은 근대 이후에 시민혁명의 씨앗이 되기도 한다.[62]

2. 고딕 교회로 본 중세

중세는 서로마제국 멸망부터 16세기까지의 시기를 말하고, 이를 중세라고 한 것은 고대와 근대 사이의 중간시기로서 암흑기라는 의미이다. 중세가 비록 암흑의 시기로서 부정적인 의미로 명명되지만 이 시기에는 비잔틴 제국, 게르만 국가의 유럽문명권, 이슬람 제국이라는 세 문명권이 형성되었다. 특히 게르만 국가의 유럽문명권은 서양사에서 하나의 문명권의 성격을 형성했다는 의의가 있다. 유럽문명권이란 그리스 문화, 기독교 문화, 게르만 민족이라는 유럽문화의 3요소가 통일되면서 성립한다. 이는 카롤루스 대제가 프랑크 왕국을 수립함으로써 가능하게 된다. 이러한 유럽문명권은 중세를 통해 봉건제와 기독교 문화를 통해서 강화되어 간다고 할 수 있다. 그러면 이러한 중세사회의 특징을 카롤루스 대제의 프랑크 왕국으로부터 봉건제 그리고 기독교 문화를 통해 살펴보도록 한다.[63]

우선 로마제국은 게르만족의 이동으로 인해 멸망하는데, 476년 서로마 제국이 멸망함으로써 기독교를 통해 통일되어 있던 국가의 형태는 사라지고 유럽은 갈기갈기 분열된다. 이렇게 분열된 유럽은 9세기 프랑크 왕국(Regnum Francorum)에 의해 통일되어 옛 로마의 영토를 거의 회복하는데, 이러한 프랑크 왕국의 수립자는 카롤루스 대제(Carolus Magnus: Charlemagne, 740-814)이다. 그의 부친은 카롤링 왕조(Carolingian Dynasty)를 세워서 로마에 침입한 롬바르드족을 퇴치하고 그 영토를 교황에게 기부함으로써 교황령 국가의 기원을 이룩했다. 이렇게 이민족의 퇴치를 부탁하는 교황을 보면서 자란 카롤루스는 이베리아반도, 브리타니아, 덴마크, 남이탈리아를 제외한 유럽을 정복하고, 게르만족을 프랑크왕국과 기독교로 통합하게 된다. 그는 또한 교황의 청으로 북이탈리아 랑고바르트 왕국을 멸망시켜 통합하고, 이탈리아 영토 일부를 교황에게 기부한다. 그로써 800년 크리스마스에 교황은 카롤루스를 서로마제국의 황제라고 칭하게 된다. 즉 그때까지만 해도 동로마제국에 조공을 바쳐야 했던 프랑크 왕국이 명목적으로나마 교황에 의해 서로마제국의 부활이라고 칭송받게 된 것이다. 카롤루스는 거기서 그치지 않고 카롤링 르네상스를 일으켜서 학문과 교육의 부흥사업을 한다. 그것을 통해 아리스토텔레스를 비롯한 여러 철학 저술들의 대규모 번역 사업이 행해지고, 학교제도가 정비되어 대학과 수도원의 탄생 및 스콜라철학의 기반이 닦이게 된다. 따라서 카롤루스 대제는 유럽문명이라는, 유럽의 정체성의 발판을 마련한 '유럽의 아버지'라고 불린다.[64]

카롤루스 대제

이렇게 해서 성립된 유럽문명권은 중세라는 시기 속에서는 봉건제와 기독교 문화를 통해 그 형태를 형성한다. 봉건제는 9-11세기에 형성되기 시작해서 11-13세기에 정착한다. 이는 봉토를 중심으로 인적 유대를 갖는 제도이다. 즉 왕으로부터 봉토를 하사받은 주군(영주)과 그 봉토에서 소작을 하는 종신의 관계에서 형성되는 것이 봉건제이다. 주군은 주로 귀족, 승려, 기사의 계급이 중심이 되고 종신은 농노들을 말하는데, 영주는 농노에게 봉토를 수여하고 그들을 보호하며, 그들의 재판을 주관하며 그 재산을 관리하는 등의 의무를 수행한다. 이에 반해 농노는 영주에게 군역을 행하고 생산물을 공납하며, 재판에 배석하고 상속세를 내야 하는 등의 과도한 의무를 행해야 했다. 이들은 장원경제를 중심으로 이러한 의무관계를 수행했다. 장원은 작게는 10가구 크게는 50가구의 농민이 경작하는 농경단위로서 장원을 통해 중세의 사람들은 자급자족의 공동체 생활을 영위했다. 물론 장원뿐만 아니라 도시 상공인들의 협동조합으로서 길드(Guild)가 있어서 상공인들의 이익을 보호하고 획득한 이득을 분배하였지만, 중세 봉건제의 중심은 장원에 있었고, 중세 사회는 이러한 장원을 통한 자급자족의 농경사회였다. 따라서 이러한 봉건제는 정치적으로는 정치권력이 지방제후에 의해 행사되는 것으로서 중앙집권적이지 않은 형태였고, 봉토를 중심으로 특권적 지주층과 비특권적 농노의 매우 불평등한 의무관계에 기반하고 있었으며, 사회의 변화가 거의 없는 정태적인 자급자족의 사회를 형성했다.[65]

다음으로 중세는 기독교 문화에 의해 지배되었다. 오늘날 우리가 국가에 소속되어 출생하는 것처럼 적어도 16세기까지 사람들은 교회에 소속되어 출생하고 그에 따라 결혼했다. 즉 기독교 문화는 중세의 모든 문화적 활동을 구속했다고 할 수 있다. 이렇게 막강한 영향력을 행세했던 기독교는, 311년 콘스탄티누스 황제(Flavius Valerius Constantinus I, 274-337)의 밀라노 칙령(Edict of Millano)에 의해 공인됨으로써 중세사회에 비로소 수용되었고, 391년 테오도시우스 황제(Theodosius I, 346-395)가 기독교를 국교화 함으로써 그와 같은 영향력을 행세할 수 있게 되었던 것이다. 이로써 가톨릭은 교회조직을 가지게 되어 주교는 자신의 관할 구역 내에서 교구의 수장이 되었고, 로마 교구의 주교는 교황이 되는 등의 위계질서가 생겨났다. 이러한 교회는 주로 구원의 문제에 관계하여 성사, 즉 7성사(세례, 견진, 성체, 고백, 병자, 신품, 혼인)를 통해 그러한 일을 수행했다. 그 가운데 고백성사의 경우 신자가 자신의 죄를 신부에게 고백하면 그 죄가 사해진다고 믿었다. 그 사해진 죄에 대한 벌은 남아서 연옥에서 그것을 치러야 했지만 면벌부를 교회가 발행해서 죄의 벌까지 사하도록 했다(이것이 종교개혁의 씨앗이 된다). 그러나 이단이나 극단적 죄를 저지른 자에 대해서는 교회가 파문을 했다. 파문은 해당 당사자를 사회로부터 고립시킬 뿐만 아니라 그와 접촉하는 자까지도 파문함으로써 제도적으로 일종의 왕따를 만들어냈다고 할 수 있겠다. 그리고 죄인을 회개시키기 위한 제도로서 종교재판소도 있었다. 이는 죄인을 심문하여 회개하지 않을 경우에는 화형에 처했고, 이러한 제도는 17세기까지 존속했다고 한다. 또한 수도사들이 수행하는 수도원이 지어졌다. 최초의 수도원은 이탈리아 몬테 카시노(Monte Cassino)에 세워진 베네딕토 수도원(Benedictus Abbey)이다.[66]

이렇게 기독교 문화는 중세를 통해서 유럽문화를 통일하는 구심점 역할을 했다. 그러나 교회와 교황의 이러한 권위에도 불구하고 황제와의 갈등은 성직서임권(성직임명권)을 두고 중세 내내 잔존했다. 즉 성직임명권을 교황뿐만 아니라 황제 또한 가지고 있었고, 그로 인해 황제가 임명한 성직자에 대해서 교황이 거부하는 갈등이 전개되었다. 이러한 사정 속에서도 중세의 교회는 여러 가지 자정의 노력 끝에 13세기에 절정을 이루게 되면서 마침내 교황권이 황제권에 대해 우위를 점하게 되었고, 이는 스콜라철학과 고딕 교회를 통해 그 휘황찬란한 모습을 보여 주게 된다.[67] 이러한 기독교 문화의 절정의 하나로서 고딕 교회에 대해 살펴보도록 하겠다.

중세미술은 역사상 어떤 시기보다 종교의 지배를 받았고, 12세기에 대두되어 13세기에 절정에 달한 고딕양식은 기독교 교회건축의 정수이자 역사상 가장 훌륭한 교회건축 중의 하나라고 할 수 있다. 중세의 건축은 크게 세 가지로, (1)고대 말-8세기까지는 비잔틴 미술에 의한 초기 기독교 건축, (2)9-12세기까지는 로마네스크 양식으로 로마적 양식이라고 하는 건축, (3)13-15세기까지는 고딕 양식으로 고트족의 양식이라는 폄하의 말과는 다르게 가장 화려한 건축양식이 등장한다.[68] 이 가운데 로마네스크 양식과 고딕 양식을 비교하면서 중세 기독교 문화의 찬란함을 살펴보면, 로마네스크 양식은 둥근 아치, 둥근 궁륭, 두꺼운 벽을 특징으로 하고, 고딕 양식은 첨두아치, 늑골 궁륭, 부벽을 특징으로 한다. 즉 로마네스크 양식은 창문이나 문을 둥근 아치 모양으로 했고, 천장을 둥근 궁륭(Vault)로 했으며, 그로 인해 벽이 두텁고 단순·소박한 느낌의 건축물이었다. 이에 반해 고딕 양식은 창문이나 문을 끝이 뾰족해서 하늘을 찌를 듯한 첨두 아치로 했고, 그러한 아치와 더불어 하늘로 치솟는 듯한 천장은 그 천장을 떠받치는 늑골이 드러나는 늑골 궁륭을 형성했으며, 그러한 궁륭을 떠받치는 부벽을 만들어서 벽이 얇고 창문이 많은 그런 화려한 건축물이 탄생했다.[69]

유럽에는 노트르담 성당, 즉 성모를 기리는 성당이 많다. 아래에 보이는 두 성당 가운데 왼쪽은 로마네스크 양식이고, 오른쪽은 고딕 양식이다. 아치를 보면 확실하게 구분된다. 로마네스크 양식은 문이나 창문이 둥근 아치로 되어 있는 데 비해 고딕 양식은 첨두아치로 되어 있다. 그래서 전자는 단순하고 소박한 느낌을 주는 데 비해 후자는 화려하고 웅장한 느낌을 준다.

내부로 들어가시면 천장도 차이가 나는데, 로마네스크 양식은 둥근 궁륭으로 하늘로 올라갔다가 땅으로 내려오는 형태로 되어 있는 데 비해, 고딕 양식은 늑골 궁륭으로 하늘로 치솟는 지붕을 떠받치기 위한 지지대들로 늑골 모양의 천장을 하고 있다. 그래서 로마네스크 양식이 이 땅과 회개를 가르치는 교회라면,

고딕 양식은 하늘을 향한 신앙심을 가르치는 교회를 탄생시켰다고 하겠다.

이렇게 늑골 궁륭을 하고 있는 고딕 양식의 교회는 하늘로 치솟는 뾰족한 지붕을 떠받치기 위해 부벽을 사용하였고, 그로 인해 창문이 많고 벽이 얇은 모습을 하게 되었다. 이렇게 많아진 창문에는 성화를 그려 넣은 스테인드글라스로 신비로운 느낌의 교회 분위기를 연출했던 것이다. 왼쪽은 랭스 대성당의 장미창이고, 오른쪽은 샤르트르 대성당의 성화(聖畵)인데 정말 아름답지 않은가?

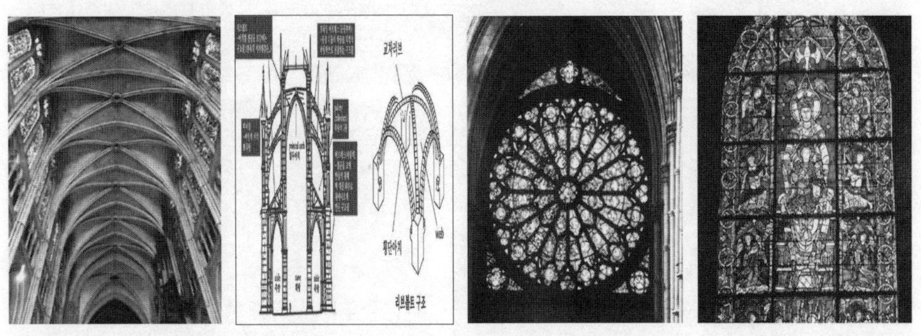

고딕 양식의 대표적인 건축물인 샤르트르 대성당에서 그 첨두아치와 장미창을 보면 그것이 고딕 양식인 것을 알 수 있다. 고딕 양식은 주로 프랑스와 독일의 교회건축에서 발달했는데, 독일의 쾰른 성당은 고딕 양식의 교회가 보여 줄 수 있는 웅장하고 화려한 아름다움의 대표자라고 할 수 있다. 칸트는 우리를 위압함으로써 오성의 합목적성이 파괴되는 데서 숭고미를 느낄 수 있다고 했다. 그것은 바로 이러한 쾰른 성당의 교회 앞에서 우리가 느끼게 되는 게 아닌가 싶다. 파리의 노트르담 대성당의 장미창과, 영국의 글로스터 대성당에 있는 늑골 궁륭이 너무 아름답지 않은가? 그리고 생 드니 수도원의 스테인드글라스는 수도사의 겸손과 신앙의 순수성을 보여 주는 듯하다. 이렇게 해서 중세사회는 6세기부터 봉건제와 교회를 바탕으로 유럽의 문명권을 형성했다고 할 수 있겠다. 특히 기독교는 중세사회를 지배했던 문화적 기제였다. 우리는 고딕 양식의 교회에서 스콜라철학과 더불어 화려했던 중세의 전성기를 목도하게 된다.

5장 스콜라 철학과 십자군 원정

1. 스콜라 철학으로 본 중세

가톨릭교회의 가르침은 중세의 세계관을 형성했을 뿐만 아니라 중세사회를 고정화시키는 데 그 역할을 했다. 이러한 중세의 모든 지적 활동은 스콜라 철학의 영향을 받았다. 스콜라 철학은 카롤루스 대제에 의해 기반이 닦여 13세기에 이르러 전성기에 도달하였는데, 그것은 성경이나 공의회와 같은 권위를 이성적으로 파악하고자 하는 철학적-신학적 사변을 특징으로 한다. 이러한 철학적-신학적 사변은 대전서와 문제집에서 잘 드러나고, 보편논쟁이 그러한 철학적-신학적 사변의 대표적 형태이다. 스콜라 철학자로는 안셀무스, 아벨라르, 아퀴나스가 그 대표자인데, 그들은 스콜라 철학의 아버지 안셀무스, 스콜라 철학을 넘어서 근대적 주체성을 보여 준 아벨라르 그리고 스콜라 철학의 보편논쟁을 완성한 스콜라 철학의 왕자 아퀴나스로 불린다.

이러한 스콜라 철학이 가능할 수 있었던 배경으로는 대략 세 가지 정도가 있겠다.[70] (1)아리스토텔레스의 수용이다. 유실되었던 아리스토텔레스의 저작들이 아랍에서 아랍어로 번역되어 보존되어 있었는데, 아랍의 철학자 아비켄나(Avicenna, 980–1037)나 스페인의 철학자 아베로에스(Averroes, 1126–1198)에 의해 아리스토텔레스의 철학이 유럽으로 유입되어 스콜라 철학에 영향을 주었다. 그로 인해 논리학만 알려져 있던 아리스토텔레스 철학의 전모가 드러났고, 그의 전 저작의 번역이 완성되기에 이른다. 이는 보에티우스(Boethius, 480–525)도 필생의 노력으로 시도했던 일이었을 뿐만 아니라 카롤루스 대제로부터 시작된 문예부흥 사업이 그 결실을 이룬 것이다.

(2)대학의 번창이다. 대학은 교수와 학생의 일종의 길드 형태에서 시작되어 교황과 황제의 기부에 의해 학교의 연합을 이룸으로써 성립된 것이다. 처음에는 자유 7 학예(artes liberales)를 가르쳤던 인문학부로부터 시작하여 점차 의학, 법학, 신학의 단과대학이 생겨났다. (3)커다란 수도원의 성립이다. 12세기에 그리스도의 삶으로 돌아가자는 이단 운동이 일어났는데(알비파, 왈도파), 이를 퇴치하는 이단 운동과 더불어 교회의 개혁이 이루어졌다. 13세기 교회의 개혁은 탁발수도회, 즉 프란치스코 수도회와 도미니코 수도회의 자극을 받았다. 아시시(Assisi)의 성 프란치스코(Francesco, 1182–1226)는 이단운동에 영향을 받아 그리스도의 청빈한 삶으로 돌아가고자 했고, 그의 거룩한 인격은 타의 모범이 되어 프란치스코 수도회는 걸식을 하는 탁발수도회로 등장하게 된다. 도미니코 수도회는 설교자들의 교단으로 인가(認可)를 받아 교구 성직자의 관심 밖에 있었던 도시민을 대상으로 한 적극적인 설교에 나섰다. 이러한 탁발 수도회는 수도원에 은거하지 않고 사회에 나가 신앙적인 삶을 통해, 설교를 통해 중세에 끼친 영향이 지대했다.[71]

스콜라 철학의 핵심논제는 보편논쟁이다. 이는 세 가지 형태로 나뉜다. 중세 동안 크게 실재론과 유명론이 대립적 관계를 유지했고, 그러한 가운데 개념론이 등장했다. 실재론은 보편은 개별 앞에 실재한다는 의미이고, 유명론은 보편은 개별 뒤에 실재한다는 뜻이다. 즉 실재론(Realism)은 보편개념은 개별개념보다 먼저, 그리고 그것과 관계없이 실재한다는 것으로, 사실상 보편개념만이 실재한다는 뜻을 내포한다. 그리고 유명론(Nominalism)은 보편개념은 개별개념이 있고 난 뒤에 그에게 이름을 붙인 것으로서, 사실상 보편개념은 존재하지 않고 개별개념만 실재한다는 의미이다. 개념론(Conceptualism)은 보편은 주관 속에 실재한다는 의미로, 실재하는 것은 개별개념이고, 보편개념은 인간의 주관 속에 개념으로서만 존재한다는 의미이다. 이러한 보편논쟁은 최고의 보편자인 신의 존재를 증명하는 신존재 증명과 더불어 중세에서 가장 첨예하게 논쟁되었던 주제이다. 이러한 보편논쟁에 대해 대표적인 스콜라 철학자 안셀무스, 아벨라르, 아퀴나스, 오컴을 통해 보다 자세하게 살펴보도록 하겠다.

먼저 스콜라 철학의 아버지라고 불리는 안셀무스(Anselmus, 1033-1109)는, '신앙은 지성을 요구한다'(fides qaerens intellectum)라는 선언을 통해 권위에 대해 이성을 주창한 스콜라 철학의 정신을 대표적으로 보여 준다. 그는 실재론의 입장에서 신에 대한 본체론적 증명을 한 것으로 유명하다. 이는 "신은 생각할 수 있는 한에서 가장 큰, 가장 위대한 존재이므로, 그것은 개념으로 존재할 뿐만 아니라 실재로도 존재해야 한다. 따라서 신은 존재한다"라는 증명이다.[72] 다음으로 스콜라 철학의 보편논쟁을 완성시킴으로써 스콜라 철학의 왕자로 불리는 아퀴나스(Thomas Aquinas, 1224-1274)는, 실재론의 입장에서 우주론적 신존재 증명을 했다. 이러한 그의 신존재 증명은 그의 『신학대전』에 나오는 핵심논제이고, 그는 도미니코 회원으로서 아리스토텔레스주의자이다. "운동이라는 사실로부터, 운동하는 것은 다른 것에 의해서 운동하고, 이를 무한히 거슬러 올라가면 모든 것을 운동시키는 스스로 운동하는 자를 생각하지 않을 수 없다. 이렇게 모든 것을 운동시키면서 스스로는 운동하지 않는 자, 그가 신이다"라는 것이 신에 관한 그의 우주론적 증명이다.[73]

안셀무스 아퀴나스 아벨라르 오캄

그리고 아퀴나스의 논의 가운데는 중세시대 동안 회자되었던 유명한 것들이 있는데, 그 가운데 "모든 존재는 완전성에 따라 차이가 있다. 그래서 모든 흰 것은 흼 그 자체에 의해 희게 되고, 모든 뜨거운 것은 뜨거움 자체에 의해 뜨거워진다. 따라서 모든 존재는 신에 관여함으로써 존재자가 된다. 이렇게 존재는 그 완전성의 차이에 따라 단계가 나눠지고, 이러한 존재의 단계는 가치의 단계까지 지배한다"라는 것이 그것이다.[74] 이는 중세의 세계관과 가치관에 커다란 영향을 미쳤다. "12-13세기 법률 책에는 중세사회의 서열이 기록되어 있다. 사회신분은 24계층으로 되어 있는데, 영주는 10위, 국왕은 8위, 황제라 하더라도 7위였다. 1위부터 6위까지는 모두 성직자로서 1위가 하나님이고, 2위가 교황이었다"[75]라는 기록이 그러한 예이다.

다음은 중세의 독창적 두뇌, 중세적 천재라고 알려진 아벨라르(Petrus Abaelardus, 1079-1142)이다. 그는 스콜라 철학자보다는 엘로이즈(Helois, 1100-1164)와의 사랑으로 더 유명하다. 그의 불행한 사랑이야기는 중세시기 동안 몰래 읽혀졌다(『나의 불행한 이야기』). 그리고 그는 변증법의 거장으로서 그가 얼마나 대단한 논변가였는가 하는 것은 그의 저술『예와 아니오』(Sic et Non)에서 잘 드러난다. 그는 개념론의 입장에서 보편자는 오직 생각된 것이고, 존재하는 것은 개별자라고 말한다. 만약 보편자가 실재한다면 모든 존재에는 10가지 범주만 남게 되고, 인간은 종적인 본질에 귀속되어 서로 다른 인간이란 있을 수 없게 된다고 논박한다. 따라서 보편개념은 그저 지성 안에만 있고, 인간 정신의 산물이지 존재에 관계된 것이 아니라는 것이다. 아벨라르의 이러한 개념론은 신의 보편성을 단지 인간 정신의 산물로 바라봄으로써 중세를 넘어 근대적 사고를 앞서 예견한 것이라고 할 수 있다.[76]

마지막으로 유명론은 중세 말기에 영국에서 경험론적 분위기의 스콜라 철학이 연구되면서 힘을 갖게 된다. 특히 오캄(Willliam of Ockahm, 1285-1349)은 프란치스코 수도회의 수도사로서 오캄의 면도날(Occam's razor)이라는 말을 통해 학문적 증명은 간단명료해야 한다는 정식으로 알려져 있다. 그는 아벨라르보다 한 걸음 더 나아가서 보편은 영혼 속에만 있고 사물 속에는 없으며, 오직 추상작용을 통해서 생겨나는 허구일 뿐이라고 말한다. 그래서 보편은 개별적 사물 뒤에 붙여진 이름일 뿐 실제로 존재하지 않는다고 천명했던 것이다. 이렇게 해서 중세의 스콜라 철학에서 신의 존재를 증명하려 했던 노력 속에서 쟁점이 되었던 보편논쟁은, 유명론의 승리로 끝나는 것처럼 보였다.[77]

중세 이후 근대의 전개 속에서 실재론은 범신론으로, 유명론은 유물론으로 발전해 갔다. 즉 근대의 철학 속에서 실재론은 자연적 존재에 편재하는 신이라는 범신론적 형이상학 속으로 스며들었고, 유명론은 보편적 신의 존재를 거부함으로써 정신적 실재를 부정하고, 물질적 존재로 모든 존재를 설명하고자 하는 유물론 철학으로 전개되어 갔다.[78] 그러나 중세의 시기 동안은 실재론이 우세했고, 그것이 교회의 권위를 지지하는 기반이 되어 주었다. 그리고 르네상스가 도래하면서부터 그것은 유명론으로 기울기 시작했다고 할 수 있겠다.

2. 십자군 원정으로 본 중세

13세기가 되면 교황권이 확립된다. 그렇게 되는 데는 10-13세기 동안 전개되었던 교회쇄신 운동이 뒷받침되었기 때문이다. 특히 클뤼니 수도원(Cluny Abbey)을 중심으로 그리고 마침내 그레고리우스 7세(Gregorius Ⅶ, 1020-1085)에 이르러 그러한 교회쇄신 운동이 절정에 이른다. 성직의 매매를 금지하고, 성직자의 결혼을 금지하며, 나아가 성직임명권을 황제로부터 교황이 되찾아오는 것 등이 이러한 운동과 함께 논의되었던 쟁점사항이다.[79] 이러한 교황권의 확립은 마침내 두 개의 사건, 즉 "카노사의 굴욕"과 "십자군 원정"을 통해 증명되기에 이른다. 특히 십자군 원정은 1-4차까지 대규모 원정단을 모집했던 운동으로 교황권의 절정에서 시작되었으나, 결과적으로 그것은 교황권을 위축시키고 봉건제를 붕괴시켜 중세를 몰락시키는 원인이 되었다.

먼저 카노사의 굴욕(Humiliation at Canossa)은 성직 임명권을 두고 교황 그레고리 7세와 황제 하인리히 4세(Heinrich Ⅳ, 1050-1106)가 대립했던 사건을 말한다. 중세 동안 성직임명은 교황과 황제 양측에 의해 이루어졌고, 이를 바로잡기 위해 교황 그레고리 7세가 1075년 세속인의 성직서임을 금지하고, 그렇게 임명된 성직자들을 해임했다. 이를 계기로 교황은 교권을 확립하고자 했고, 황제는 이에 반발했다. 마침 황제 하인리히 4세는 보란 듯이 유서 깊은 도시 밀라노에 주교를 임명해 버린다. 이에 교황은 황제가 임명한 성직자들을 파문하겠다는 경고를 한 뒤 그들을 파문했고, 이에 맞서 황제는 보름스(Worms)에서 회의를 소집해 영주와 성직자들을 통해 교황에게 항의서한을 보냈다. 그러나 영주와 성직자들은 교황을 두려워하여 황제의 파문이 해제되지 않을 경우 그를 폐위하고자 하는 상황이 전개되었다. 이에 하는 수 없이 황제 하인리히 4세는 그해 12월 알프스를 건너 로마 교황청으로 갈 수밖에 없었다. 그러나 때마침 교황은 황제임명과 관련하여 카노사에 가 있었고, 이에 하인리히는 다시 카노사에 가서 죄인을 표시하는 흰색 옷을 입고 맨발로 3일 동안 성문 앞에서 죄를 사해 주기를 기다렸다. 3일째 되는 밤 성문이 열렸고, 교황은 그의 서약을 받아들여 사면해 주었다. 이로 인해 교황권의 우위가 결정적으로 증명되었던 것이다.[80]

그러나 문제는 거기서 끝나지 않았다. 교황은 대립 왕을 선출하고 다시 하인리히를 파문했다. 이에 하인리히 황제는 대립 교황을 추대하여 그레고리를 폐위함으로써 맞섰다. 양자의 대립 전투 중에 대립 왕이 사망하자 하인리히는 즉시 로마로 진격했고, 교황은 피신하던 중 사망했다. 교황 그레고리우스 7세는 스스로 진리와 정의를 위해 싸우다 죽는다고 말했지만 사람들은 그가 분해서 죽었다고 수군거렸다. 이후 1094년 즉위한 교황 우르바노2세(Urban II, 1042-1099)는 다시 하인리히를 파문했고, 하인리히의 아들까지 가세한 황제에 대한 반란으로 하인리히는 축출되었다. 그리하여 즉위한 하인리히 5세(Heinrich V, 1086-1125)가 보름스협약을 맺음으로써 서임권의 문제는 교회의 승리로 일단락되었다(왕은 서임권을 상실하고, 주교는 교회법에 의해 임명되며 왕의 가신으로서 세속적인 영주권을 획득한다).[81]

다음으로 십자군 원정(Crusades) 또한 교황권의 확립을 보여 주는 사례이다. 십자군이란 크리스트를 본받아 십자를 진다는 뜻으로, 십자군 원정은 1096년부터 1291년까지 8차례의 대규모 원정단을 꾸렸던 원정이다. 십자군 원정의 발단은, 11세기 마호메트의 칼리프 국 아바스 왕조[82]가 셀주크 투르크인에게 예속된 데서 시작되었다. 마호메트 교도로 개종한 셀주크 투르크는 세력을 넓혀 비잔틴 제국을 공격하기 시작한다. 이리하여 1071년 소아시아를 상실하고, 콘스탄티노플이 위험에 봉착하는가 싶더니 급기야 예루살렘이 점령되기에 이른다. 10세기 이후 고백성사의 하나로 늘어난 성지순례자들은 투르크인의 잔인한 행위를 과장해서 보고하게 되었다. 이에 비잔틴 황제는 로마 교황에게 구원을 요청하고, 교황 우르바노 2세는 대규모 종교회의를 크레르몽(Clermont)에서 개최한다. 교황은 투르크인의 침략상과 성지탈환을 설교하고, 군중은 '하느님의 뜻이다'라고 열렬히 호응함으로써 십자군 원정단이 꾸려지게 된다. 십자군 원정은 제1차 십자군원정만 성공했을 뿐 나머지는 모두 실패했다. 그리고 제4차 십자군부터는 원정의 성격이 변질되어 성지탈환이 아니라 약탈과 파괴를 일삼았다.[83]

우선 제1차 십자군은 무지한 광신자들이 떠나고 난 뒤에(이들은 대부분 굶어죽거나 학살된다) 정규 십자군 기사단이 떠난다. 이들은 비잔틴으로부터 보급을 받았고, 예루살렘에 당도하자 찬송가를 부르며 학살을 자행했다. 이리하여 그들은 투르크인으로부터 예루살렘을 탈환하는 데 성공하였고, 마침내 거기에 예루살렘 라틴 왕국을 수립하기에 이른다(1099-1187). 이러한 십자군의 성공은 투르크 내의 분열 때문이기도 하지만 무엇보다도 제노바와 피사 해군의 지원을 받은 것이 결정적이었다. 제노바와 피사는 원정단을 지원함으로써 홍해를 거쳐 이집트 알렉산드리아에 이르는 인도 향신료 무역을 장악할 수 있을 것으로 기대되었고, 이로써 십자군 원정은 단지 성지탈환에 그치지 않고, 실제로는 사라센인의 유럽에 대한 상업의 기회를 제공하여 동방 이슬람문화가 유럽에 퍼지는 기회를 마련하는 계기가 되었다.[84] 다음 페이지에서 보는 바와 같이 십자군 원정의 경로는 비잔틴 제국의 보급을 받으면서 터기를 거쳐 예루살렘에 이르는 과정이다. 그리고 서유

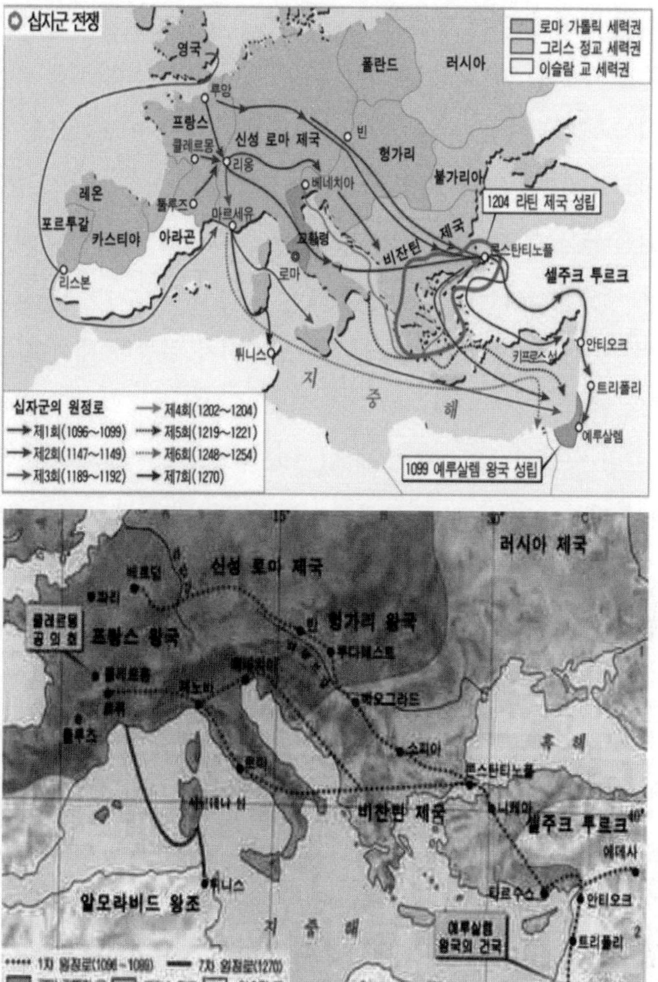

럽이 로마 가톨릭의 영향 하에 있었다면 동유럽은 그리스 정교[85] 아래에 있었다. 터키지역에까지 세력을 뻗친 투르크인이 이슬람으로 개종하여 예루살렘을 위협한 데서 십자군 원정이 발발하게 되었던 것이다.

제2차 십자군은 1144년 이슬람세력이 다시 예루살렘 왕국의 동북방을 정복했다는 소식이 전해진 데서 발발했다. 십자군은 무슬림에게도 경제적 손실이라기보다는 종교적 모욕이었고, 이로써 1144년 시리아의 십자군 공국들이 대부분 무슬림에 의해 재탈환되었던 것이다. 이에 클레르보의 베르나르도(Bernhard von Clairvaux, 1090-1153)의 설교에 의해 십자군이 결성되었고, 프랑스의 루이 7세(Louis Ⅶ, 1120-1180)와 신성로마제국의 콘라드 3세(Conrad Ⅲ, 1125-1152)가 참전하였으나 실패했다. 제3차 십자군은 1189년 투르크의 지도자 살라딘(Saladin, 1137-1193)이 마침내 예루살렘을 함락했다는 소식이 전해지자 열광한 데서 결성되었다. 신성로마제국의 프리드리히 1세(Friedrich Ⅰ, 1122-1190), 영국의 리처드왕(Richard Ⅰ, 1157-1199), 프랑스의 필리프 2세(Philip Ⅱ, 1165-1223)가 참전하여 이른바 제왕의 십자군이라 불린다. 그러나 결국 실패하고 만다. 프리드리히 1세는 예루살렘으로 가던 도중 익사했고, 영국과 프랑스가 예루살렘 왕국의 핵심지 아크르(Acre)를 포위하는 협동작전을 벌이지만 양자가 불화하여 아크르 함락 후 프랑스의 존엄왕 필리프 2세[86]는 귀국해 버린다. 영국의 사자심왕 리처드[87]의 고군분투 끝에 강화를 맺음으로써 라틴 왕국이 다음 세기까지 살아남았으나 결국 예루살렘 탈환에는 실패했다.[88]

제4차 십자군은 교황권이 절정에 달했을 때 수행되었다.[89] 이는 『인간의 비참함에 대하여』(De miseria humanae conditionis)라는 저술로 가톨릭의 정도(strada maestra, 正道)를 표방한, 역사적으로 유명한 수재 교황 인노켄티우스 3세(Innocentius Ⅲ, 1161-1216)에 의해 주도된 것이었다.[90] 제왕의 십자군이었던 2차와 3차의 실패로 볼 때 1차 십자군의 성공으로 돌아가 많은 병력을 이끌 수 있는 봉건제후를 중심으로 십자군을 구성하자는 것이 교황의 결론이었고, 그렇게 해서 프랑스의 샹파뉴 백작을 중심으로 모인 제후들은 이슬람의 보급로를 차단하는 2차 십자군을 차용해서 이집트를 공격하여 해상으로 진입해 들어가자는 결론에 이르렀다. 이때 해상수송은 베네치아에 맡기자는 것이었다. 그러나 4차 십자군은 한마디로 재앙이었다. 당시 독일의 내전뿐 아니라 영국과 프랑스 간의 전쟁까지 겹쳐 십자군 참가를 희망하는 기사의 수가 급격히 줄었고, 게다가 총사령관이었던 샹파뉴 백작이 병사하는 바람에 그를 대신할 후작을 협의하는 등의 혼선이 빚어지면서 결국 베네치아에 결집한 병사는 예상보다 훨씬 못 미치는 3분의 1수준이었다. 이에 반해 8만 5천 마르크에 달하는 거국적인 노력을 기울여 원정을 준비했던 베네치아는 해양 수송 운임을 제대로 받을 수 없게 되자 1202년 그들의 해양 거점 도시인 자라 공략을 도와준다면 빚 변제를 연기해 주겠다는 제안을 했고, 십자군은 하는 수 없이 같은 그리스도교도인 자라를 공격했다. 이에 교황은 격노하였고 이들을 파문하였으나, 다시 1204년 베네치아는 쫓겨난 비잔티움 제국 황자의 제안, 즉 남은 빚 20마르크와 동서교회의 통합을 조건으로 십자군에게 콘스탄티노플을 공략할 것을 주문했다. 로마 가톨릭의 오랜 숙원이었던 동서교회의 통합은 교황의 미온적 태도를 이끌어냈고, 이로써 십자군의 콘스탄티노플 공격으로 비잔티움 제국은 사실상 파괴됐으며, 베네치아는 이로부터 막대한 이득을 얻게 된다. 이렇게 해서 4차 십자군은 십자군 정신에 완전히 배치된 원정으로 결국 베네치아가 동방무역의 패권을 장악하도록 돕는 역할을 하고 만 것이다.[91]

그 후의 십자군은 모두 실패로 돌아갔으나 예루살렘을 회복하기 위한 서유럽의 노력은 13세기 내내 지속되었다. 특히 1212년에 있었던 소년 십자군단은 결국 소년들이 노예로 팔려가는 비참하고 무모한 시도로 기록되었다. 6차 십자군 원정에선 신성로마제국의 프리드리히 2세(Friedrich Ⅱ, 1194–1250)가 예루살렘을 탈환하는가 하면 7차 십자군에선 프랑스의 루이 9세(Louis Ⅸ, 1214–1270)가 참패하여 포로가 되어 막대한 인질대를 치르게 된다. 그리고 마침내 예루살렘 내부의 내분이 일어나 십자군의 정신은 점점 식어갔다. 1291년 아크레가 무슬림에 함락되었고, 이로써 성지 회복을 목적으로 한 서유럽의 원정이 사실상 종식되었다. 나아가 잇단 원정의 실패로 이단원정 운동 자체를 의문시하는 결과에 이르게 되었다.[92]

십자군의 결과는 첫째로 그것이 서유럽에 경제적 변화를 가져왔다는 점이다. 즉 이탈리아 상인의 교역이 활발해짐으로써 조미료, 설탕, 직물과 같은 동방산물의 교역량이 증가하게 되어 그러한 것들이 일반화되었다. 둘째로 십자군은 교황권의 강화와 위축을 가져왔다. 십자군은 이단운동의 하나로서 13세기 유럽에 통일된 기독교 이념을 실현하는 원정으로 정착됨으로써 교황권을 강화시키는 역할을 했다. 반면에 그것의 잇단 실패는 원정 자체를 의문시하는 결과를 낳음으로써 교황권을 위축시켰다. 셋째로 봉건제 몰락의 징후를 낳았다. 봉건제후가 다년간 십자군에 참전함으로써 경제력을 소모하게 되었고, 그것은 반대로 왕권이 강화될 수 있는 기반이 되었다.[93] 그밖에 십자군은 비잔티움 제국의 파멸을 가져왔고, 그에 비해 이슬람 세계에게는 미미한 영향을 끼쳤을 뿐이다. 가장 큰 경제적 이득을 차지한 건 베네치아와 제노바였고, 끝으로 십자군은 성전(聖戰)과 관련하여 이슬람 세계와 그리스도교 유럽을 갈라놓았던 상호간 적대감을 한층 격화시켰다.[94]

이렇게 해서 우리는 십자군원정을 통해서 중세사회가 얼마나 기독교에 의해 지배되었는지를, 그리고 그것이 다른 한편 중세의 몰락을 가져온 원인이 되었다는 걸 알 수 있었다.

주

1. E. H. Carr, 『역사란 무엇인가』, 황문수 역, 범우사, 1995, 17-51쪽 참조.
2. 고노 담화: 1983년 8월 고노 요헤이(河野洋平) 관방장관이 일본군 위안부에 대해 일본군의 강제성을 인정한 담화(네이버 백과사전 참조).
3. 무라야마 담화: 1995년 당시 무라야마 도미이치(村山富市) 일본총리가 태평양 전쟁당시 일본의 식민지배에 대해 공식적으로 사죄의 뜻을 표명한 담화(네이버 백과사전 참조).
4. 물론 2014년 아베 총리는 고노 담화를 수정할 생각이 없다고 하면서 그 계승을 시사하는 발언을 하여 위안부 문제에 대해 변화된 입장을 보여 주는 듯했다. 그러나 이는 위안부 문제가 외교문제로 비화되는 것을 피하려 하는 수순이라고 풀이되고 있다. 그리고 2015년 아베 총리와 박근혜 대통령과 맺은 위안부 합의 내용은 이러한 아베 총리의 입장을 잘 보여 준다. 즉 합의의 골자는 크게 이번 합의가 불가역적임을 확인하고, 위안부 피해자에 대한 10억 엔 출연 등을 포함하는데, 전자는 앞으로 위안부 문제를 국제사회의 문제로 비화시키지 않는다는 함의를 갖고 있다는 점에서 그리고 후자는 잘못에 대한 법적 배상이 아닌 인도적 차원 지원이라는 점에서 한계점을 갖고 있다. 이러한 위안부 문제는 강제징용을 비롯한 양국의 과거사 문제와 더불어 미·중의 이른바 신냉전이 도래함에 따라 한·미·일 동맹을 강조하는 미국의 입장으로 인해 점점 더 풀릴 기미를 보이지 않는 게 아닌가 생각된다.
5. 2021년 도쿄 올림픽 위원회는 그 홈페이지에 성화 봉송 코스를 소개한 지도에서 독도를 일본의 영토인 것처럼 빨갛게 표시해 놓았다. 이에 대해 우리 정부가 강력히 항의하자 수정했지만 여전히 독도가 삭제되지 않고 일본영토인 것처럼 표시되어 있다고 한다. 이미 2018년 평창 동계올림픽에서도 한반도기에 있는 독도에 대해 일본이 항의하였고, 이에 IOC의 권고에 따라 우리가 한반도기에서 독도를 뺀 바 있다.
6. 2016년 일본 중학교에 배포되는 역사교과서 8종에는 1905년부터 시네마현이 다케시마를 편입했다, 즉 독도는 일본 땅이라는 표현이 들어간다(《동아일보》(2016.02.10.), 《민중의 소리》 참조).
7. 차하순, 『서양사 총론』, 탐구당, 1998, 16-17쪽 참조.
8. 차하순, 『서양사 총론』, 17-18쪽 참조; http://m.blog.daum.net/yangman8031/8561954.
9. 스톤헨지에서 약 30km 정도 떨어진 곳에 유럽에서 가장 큰 거석유적 에이브버리가 있다(https://m.blog.naver.com/hl2xli/221646275033).
10. 에이브버리 유적에 대한 여행기 참조(https://m.blog.naver.com/hl2xli/221330086192).
11. 차하순, 『서양사 총론』, 18쪽 참조; 네이버 어린이백과(검색항목: 스톤헨지).
12. 차하순, 『서양사 총론』, 23-25쪽 참조; A. Vazan, 『페르시아』, 송대범 역, 생각의 나무, 2008, 34쪽 참조.

13. 차하순, 『서양사 총론』, 25–27쪽 참조; J. G. Coffin & R. C. Stacey, 『새로운 서양 문명의 역사』 상, 박상익 역, 소나무, 2014, 37–38쪽 참조; A. Vazan, 『페르시아』, 126–127쪽 참조.

14. 차하순, 『서양사 총론』, 27–29쪽 참조; J. G. Coffin & R. C. Stacey, 『새로운 서양 문명의 역사』 상, 52–57쪽 참조; A. Vazan, 『페르시아』, 54쪽, 61쪽 참조.

15. http://terms.naver.com/entry.nhn?docId=2444779&cid=51670&categoryId=51672.

16. 네이버 위키백과(검색항목: 호메로스).

17. Homeros, 『오딧세이』, 이상옥 역, 삼성기획, 1993, 4쪽 참조; Homeros, 『일리아스』, 이상옥 역, 삼성기획, 1992, 3–5쪽 참조.

18. Homeros, 『일리아스』, 이상옥 역, 7쪽 참조.

19. Homeros, 『일리아스』, 이상옥 역, 5쪽 참조.

20. 아킬레우스의 이러한 운명 때문에 그의 어머니 테티스는 그에게 여장을 시켜 궁궐에 가두고 전쟁에 참전하지 못하도록 막았다. 그러나 꾀 많은 오디세우스가 박물장수로 변장하여 여성들이 쓰는 장신구 이외에 창과 칼을 가지고 그 궁궐을 방문했고, 그때 여장을 하고 있던 아킬레우스는 창과 칼에 관심을 보였는데, 그 모습을 보고 당장 오디세우스는 그가 아킬레우스라는 것을 알아채고 전쟁에 참전할 것을 종용했다고 한다.

21. http://blog.daum.net/dhlee40s/334.

22. Homeros, 『일리아스』, 이상옥 역, 7쪽, 496쪽 참조.

23. 『오디세이아』에서 텔레마코스가 메넬라오스를 찾아가 아버지의 생사 및 안부에 대해 묻자 그에 대해 답하는 메넬라오스의 무용담 속에서, 그리고 오디세우스가 스케리아 섬에서 자신의 모험담을 이야기하는 중에 간접적으로 트로이 목마와 그 습격에 대한 이야기가 나온다(Homeros, 『오딧세이』, 이상옥 역, 64–65쪽, 135–136쪽 참조).

24. Homeros, 『오딧세이』, 이상옥 역, 6쪽 참조.

25. 오디세우스는 키클로페스의 동굴에서 거인이 그의 이름을 물었을 때 독어로 Nichts(無)를 뜻하는 그리스어 '우데이스'(Oudeis)라고 그를 속였었다.

26. M. Horkheimer & Theodor W. Adorno, 『계몽의 변증법』, 김유동 · 주경식 · 이상훈 역, 문예출판사, 1996, 63–66쪽 참조.

27. W. Durant, 『문명이야기. 그리스 문명 2–1』, 김운한 · 권영교 역, 민음사, 2011, 207–231쪽, 397–426쪽 참조.

28. 정확하게 말해서 '다른 지역에서 구하기 힘든 물건을 아테네에서는 쉽게 구할 수 있다'(이소크라테스), '우리 도시의 큰 규모로 인해 전 세계 물품이 우리 항구로 모여들고, 아테네인들에게 있어 이국의 과일은 국내 과일만큼이나 친숙한 사치 품목이다'(투키디데스)라고 말해졌다고 한다(W. Durant, 『문명이야기. 그리스 문명 2–1』, 437쪽 참조).

29. W. Durant, 『문명이야기. 그리스 문명 2-1』, 427-451쪽 참조.

30. W. Durant, 『문명이야기. 그리스 문명 2-1』, 453-455쪽 참조.

31. W. Durant, 『문명이야기. 그리스 문명 2-1』, 459-469쪽, 486-488쪽 참조.

32. 고대사회로 갈수록, 여성에 대한 억압이 심한 사회일수록 매춘은 오히려 여성해방의 도구가 되어온 것이 역사가 보여주는 하나의 아이러니이다.

33. W. Durant, 『문명이야기. 그리스 문명 2-1』, 455-458쪽, 469-479쪽 참조.

34. Platon, 「크리톤」, 『소크라테스의 변명(외)』, 최현 역, 범우사, 2005 참조.

35. 차하순, 『서양사 총론』, 80쪽 참조.

36. 차하순, 『서양사 총론』, 80-81쪽 참조; 네이버 위키백과(검색항목: 알렉산드로스).

37. 네이버 위키백과(검색항목: 알렉산드로스).

38. 차하순, 『서양사 총론』, 82쪽 참조.

39. 차하순, 『서양사 총론』, 84쪽 참조.

40. M. Aurelius,『명상록』, 김은정 역, 일신서적 출판사, 1992 참조.

41. 네이버 지식백과(검색항목: 아르키메데스).

42. 차하순, 『서양사 총론』, 85-86쪽 참조.

43. 로마 공화정의 시민회에는 4개의 인민회가 있었는데, 씨족 단위의 쿠리아 회(Comitia Curiata), 군대조직에 토대를 둔 켄투리아 회(Comitia Centuriatia), 부족 단위의 행정조직에 토대를 둔 트리부스 인민회(Comitia Tributa)가 있었고, 끝으로 평민들만 참석하는 트리부스 평민회(Concilium Plebis Tribitum)가 그것이다. 앞의 세 인민회는 귀족들이 참석하는 시민회이고, 마지막 평민회는 평민들의 투쟁에 의해 만들어진 시민회이다. 이에 따라 로마 공화정의 시민회는 인민회와 평민회로 이루어져 있었다고 말할 수 있다(김덕수, 『그리스와 로마』, 살림, 2004, 40-47쪽 참조).

44. 시오노 나나미, 『또 하나의 로마인 이야기』, 부엔리브로, 2005, 40쪽, 50쪽, 56쪽, 66-70쪽, 80쪽, 84쪽, 102쪽, 104쪽, 110쪽, 132쪽, 168쪽 참조.

45. 한정주, 『영웅 격정사』, 포럼, 2005, 239-241쪽 참조; 네이버 두산백과(검색항목: 한니발).

46. T. Momssen, 『몸젠의 로마사』 제3권, 김남우·김동훈·성중모 역, 푸른역사, 2015, 133-134쪽 참조.

47. 한정주, 『영웅 격정사』, 241-244쪽 참조.

48. 시오노 나나미, 『또 하나의 로마인 이야기』, 181-205쪽 참조.

49. 시오노 나나미, 『또 하나의 로마인 이야기』, 29쪽 참조.

50. 네이버 두산백과(검색항목: 카이사르).

51. 플루타르코스, 『플루타르코스 영웅전』, 천병희 역, 숲, 2015, 502쪽, 504-506쪽, 518-521쪽,

524쪽 참조.

52. 플루타르코스, 『플루타르코스 영웅전』, 523-526쪽 참조.

53. 차하순, 『서양사 총론』, 105쪽 참조.

54. 플루타르코스, 『플루타르코스 영웅전』, 527쪽 참조.

55. 네이버 두산백과(검색항목: 카이사르).

56. 독재관은 집정관이 임명하는 임시직으로 임기 6개월이지만 유사시에 전권을 행사할 수 있는 최고 권력으로서 호민관의 거부권조차 초월하는 결정권을 가지고 있었다. 그리고 술라의 정치개혁의 방편으로 취한 임기 없는 독재관을 이어받아, 카이사르는 종신 독재관이라는 전혀 다른 양상의 길을 가고자 한 것이다(시오노 나나미, 『또 하나의 로마인 이야기』, 87-88쪽, 201-205쪽, 208-209쪽 참조).

57. 플루타르코스, 『플루타르코스 영웅전』, 535쪽 참조; 한정주, 『영웅 격정사』, 345-346쪽 참조.

58. 플루타르코스, 『플루타르코스 영웅전』, 535쪽 참조; 한정주, 『영웅 격정사』, 346-347쪽 참조.

59. 플루타르코스, 『플루타르코스 영웅전』, 552-553쪽 참조; 한정주, 『영웅 격정사』, 348쪽, 359쪽 참조.

60. 김규회, 『상식의 반전 101』, 끌리는 책, 2012, 257-260쪽 참조; 시오노 나나미, 『또 하나의 로마인 이야기』, 328-330쪽 참조; 네이버 두산백과(검색항목: 클레오파트라 7세).

61. 차하순, 『서양사 총론』, 115-119쪽 참조.

62. 차하순, 『서양사 총론』, 120-121쪽 참조.

63. 차하순, 『서양사 총론』, 131쪽 참조.

64. 강상원, 『Basic 고교생을 위한 세계사 용어사전』, 신원문화사, 2002, 152-153쪽 참조; 네이버 위키백과(검색항목: 카롤루스 대제).

65. 차하순, 『서양사 총론』, 158-162쪽, 164-166쪽, 171-172쪽 참조.

66. 차하순, 『서양사 총론』, 125-127쪽, 194-196쪽 참조.

67. 차하순, 『서양사 총론』, 196-197쪽 참조.

68. 차하순, 『서양사 총론』, 221-225쪽 참조.

69. http://www.chanyang.org/sharingBoard/8709; http://blog.daum.net/seo-gallery/20

70. J. Hirschberger, 『서양철학사』 상, 강성위 역, 이문출판사, 1992, 499-519쪽 참조.

71. 차하순, 『서양사 총론』, 206-209쪽 참조; J. G. Coffin & R. C. Stacey, 『새로운 서양 문명의 역사』 상, 박상익 역, 소나무, 2014. 501-502쪽 참조; 정승양 기자, "가톨릭 교회의 뿌리, 유럽 수도원을 가다 〈하〉 프란치스코 수도회", 서울경제 (뉴스), 2011.11.22.(《인터넷 한국일보》(www.hankooki.com)) 참조.

72. J. Hirschberger, 『서양철학사』 상, 476-479쪽 참조.

73. J. Hirschberger, 『서양철학사』 상, 581-582쪽 참조.
74. J. Hirschberger, 『서양철학사』 상, 558-561쪽, 567-568쪽 참조.
75. 김희보, 『세계사 다이제스트 100』, 가람기획, 2010, 223쪽 참조.
76. J. Hirschberger, 『서양철학사』 상, 481-486쪽 참조.
77. J. Hirschberger, 『서양철학사』 상, 644-649쪽 참조.
78. 차하순, 『서양사 총론』, 217쪽 참조.
79. 차하순, 『서양사 총론』, 197-198쪽 참조; 김희보, 『세계사 다이제스트 100』, 224쪽 참조.
80. 차하순, 『서양사 총론』, 198-199쪽 참조; 김희보, 『세계사 다이제스트 100』, 224-225쪽 참조.
81. 이민호, 『독일사』, 미래엔, 1996, 22-23쪽 참조; 김희보, 『세계사 다이제스트 100』, 225-228쪽 참조.
82. 아바스 왕조는 7-13세기에 이르는 사라센 제국 중의 하나로서 이슬람 문명의 황금기를 보여준다. 아랍인이 지배민족이었던 이전의 우마이야 왕조를 무너뜨리고 아바스 가문이 세운 왕조로서 아랍제국이 아니라 이슬람법에 따라 통치되는 진정한 의미의 이슬람제국이라고 할 수 있다. 옛 페르시아 지역의 바그다드를 중심으로 하는 아바스 왕조가 이슬람 세계를 모두 다스리지 않았고, 오히려 우마이야의 왕자에 의해 세워진 이베리아 반도의 후우마이야 왕조, 북아프리카의 파티마 왕조의 세 명의 칼리프에 의해 통치되었고, 그럼으로써 경제적으로나 문화적으로 이슬람 세계의 절정기를 맞게 되었다(네이버 지식백과(검색항목: 아바스 왕조) 참조).
83. 차하순, 『서양사 총론』, 200-202쪽 참조; 이안태, 『Basic 중학생이 알아야 할 사회·과학 상식』, 신원문화사, 1997, 159쪽 참조.
84. 차하순, 『서양사 총론』, 202-203쪽 참조; J. G. Coffin & R. C. Stacey, 『새로운 서양 문명의 역사』 상, 433-435쪽 참조.
85. 그리스 정교는 로마 분열 이후 동로마 제국에서 그리스도 교회의 맥을 잇는 교회를 말한다. 동방정교회라고 불리며 주로 러시아, 발칸반도, 서아시아 지역 등에 분포하며, 로마 가톨릭, 프로테스트탄트와 더불어 그리스도교 3대 분파로 꼽힌다(네이버 학생백과, 두산백과(검색항목: 그리스 정교) 참조).
86. 존엄왕(尊嚴王), 즉 Auguste라는 별칭은 로마의 초대 황제 아우구스투스에서 유래한 것으로 Philippe Ausguste Ⅱ(존엄왕 필리프 2세)란 프랑스의 아우구스투스라는 의미이다. 이는 정략적인 술수로 영국 헨리2세 가문의 내분을 이용하여 왕권을 확립하고 약화된 프랑스의 국력을 신장시킴으로써 프랑스 번영의 기틀을 다진 데서 그의 일대기를 기록한 당대의 수도사에 의해 붙여진 별칭이다(네이버 두산백과, 위키백과, 유럽 왕가(검색항목: 존엄왕 필리프) 참조).
87. 10년 재위기간 동안 잉글랜드에 머물렀던 기간은 6개월에 불과했을 정도로 일생을 전쟁터에서 보냈는데, 그 용맹함으로 인해 사자심왕(Richard Ⅰ the Lion Heart: Coeur de Lion)라는 별칭

을 얻었다. 그 이후 기사 이야기의 전설적인 영웅으로서 중세 무훈담의 단골 주인공이다(네이버 네이버캐스트, 위키백과, 영국왕가(검색항목: 사자심왕 리처드) 참조).

88. 차하순, 『서양사 총론』, 203-204쪽 참조; J. G. Coffin & R. C. Stacey, 『새로운 서양 문명의 역사』 상, 440쪽 참조.

89. 차하순, 『서양사 총론』, 204쪽 참조.

90. 시오노 나나미, 『십자군 이야기 3』, 송태욱 역, 문학동네, 2012, 225-226쪽, 244쪽 참조.

91. 시오노 나나미, 『십자군 이야기 3』, 225-301쪽 참조; J. G. Coffin & R. C. Stacey, 『새로운 서양 문명의 역사』 상, 440-441쪽 참조.

92. 차하순, 『서양사 총론』, 205쪽 참조.; J. G. Coffin & R. C. Stacey, 『새로운 서양 문명의 역사』 상, 442쪽 참조.

93. 차하순, 『서양사 총론』, 205-206쪽 참조.

94. J. G. Coffin & R. C. Stacey, 『새로운 서양 문명의 역사』 상, 444쪽 참조.

Ⅱ. 문화-예술로 본 근대사

6장 르네상스와 근대국가의 탄생

1. 미켈란젤로의 〈피에타〉로 본 르네상스

우리가 근대라고 할 때 그 시기는 대략 르네상스로부터 헤겔의 죽음(1830년)에 이르는 기간을 말한다. 이 시기의 특징은 신 중심에서 인간 중심으로 그 사고방식과 세계관이 변하여 인간 속에 있는 이성이 강조되고, 정치적으로는 개인이, 철학적으로는 주체가 탄생하는 데 있다. 이러한 근대의 특징은 최초로 르네상스로부터 시작된다. 르네상스는 14-16세기에 유럽사회에 일어났던 전체적 운동이라고 할 수 있는데, 그 이름에서 보여주는 바와 같이 Renaissance는 재생·부활을 뜻하고, 특히 휴머니즘의 부활을 의미한다. "르네상스는 단편적인 모방이나 수집이 아니라 부활이었다."[1] 즉 14-16세기 유럽사회에는 휴머니즘, 즉 인간성의 부활을 주장하는 운동이 전체적으로 전개되었다. 이는 인간성이 살아 있었던 고대 그리스로 돌아가자는 운동이다.

이러한 르네상스 운동은 이탈리아에서 시작되어 전 유럽으로 번져 나갔다.

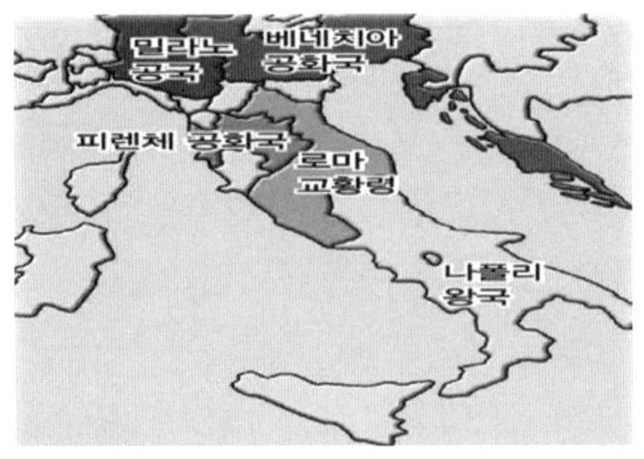

위 그림은 당시 로마, 나폴리, 피렌체, 밀라노, 베네치아의 도시를 중심으로 세워진 이탈리아 공화국의 지도이다. 그리고 오른쪽은 이탈리아 르네상스가 가장 화려하게 꽃피었던 도시 피렌체이다. 앞쪽에 보이는 다리는 피렌체 다리고, 뒤쪽은 유명한 베키오 다리(Ponte Vecchio)이다. "꽃 같은 도시"라는 뜻의 피렌체는 그 이름만큼이나 참으로 아름다운 도시이다.

이탈리아에는 밀라노, 토리노, 베네치아, 제노바 등의 도시국가가 발전해 있었고, 이들을 중심으로 독특한 도시문화를 형성하고 있었다. 이탈리아가 이렇게 도시문화를 형성하게 된 것은, 그곳이 십자군원정이 거쳐 지나가는 거점 지역이 됨으로써 도시경제가 성장했고, 더욱이 동로마 제국이 멸망하면서 콘스탄티노플의 수많은 고전과 그 연구자들이 이탈리아로 옮겨짐으로써 결과적으로 다양한 비잔틴문화를 수용하였기 때문이다. 단테(Alighieri Dante, 1265-1321), 보카치오(Giovanni Boccaccio, 1313-1375), 페트라르카(Francesco Petrarca, 1304-1374) 등이 그리스·로마의 고전 작품들을 미친 듯한 정열로 수집해 연구했는데, 이렇게 그리스와 로마의 고전 속에서 완벽하게 나타난 인간, 이러한 인간에 대한 탐구가 곧 인문주의이다. 이들 인문주의자들을 통해서 잃어버린 고전이 발굴되고 연구되었고, 이탈리아 정신이 그리스 철학과 로마의 시(詩)에 경탄하고 사로잡히면서 인문주의 운동은 전 지역으로 퍼져 나갔으며, 피렌체의 메디치가(家)에서 교황이 선출되면서부터 인문주의자들은 메디치의 통치 아래서 시 정부 및 의회로부터 교황의 서기 및 고문에 이르기까지 사회와 정치의 높은 지위에 오르게 된다. 마침내 유럽의 정신은 르네

상스 인문주의에 의해 종교교리에서 해방되어 세속화되었다고 할 수 있다.[2]

이러한 르네상스 운동은 크게 두 가지 형태로 전개되었다. 하나는 "이탈리아의 르네상스"이고, 다른 하나는 프랑스, 영국, 독일의 이른바 "북방 르네상스"이다. 이탈리아는 도시국가의 형태로 분열되어 있었기 때문에 예술을 중심으로 한 탐미적 르네상스가 전개될 수 있었다. 즉 큰 국가들은 자유와 예술보다는 질서와 권력으로 나아가지만, 이탈리아는 분열된 까닭에 방어력은 저하됐지만 통치자들이 문화적 후원을 놓고 고귀한 경쟁을 벌이게 되었고, 회화, 조각, 건축, 시문학 등에서 서로를 능가하려는 열정을 지녔던 것이다.[3] 또한 이탈리아의 르네상스가 이렇게 북유럽과 다르게 전개된 것은, 이탈리아들에게 고대란 로마제국과 그 세계지배의 환상을 불러일으킴으로써 그들의 위대함을 상기시키기 때문[4]이라고 부르크하르트는 말했다. 이탈리아 르네상스 론의 대가 부르크하르트의 이러한 평가를 인용하면 다음과 같다.

> 그러나 이탈리아에서는 고대가 북유럽과는 다른 방식으로 부활했다. 그들은 과거를 찬양했고 그것을 재생하고자 했다. 다른 나라는 학문과 성찰의 목적으로 몇 가지 고대의 요소를 이용했지만, 이탈리아에서는 학자는 물론이고 일반 대중까지 고대 문화 전반에 실제적인 흥미를 보였다. 고대는 그들의 위대함을 상기시키는 것이었기 때문이다.[5]

이러한 이탈리아 르네상스의 대표적 후원자는 잘 알려진 대로 유럽적 규모의 금융재벌 메디치 가(家)이다. 피에로, 코시모, 로렌초가 메디치 궁전과 정원에 수집해 놓은 미술품은 박물관 수준이었고,[6] 특히 로렌초 공(公)은 날카로운 심미안으로 마음으로부터 전방위적으로 예술을 후원했으며, 그것이 유럽 전체의 기준이 되었다.[7] 이렇게 15-16세기 초의 피렌체 사람들처럼 열정적으로 문화에 헌신한 사람들은 그 어디에도 없을 정도였으니,[8] 이러한 이탈리아의 르네상스는 레오나르도 다 빈치, 미켈란젤로, 라파엘로와 같이 기라성 같은 인물들을 배출할 수 있었다. 이렇게 이탈리아의 르네상스가 "탐미적 경향"으로 기울었다면 북유럽의 르네상스는 "사회 개혁적 경향"을 갖는다고 하겠다. 즉 이탈리아 르네상스는 도시국가의 자유로운 분위기와 풍요로움 속에서 탐미적 경향을 띠어 휴머니즘을 부활시키는 새로운 예술로 나아갔다면, 북방의 르네상스는 이탈리아의 도시국가보다는 더 보수적이고 봉건체제가 공고히 남아 있었기 때문에 휴머니즘의 부활을 논하기에 앞서 봉건적 체제 개혁을 이야기해야 했다. 따라서 이탈리아 르네상스가 예술을 통한 탐미적 경향으로 나아갔다면 북방의 르네상스는 휴머니즘 부활을 위한 사회 개혁적 경향을 띠었던 것이다.[9]

먼저 이탈리아의 르네상스부터 살펴보도록 한다. 르네상스는 가장 이탈리아적인 운동이고 미술적인 면에서 가장 높이 평가될 수 있는데, 15세기 이탈리아 회화는 자연미의 사실성과 원근법을 마스터한 결과로 탄생했다. 즉 그것은 고대 그리스 예술에서 드러났던 자연미를 원근법이라는 새로운 기법과 함께 다시 부활시킨 것이라고 할 수 있다. 따라서 이를 르네상스 자연주의라고 부른다. 이러한 르네상스 자연주의는 무엇보다도 미켈란젤로(Michelangelo Buonarroti, 1475-1564)의 조각에서 그 예를 찾을 수 있다. 미켈란젤로의 〈다비드상〉은 조각의 역사에서도 걸작으로 꼽히는, 자연미의 극치를 보여 준다. 특히 충분히 다 칭찬하기 어려울 정도로 힘으로 만들어진, 기술적인 어려움이 탁월하게 극복된 작품이다.[10] 그리고 르네상스의 가장 뛰어난 조각작품이라 평가되는 〈피에타〉는, '자비를 베푸소서'라는 뜻으로 종교와 고전의 아름다움이 사실적으로 표현된, 조화와 균형미의 극치를 보여 준다.[11] 이렇게 부활된 고대, 비례와 좌우대칭 속에서 드러난 인간미가 마침내 평화를 얻게 된다고 극찬을 받았다.[12]

그리고 회화작품으로, 미켈란젤로의 〈천지창조〉는 〈최후의 심판〉에서 그렇듯

이 343명의 인체의 자연미를 여과 없이 보여주는, 인체에 대한 관심이 신앙심을 누르고 승리하는 작품이다.[13] 시스티나 성당의 천장을 장식한 이 그림은, 그리스인들처럼 얼굴과 표정보다는 신체의 구조에 관심을 갖고서 그려진, 아름답다기보다는 에너지와 생명의 끈질긴 구현을 보여 준다.[14] 이 〈천지창조〉의 한 부분인 〈아담의 창조〉는 창조주가 공중으로 날아가면서 흙으로 아담을 빚어내는 모습이 묘사되었는데, 이는 천재의 숨결 속에서 인체가 자세를 바꿀 때 생기는 변화에 관심을 갖고 그린 해부학이라 할 정도로 놀랍다.[15]

또 다른 이탈리아 르네상스의 천재화가, 아니 화가이자 조각가이며 과학자이자 엔지니어이며 사상가를 합친 사람, 즉 르네상스의 보편인(전인),[16] 레오나르도 다 빈치(Leonardo da Vinci, 1452–1519). 그의 유명한 작품 〈모나리자〉는, 제작당시 모델이 되었던 귀족부인의 심기를 즐겁게 하기 위해서 악사와 광대를 동원하였기 때문인지 아니면 작품에 나타나는 우아함의 비밀, 즉 인물의 마음속에 간직된 것이 무엇인지 충분히 보여 줄 수 있도록 묘사되었기 때문인지[17] 신기(神技)에 가까운 오묘한 미소, 모나리자의 미소를 간직하고 있다. 이 미소는 여인의 섬세함을 표현하는 데서 누구도 능가할 수 없게 한, 여인에 대한 그의 오묘한 감정과 관능의 결합은 아마도 계모와 사생아 아들 사이의 불편한 관계에서 생긴 그의 동성애 성향에 뿌리를 두었을 거라고 추측하게 한다.[18] 또한 그의 〈최후의 만찬〉은 이상적인 원근법에 입각하여 예수님의 12제자가 각각 4명씩 3무리로 배열되었는데, 그것이 4복음서와 삼위일체를 상징한다고 한다.[19]

이렇게 르네상스 회화는 감각적인 예술이고, 이 감각성이야말로 오랫동안 구박받아온 육체, 즉 인간의 건강한 삶과 그 사랑스러움을 인정한 것이었다. 그로써

르네상스는 중세의 원죄와 회개의 공포, 즉 죽음으로부터 등을 돌리고 얼굴을 삶으로 향하는 환희의 송가를 노래한 것이다. 이 노랫소리는 이탈리아를 통해 북유럽으로 퍼져나갔다.[20] 영국, 프랑스, 독일과 같은 이탈리아 북부에 있던 유럽은, 이탈리아보다는 봉건체제가 뿌리 깊고 스콜 라 철학이 확고했다. 그런 까닭에 르네상스의 휴머니즘 부활로 가기 위해서는 그것을 가로 막는 봉건체제와 스콜라 철학을 타파해야 했고, 그로써 북방 르네상스에는 사회 개혁적 경향의 르네상스가 자리 잡게 되었다. 먼저 북방 르네상스의 인문주의자로는 프랑스의 몽테뉴(Michel de Montaigne, 1533-1592)와 영국의 셰익스피어(William Shakespeare, 1564-1616)를 들 수 있는데, 몽테뉴가 프랑스 인문주의의 1인자라고 한다면 셰익스피어는 모국어를 통해 창작을 했던 인문주의자라고 하겠다. 모국어를 통한 창작은 르네상스 시기의 작가들에 의해서 어느 정도 생겨나기 시작했다. 그리고 사회 개혁적 경향의 르네상스는 교회와 사회비판을 위주로 하는데, 세르반테스(Miguel de Cervantes, 1547-1616)의 『돈키호테』는 잘 알려진 대로 중세 기사에 대한 우스꽝스러운 풍자를 통해 당시에도 남아 있었던 봉건사회를 비판했다. 또한 에라스무스(Desiderius Erasmus, 1466-1536)의 『우신예찬』에서는 교회와 교황을 비꼬는데, 교황은 만사를 이미 죽고 없는 베드로와 바울에게 맡기고, 적당히 교회의식만 하고 나면 자신은 할 일을 다 해서 즐겁고 호화로운 일만 한다면서 교황처럼 걱정 없는 사람이 없다고 비꼰다.[21]

그리고 라블레(François Rabelais, 1483-1553)는 『가르캉뒤아와 팡타그뤼엘』에서 가르캉뒤아와 팡타그뤼엘이라는 두 부자(父子)가 기사도의 틀 내에서 무속과 교류하는 등의 미신을 일삼으면서 벌어지는 구태의연한 사회의 모습을 풍자하고 있다. 또한 토마스 모어(Thomas More, 1477-1535)는 그의 『유토피아』에서 주인공이 다녀왔다는 유토피아에 대해서 그 사회적 제도나 정치적 제도를 가지고 자세히 설명해 준다. 이는 곧 당시의 사회가 유토피아가 아니라 소수의 사람들이 다수의 사람들을 착취하고 그것이 가능하도록 제도적으로 보장하는 사회임을 비판하고 있다.

> 사실 나는 현재 세계에 퍼져 있는 사회 제도를 생각할 때, 참으로 슬픈 일입니다만 부자들이 사회조직이라는 구실 하에 자기네들의 이익을 증진시키고 있는 음모 이외에는 아무것도 인정할 수 없습니다. 부자들은 첫째로 부정하게 획득한 재산을 안전하게 지키기 위해서, 둘째로는 가난한 사람들의 노동력을 가능한 한 싸게 사서, 가난한 사람들을 착취하기 위해서 온갖 사기와 간계를 고안해 냅니다. 부자들이 이러한 사기와 간계를 사회가 공인하도록 만들어야겠다고 작정하면 곧 법률이 됩니다. 이와 같이 파렴치한 소수자가 만족할 줄 모르는 탐욕을 발동시켜 전 국민의 수요를 공급하고도 남는 것을 독점하는 것입니다. 그런데 유토피아에서는 이러한 사람들조차도 더 행복하게 살 수 있는 것입니다![22]

이렇게 해서 르네상스는 고대 그리스와 로마를 발견하고자 한 운동이고, 그러한 발견을 통해 인간의 부활을 꾀했으며, 그로 인해 우리의 관심을 더 이상 천상이 아니라 지상, 즉 세속으로 귀환시켰다. 이러한 르네상스에 대해 부르크하르트는 역사학자 미슐레의 표현을 빌려 다음과 같이 말한다.

> 르네상스 문화는 처음으로 인간의 참된 본성을 발견하고 그것을 우리에게 보여줌으로써 세계의 발견 외에 또 하나의 위대한 업적을 남겼다. … 르네상스는 개인주의를 극도로 발달시킨 시대였다. 또한 그 개인주의를 통해 사람들로 하여금 모든 단계에서 열심히 다방면에 걸쳐 개성을 인식하도록 이끈 시대였다.[23]

2. 마키아벨리즘으로 본 근대국가

1550년에서 1770년에 이르는 시기, 즉 영국에서 왕정이 회복되고 프랑스의 루이 14세의 통치가 시작된 시기에서 프랑스 대혁명이 일어난 시기까지를 "절대주의 시대"라고 부른다.[24] 절대주의 시대는 절대주의적 군주제에 입각한 시대를 말하는데,[25] 그것은 가부장적인 통치자의 통치권한을 강화함으로써 왕이 절대적인 힘을 가지고 통치하는 이른바 절대 왕이 지배하는 정치체제를 말한다.[26] 즉 절대 왕은 신으로부터 부여 받은 권력을 가지고 통치한다는 이른바 왕권신수설(王權神授說)에 입각하여 지방의 행정에까지 만기친람(萬機親覽)하는 중앙집권적인 정치체제이다. 이러한 절대주의적 군주제는 이탈리아나 스위스, 네덜란드를 제외하고 17세기에 보편적으로 수용되었고, 이 시대를 통해서 프랑스는 유럽에서 두각을 나타냈다.[27] 그리고 근대국가는 이러한 절대 왕을 중심으로 한 중앙집권적인 정치체제로부터 시작되었다고 할 수 있다. 그것은 이미 지리상의 발견과 상공업의 발달로 도시민이 성장하고, 또한 종교개혁을 통해서 교황권이 상실되면서 민족의식이 성장했다는 배경에서 이루어진 것이다. 즉 도시민과 민족의식의 성장은 강력한 왕권을 필요로 하였고, 왕이 그들과 결탁함으로써 절대주의 국가이자 근대

국가가 탄생했던 것이다.[28]

'짐은 곧 국가다'(L'état, c'est moi)라고 표현되는 바와 같이 루이 14세(Louis XIV, 1638–1715)는 절대주의 시대의 대표자이다. 절대주의는 왕권신수설에 근거하여 국가의 최고 권력인 주권이 왕에게 있고, 왕은 그것을 신으로부터 부여 받았다는 것이다. 유명한 설교자 모(Meaux)의 보쉬에 주교(Jacques Bénigne Bossuet, 1627–1704)는 왕권신수설을 옹호하여 모든 권력은 하느님으로부터 나오고, 군주는 하느님의 대행자로서 행동하며, 군주를 통하여 하느님은 자신의 제국을 다스린다고 했다.[29] 그리고 절대주의 하에서 군주는 모든 권한을 자기 수중에 집중시키고자 했고,[30] 이로써 루이 14세는 중앙으로부터 지방의 말단 업무에 이르기까지 직접 결정하는 강력한 중앙집권적 친정체제를 구축했다. 즉 그는 권력의 잠재적 반대자였던 귀족을 베르사유 궁전에 살도록 함으로써 지방에 대한 귀족의 자치권을 잠식하였고,[31] 다른 한편으로는 상층 부르주아 계급을 36개에 달하는 지방 행정직 장관으로 편입시킴으로써 지역의 유력자들과 결탁하는 일 없이 국왕의 마음에 따라 국정을 운영할 수 있었다.[32] 루이 14세는 명석하지는 않았으나 매우 근면 성실했던 까닭에[33] 이러한 중앙집권적 체제를 운영할 수 있었지만, 절대주의는 기실 자신의 권력을 증대시킬 수 있는 정부를 원하는 군주의 야심에서 비롯된 엄청나게 비용이 많이 드는 체제였다.[34] 이로 인해 17세기를 통해 타이유세(taille, 토지세)에 더해 부가세가 부과됐고, 카피타시옹(capitation, 인두세)이 도입됐으며, 소금·포도주·담배 등의 물품에 간접세가 징수되어[35] 타이유세가 면제된 귀족에 비해 부담이 무거워진 농민들이 곳곳에서 반란을 일으켰으나 루이 14세는 그것을 손쉽게 진압했다.[36]

루이 14세의 이러한 절대주의가 가능할 수 있었던 것은, 그것을 뒷받침하는 뛰어난 재상들이 있었기 때문이다. 리슐리외 추기경(Armand Richelieu, 1585–1642)을 비롯하여 마자랭 추기경(Jules Mazarin, 1602–1661)에 이어,[37] 마침내 콜베르의 중상주의는 루이 14세의 절대주의가 가능할 수 있도록 하는 재정적 뒷받침을 마련해 주었다. 콜베르(Jean-Baptiste Colbert, 1619-1683)는 정치적으로 독립된 국가는 재정적으로 독립된 국가가 되어야 한다는 그의 중상주의(重商主義, Merchantilism)에 입각하여 국가가 상공업을 통제하면서 증세 없는 지출절감을 통해 금은보유량을 증가시키고, 국내 통상을 촉진시키고, 외국 상품에 관세를 부가하는 등 수출증가와 수입억제를 위해 주도면밀하게 노력했다.[38] 콜베르의 이러한 중상주의 정책은 결국 왕실 세입을 엄청나게 증가시켰고, 그것은 루이 14세의 그칠 줄 모르는 전쟁 비용을 조달하는 데 동원되었다. 그러나 결국 루이의 전쟁은 콜베르가 창조하려 했던 번영을 갉아먹어 버렸다.[39] 그리고 이러한 절대군주의 풍모는 베르사유 궁전(Chateau de Versailles)을 통해 화려하게 과시되었다. 베르사유 궁전은 17세기 바로크 예술의 대표로서 궁전 정면의 길이만도 530미터였고, 건물 전체에 거울들이 빛을 반사하였으며,[40] 궁전 밖 드넓은 정원의 태양신 아폴론 상은 곧 루이 14세가 프랑스의 태양왕임을 상기시켰다.[41] 그것은 태양왕의 작은 우주라고 할 만큼 유럽 군주들의 선망의 대상이 되었고,[42] 루이 14세는 귀족들을 일정 기간 동안 베르사유에 머물게 함으로써 그들을 후원하였고[43] 동시에 그들을 자신의 통치하에 복종시키고자 했다.[44]

절대 왕은 화려한 바로크 건축물에서 자신의 위용을 과시하면서 궁극적으로는 정복사업을 통해 자신의 절대 군주권을 강화시키고자 했다. 즉 루이 14세는 왕의 친정을 통해서 프랑스를 유럽의 최강국으로 만들고자 하는 의욕에서 정복사업을 했다. 보다 구체적으로는 프랑스에 가하는 합스부르크 왕가의 위협을 약화시키고자 했는데, 그 일환으로 1677년 루이 14세는 이른바 '전승의 전쟁'[45]을 시작하여 프랑슈-콩테(Franche-Conté)의 동부지역을 점령하는 데 성공했다.[46] 여기에 고무된 루이 14세는 동쪽으로 스트라스부르, 룩셈부르크, 쾰른을 비롯하여 라인강 중부지역에 이르는 많은 도시와 요새를 점령하면서 정복전쟁은 성공적인

것처럼 보였다.[47]

바로크 건축

거울의 방

그러나 이때 1685년 루이 14세는 16세기 종교개혁의 결과로 신교의 자유를 인정하는 포고문인 '낭트 칙령'(Édit de Nantes)을 철회하였고, 그로 인해 30만 명의 프랑스 내의 신교도인 위그노(Huguenot)가 주변국가로 망명하고 말았다.[48] 위그노들은 전문기술이나 자본을 가진 경우가 많았는데, 그들을 잃어버린 것은 프랑스에게 큰 타격이었다.[49] 그리고 루이 14세의 정복전쟁에 위협을 느낀 인접 국가들이 아우구스부르크 동맹을 맺었고, 이는 유럽 내에서 어떤 국가가 프랑스와 같이 다른 국가의 지위를 위협하는 것을 방지하여 세력균형을 유지하려는 외교적 목적 때문이었다.[50] 이러한 아우구스부르크 동맹은 아우구스부르크 전쟁을 불러왔고, 9년간의 전쟁 끝에 프랑스는 근래 획득한 영토의 대부분을 돌려주어야 했으며,[51] 이어 루이 14세는 '스페인 왕위계승 전쟁'(1701-1714)에 뛰어들어 엄청난 국력손실을 입게 된다. 스페인 왕위계승 전쟁이란, 스페인 왕 카를로스 2세가 전통적으로 합스부르크 왕가로 계승되던 스페인 왕위계승을 프랑스의 부르봉 왕가로 잇겠다는 유언을 남기고 죽자, 루이14 세가 스페인과 프랑스 사이에 피레네가 없다고 호언하며 대제국을 형성하려 하자 이에 대해 유럽의 세력균형을 유지하려는 국가들이 대동맹을 맺음으로써 일어난 전쟁이다.[52] 이 전쟁은 1713년 위트레흐트 조약(Treaty of Utrecht)을 맺음으로써 끝나지만, 양측이 모두 엄청난 손실을 입었을 뿐만 아니라 특히 프랑스는 최대의 전투력을 투입함으로써 국력이 고갈되는 결과에 이르렀다.[53] 이 전쟁으로 인한 이러한 프랑스 국고의 고갈은 결국 루이 16세의 신분회와 프랑스대혁명의 원인이 되었다고 할 만큼 컸고, 이렇게 해서 유럽의 세력균형은 프랑스가 아니라 영국을 중심으로 재편되었다.[54]

다음으로 영국의 절대주의에 대해 살펴본다. 영국의 절대주의는 헨리 8세(Henry Ⅷ, 1491-1547)와 엘리자베스 1세(Elizabeth Ⅰ, 1533-1603)의 튜더(Tudor) 왕조로부터 시작하여 제임스 1세와 그의 아들 찰스 1세 그리고 찰스 2세와 그의 동생 제임스 2세에 이르는 스튜어트(Stuart) 왕조에 이르면 의회의 저항 속에서 몰락한다. 이러한 의회의 저항 속에서 권리청원, 청교도 혁명, 명예혁명의 과정을 밟는다. 먼저 제임스 1세(James Ⅰ, 1566–1625)는 절대주의에 입각한 왕권신수설을 주장하였고, 그의 아들 찰스 1세(Charles Ⅰ, 1600–1649) 또한 그러한 절대주의를 계승하여 프랑스와의 전쟁자금을 강제 차용하려 했다. 이때 의회는 "권리청원"(Petition of Right, 權利請願)을 작성하여 왕의 과세에 동의하는 대신 의회의 권한을 인정하도록 요구했다(1628년). 찰스 1세는 부득이 동의했으나 그 이후에도 의회의 동의 없이 징세하고 반항자를 투옥하였으며, 마침내 의회를 해산하고 11년 간 의회 없이 독단적으로 통치했다. 이때 의회는 이른바 20년 간 장기의회를 계속하면서 왕의 압제를 일일이 열거하고 그 내용을 인쇄하여 전국에 포고했다. 왕과 의회 사이의 대립이 격해지자 의회 내에 두 당파가 생겨 각각 왕당파와 의회파로 나뉘었다. 왕당파는 왕의 정책을 지지하는 지주계급을 중심으로 하고, 의회파는 왕에 반대하는 청교도들로 구성되어 있었다. 이때 크롬웰(Oliver Cromwell, 1599–1658)이 나타나 뛰어난 지도력을 발휘해 일으킨 것이 "청교도 혁명"(Puritan Revolution, 1640–1660)이다. 청교도 혁명으로 인해 왕은 축출되었고, 그를 호위했던 상원도 폐지되었다.[55]

그러나 크롬웰의 죽음으로 혁명은 완성되지 못하였고, 곧 찰스 2세가 즉위했다. 찰스 2세(CharlesⅡ, 1630–1685)는 왕정복고를 했고 청교도 체제의 잔재를 일소해 버렸지만, 왕은 이전의 절대 왕처럼 의회의 동의 없이 전제정치를 할 수는 없게 되었다. 찰스 2세가 가톨릭을 포함한 모든 비교도의 신앙을 관용하는 칙령을 발표하자 의회는 칙령의 철회를 요구하면서 모든 공직자는 국교도이어야 한다는 심사율(Test Act, 審査律)을 제정했다. 이때 의회는 토리당(Tory)과 휘그당(Whig)으로 나뉘어 토리당은 국교회를 지지하는 왕당파였고, 휘그당은 프로테스탄트로서 입헌군주제를 옹호하고 있었다. 다시 의회는 배척법(Exclusion Bill, 排斥法)을 제정하여 가톨릭 신도가 왕이 되는 것을 배척하여 제임스 2세가 왕이 되는 것을 막고자 했고,[56] 인신보호법(Habeas Corpus Act, 人身保護律)을 통과시켜 법적 근거가 없는 인신의 구속과 체포를 금지하여 왕의 전제정치를 견제했다. 찰스 2세를 이어 제임스 2세(James Ⅱ, 1633-1701)가 즉위하자 그는 먼머스(Monmouth) 사건[57]을 기화로 이른바 피의 재판을 통해 용의자 1000명을 사형 또는 국외추방하고, 왕은 심사율을 철회하고 인신보호법을 폐기하여 가톨릭 부흥정책을 표면화했다. 이러한 가톨릭 부흥정책에 대해서는 왕당파까지 반대하여 모든 의회가 합심하여 네덜란드의 윌리엄 공을 왕으로 옹립하고자 했고, 이로 인해 "권리장전"(Bill of Rights, 權利章典)이 발표되었고, 그로써 유혈 없이 영국의 절대주의가 종식하게 되었다. 이를 "명예혁명"(Glorious Revolution, 名譽革命)이라고 부른다(1668년).[58] 이렇게 영국의 절대주의는 프랑스와는 다르게 의회주의와의 대립 속에서 종식되고, 영국은 일찍부터 의회정치로의 길로 나아가게 된다.

크롬웰

마키아벨리즘

이러한 절대주의 시대의 국가통치의 이념은 '마키아벨리즘'을 통해 잘 드러난다. 로렌초에게 헌정된 마키아벨리(Niccolò Machiavelli, 1469-1527)의 『군주론』은 일종의 정치철학이지만 어떤 형이상학이나 윤리학에 대한 논의도 없이 윤리학을 정치학에 종속된 것으로 다루면서 개인을 국가의 구성원으로 보고, 오직 국가를 보존하고 강화하는 기술에 대해서만 논의한다.[59] 이러한 것을 마키아벨리즘이라고 하는데, 이것은 무엇보다 절대주의 시대의 군주상을 대변한다. 이는 우선 정치적 현실주의를 보여준다. 즉 지금까지의 모든 정치철학은 유토피아주의를 표방한데 비해서, 마키아벨리는 그러한 환상을 좇기보다는 실제적 진리를 뒤좇겠다고 하는 것이다. 왜냐하면 우리가 실제로 어떻게 살고 있는가와 어떻게 살아야 하는가 사이에는 커다란 차이가 있고, 모든 관계 속에서 선을 좇고자 하는 사람은 악인의 한복판에서 멸망할 수밖에 없기 때문에 그렇게 해야 한다는 것이다.

> 지금까지 많은 사람들은 보지도 듣지도 못하던 공화국이나 군주국을 상상으로 그려왔다. 그러나 우리가 실제로 살아가는 방식과 사람이 살아 나가야만 될 방식 사이에는 현격한 차이가 있기 때문에, 이상을 터득하기 위해 현실을 소홀히 보아 넘기는 사람은 자신의 구제는커녕 파멸을 초래할 것이다. 왜냐하면 무슨 일에서나 선을 최우선으로 내세우고자 하는 사람은 선하지 않은 사람들이 득실거리는 틈바구니 속에서 파멸하게 되지 않을 수 없기 때문이다. 그러기에 자기의 지위를 보존하려는 군주는 선하기만 해서는 안 되고 악인이 되는 법도 알아야 하며 또한 그러한 경험을 필요에 따라 행사도 하고 중지도 할 줄 알아야 한다.[60]

그리고 그는 정치의 원칙을 내세우는데, 그 중 하나는 군주는 너그럽기보다는 인색해야 하고, 자비롭기보다는 잔인해야 한다는 것이다. 왜냐하면 인간이란 본시 선하지 않고 변덕스럽고 위선적이므로 군주가 너그럽고 자비로웠다가는 멸망하기 십상이기 때문이다. 이에 군주는 너그럽고 자비로운 덕성을 갖추기보다는 겉으로만 그렇게 보일 필요가 있으며, 무엇보다도 두려운 존재로 보이게끔 타인의 공포감을 이용해야 성공할 수 있다는 것이다. 왜냐하면 인간은 사악해서 이익 앞에서 호의를 쉽게 저버리지만 두려운 자에 대해서는 해를 입히지 못하는 경향이 있기 때문이다.

> 군주가 택일해야 한다면 사랑받는 군주보다는 무서운 군주가 되는 편이 훨씬 안전하다고 본다. 왜냐하면 인간은 배은망덕하기 쉽고 변덕이 죽 끓듯 하며, 위선적이며, 위험에 처해서는 자기 살기에 급급하면서도 물욕에는 눈이 어두운 존재라고 일반적으로 이야기되기 때문이다.[61]

> 더욱이 인간은 평소에 두려워하던 자보다도 호의를 갖고 있던 자에게 오히려 더 사정없이 해를 입히는 경향이 있다. 그것은 본디 사람이 사악한 존재이기 때문에 의리로 맺어진 호의쯤은 자기에게 이익이 생긴다고 생각되는 경우에는 언제라도 파기할 것이기 때문이다. 그러나 두려움 속에는 처벌에 대한 공포가 내재해 있는 관계로 결코 사람들은 그것으로부터 벗어날 수 없다는 점 때문이다.[62]

> 한니발이 이렇게 할 수 있었던 것은 바로 그가 냉혹하고 잔인했기 때문이다. 그렇듯 다른 많은 역량에다 잔인성까지 겸비한 한니발이 병사들 눈에 존경과 두려움의 대상이 될 것은 분명한 이치였다. 만약 이러한 기질 없이 다른 역량만 지녔더라면 그는 결코 그만한 성공을 거둘 수 없었을 것이다. … 잔인성을 제외한 다른 역량만으로는 결코 성공하지 못했으리라는 지적은 스키피오의 예를 통해서 보면 분명히 알 수 있다.[63]

그러나 공포를 이용하더라도 유의할 것은, 군주가 미움을 받지 않는 수준에서 그것이 행해져야 한다는 점이다. 즉 군주는 사랑을 받지 못하더라도 최소한 미움을 사지 않는 방식으로 두려움을 고취해야 한다는 것이다.[64] 왜냐하면 백성들로부터 미움을 받지 않는 그것이 군주를 보호해 줄 수 있는 가장 견고한 성곽

이기 때문이다.[65]

다른 하나는 군주가 훌륭한 기질을 갖추고 행사한다면 그것은 그에게 해가 되고, 오히려 그는 야수의 성질을 사용할 줄 알아야 한다는 것이다. 대표적인 야수의 성질로서 여우와 사자가 제시되는데, 함정에 빠지지 않기 위해 여우가 되고, 늑대를 위압하기 위해 사자가 되어야 한다는 것이다. 그 반면에 선하고 훌륭한 덕성은 그것을 갖추고 행사하는 것만으로는 해가 되지만 그것을 갖추고 있는 것처럼 보이는 것은 유익하므로, 사람들에게 그러한 덕성을 군주가 매우 중요시한다고 생각하게끔 보여야 한다는 것이다. 그래서 군주는 입으로는 평화와 상호신뢰를 설교하지만 실은 그것은 군주의 최대의 적(敵)이고, 부득이한 경우에 그는 악을 행할 수 있는 각오를 해야 왕좌를 상실하지 않는다는 것이다.

> 군주는 함정에 빠지지 않도록 조심하기 위해서는 여우가 되어야 하고, 늑대를 위압하기 위해서 때로는 사자가 되지 않으면 안 된다. 오직 사자의 위용으로만 살아가고자 하는 군주가 있다면 그것은 크게 잘못 생각하고 있는 것이다. 그런 까닭에 현명한 군주는 신의를 지키는 것이 자신의 이익과 배치되거나 혹은 약속할 당시의 동기나 이유가 이미 그 의미를 상실했을 경우에는 신의를 지킬 수도 없으며 또 지켜서도 안 된다. 물론 모든 사람이 선하다면 이런 충고는 백해무익한 것이 될 것이다. 그러나 인간 중에는 형편없는 자들도 많고, 또 그들은 군주에 대한 신의를 충실히 이행하지 않는 경우가 비일비재하므로 군주도 역시 그들에 대한 신의를 굳이 지킬 의무는 없다고 하겠다.[66]

> 군주는 대단한 거짓말쟁이인 동시에 위선자가 되어야만 하는 것이다.[67]

> 군주가 그런 훌륭한 기질을 갖춘 채 항상 그것들을 행사한다면 오히려 군주에게

> 해가 되겠지만, 반면에 마치 군주가 그것들을 갖추고 있는 것처럼 보인다면 그것이야말로 군주에게 유익한 것이 된다. 되도록 백성들에게는 자비롭고 신의가 두터우며 또한 인정이 있고 진실되며 신앙심이 깊은 것처럼 보이는 것이 좋다. … 그러나 군주는 필요한 경우에는 정반대로 전환할 수 있어야 함을 명심해야 한다.[68]

> 군주는 선을 고수할 수만 있다면 선으로부터 벗어나지 않아야 되겠지만, 그러나 부득이 악을 행하지 않을 수 없는 경우에는 악에도 발을 들여놓을 각오가 되어 있어야만 한다.[69]

다만 그 경우에 악과 잔인성은 선용(善用)해야 한다.[70] 여기서 선용이란 지독하지만 서투르게 사용되어서는 안 되고 교묘하게 잘 사용되어야 한다는 의미인데, 그것은 위해(危害)를 한꺼번에 몰아서 그리고 철저하게 해치워버려야 민중의 분노도 훨씬 덜하다는 뜻이다. 왜냐하면 잔학행위가 반복되지 않아야 사람들이 안심할 수 있고, 또한 사람들은 가벼운 피해에 대해서는 보복을 생각하지만 치명적인 고통에 대해서는 그것을 할 엄두를 내지 못하기 때문이다.[71]

군주가 성인이 되어야 한다는 부담 없이 솔직하게, 그리고 혁명적으로 군주가 국가를 위해 악을 행할 각오가 되어야 한다고 말하는 마키아벨리즘은, 권력의 보존에 대해서는 너무 많이, 권력의 의무에 대해서는 너무 적게 생각하고, 권력의 부패에 대해서는 전혀 생각하지 않았다.[72] 이러한 마키아벨리즘적인 통치철학이 횡행하던 절대주의 시대에 일어났던 비참한 사건이 있는데, 그것이 바로 "폴란드 분할"이다. 폴란드 분할 사건은 폴란드가 세 차례나 주변의 강국(러시아, 프로이센, 오스트리아)에 의해 분할된 사건으로서, 절대주의 국가가 얼마나 파렴치하게 약소국에 대해 권력을 휘둘렀는가 하는 마키아벨리적 정치현실을 보여준다. 폴란드 분할의 배경에는 폴란드 자체의 민족적 분열이 있었다. 즉 폴란드는 선거에 의한

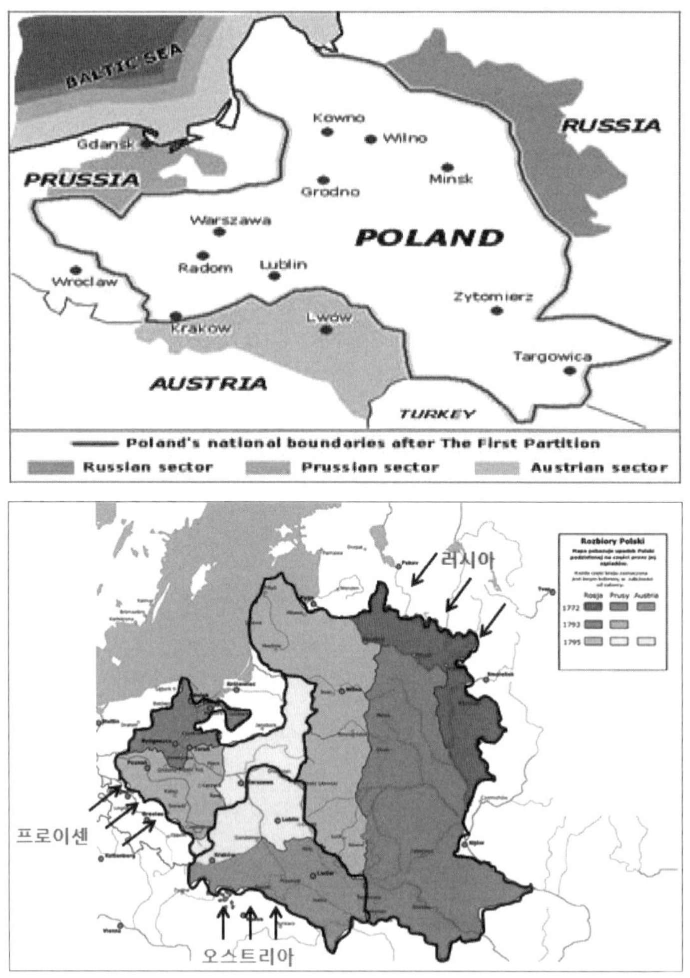

군주제였으나 200년 동안 단 두 번밖에 왕이 선출되지 못했고, 17세기 중기부터 18세기 중기까지 100년 동안 55개의 국회 중 48개가 해산되는 등 격심한 파쟁과 이기적인 귀족들로 인해 정치가 안정을 이루지 못했었다. 이러한 때 절대주의 군주들의 파렴치한 침략정책이 폴란드를 갈라놓은 것이다. 사건의 전개는 1763년 러시아의 예카테리나 황제(Ekaterina Ⅱ, 1729–1796)로부터 시작된다. 그녀는 폴란드를 분할하지는 않고 그녀의 애인을 폴란드의 왕으로 옹립한다. 그러자 프로이센은 동프로이센과 브란덴부르크를 통합하기 위해 폴란드를 분할했고, 오스트리아는 두 나라가 폴란드를 독점하는 게 싫어서 끼어들었다. 이렇게 해서 1772년 1차 분할에서 폴란드 인구의 1/5과 영토의 1/4을 상실했고, 2차 분할에서는 오스트리아가 빠졌지만, 1795년 3차 분할로 폴란드의 독립은 완전히 소멸되었다. 이후 폴란드인들의 120년간의 국가회복 운동이 있고 나서 20세기 초에 이르러서야 폴란드는 비로소 국권을 회복하게 된다.[73]

루벤스 벨라스케스 렘브란트

베르메르 로마교황청

로코코 양식

이러한 17세기 절대주의 시대에 음악과 미술에 새로운 양식이 등장하는데, 이를 "바로크"(Baroque)라고 부른다. 바로크 예술은 150년간 지속되었는데, 힘과 권위를 존중하던 절대주의 시대에 맞게 호방하고 과장되며 복잡하고 지나친 장식을 특징으로 한다. 미술에는 풍부한 색채와 육감을 표현한 루벤스(Peter Paul Rubens, 1577-1640), 궁정의 형식미와 호사스러움을 표현한 벨라스케스(Verlázquez, 1599-1660)가 있었는가 하면, 네덜란드 화가를 중심으로 독특한 개성이 표현되었는데, 빛과 어둠의 절묘한 이중주를 표현한 루벤스와 일상적 삶이 갖는 편안한 아름다움을 표현한 베르메르(Johannes Vermeer, 1632-1675) 등이 있다. 건축에는 앞서 언급한 베르사유 궁전이 대표적이고, 이탈리아의 건축가 베르니니(Giovanni Lorenzo Bernini, 1598-1680)는 로마교황청의 광장과 그 주랑을 설계했는데, 그 공간감과 곡선미로 바로크 건축의 아름다움을 보여 주었다. 이러한 바로크 양식은 로코코 양식으로 발전하면서 세련되고 퇴폐적인 건축물이 만들어졌다. 그리고 음악에서도 바로크 음악이 나와서 다성음악과 화성악이 발달하였고, 성악과 기악이 발달했다. 또한 이탈리아에는 오페라가 성립하게 된다.[74]

이런 식으로 17세기에는 근대국가가 탄생하였고, 그 모습이 절대주의를 표방함에 따라 그것이 마키아벨리즘을 형성하여 폴란드 분할과 같은 비극적 사건을 낳는가 하면 다른 한편으로 의회주의의 탄생과 바로크 예술의 탄생으로 이어졌다.

7장 과학혁명과 산업혁명

1. 갈릴레이의 〈피사의 탑〉과 근대과학

대략적으로 17세기를 '천재의 세기'라고 한다면 18세기는 '이성의 세기'라고 명명할 수 있다.[75] 17세기 천재의 세기에 가장 특징적인 사건은 "과학혁명"이라고 한다면 18세기 이성의 세기에 특징적인 것은 "계몽주의"라고 할 수 있다. 과학혁명의 시대에 인간의 자연권과 자연법 개념이 확립되고, 그에 따라 사회계약론에 관한 논의가 활발하게 이루진다.[76] 그리고 계몽주의 시대에는 계몽정신에 입각한 이신론(理神論)을 비롯하여 프랑스에서 시작된 시민혁명과 영국에서 시작된 산업혁명이 터져 나왔다. 이로써 17세기에 과학혁명을 통해 수립된 합리주의, 이성신뢰는 18세기의 계몽주의를 통해 사회화되어 확장되어 갔다. 따라서 17세기와 18세기는 이렇게 이성신뢰의 합리주의의 시대였다고 할 수 있다.[77]

먼저 17세기에 이루어졌던 과학혁명에 대해 살펴본다. 루이 14세가 죽은 1715년부터 빈회의가 개최되는 1815년까지의 100년은 명확히 근대사적 특징을 갖는 시대인데,[78] 이러한 혁명의 시대는 17세기 과학혁명으로부터 비롯되었다.[79] 17세기 과학혁명은 코페르니쿠스의 지동설(태양중심설)에서 시작되어(1543년) 뉴턴의 만유인력법칙(1687년)에서 절정에 달했다고 하겠다.[80] 즉 코페르니쿠스가 과학혁명을 시작했다면 뉴턴이 과학혁명을 완성했는데, 그 사이 정점에서 갈릴레이가 활동했다.[81] 이렇게 해서 천문학에서 시작된 과학혁명은 물리학에서 완성되면서 화학을 탄생시켰다. 즉 코페르니쿠스에서 시작된 변화는 그의 천문학을 신학적으로 수용했던 부르노 이후에 케플러에 의해 이론화되었다. 케플러의 이론화의 배경에는 그의 스승 티코 브라헤의 방대한 관찰 자료가 한몫했다. 갈릴레이는 망원경을 만들어 그때까지의 가설과 이론을 실험적으로 증명했고, 드디어 뉴턴에 이르러 그러한 자연의 비밀은 자연의 법칙으로서 물리학적으로 완성되었다. 또한 그러한 과정에서 라부아지에는 산소를 발견하면서 연금술적인 마술에 머물러 있던 화학을 하나의 과학으로서 탄생시키는 데 기여했다. 그리고 무엇보다도 역사적 의의가 있는 것은, 과학혁명이 단순한 과학적 발견에 그친 것이 아니라 하나의 지적 혁명으로서 세계관의 변화를 동반했다는 점이다.

코페르니쿠스(Nicolaus Copernicus, 1473-1543)의 태양중심설은 가설로 발표되었지만 천문학 혁명의 신기원을 이루었고, 수도사 부르노(Giordano Bruno, 1548-1600)는 코페르니쿠스의 가설을 신학적으로 수용하여 모든 것은 하나라는 범신론적 입장에서 지구는 별들 중 하나이고, 자연은 곧 하느님이라는 신념을 발언함으로써 화형에 처해진다. 케플러(Johannes Kepler, 1571-1630)는 스승 티코 브라헤(Tycho Brache, 1546-1601)의 방대한 관찰 자료를 가지고 코페르니쿠스 이론의 결함이었던 아리스토텔레스 원운동에 대한 것을 교정함으로써 이른바 행성의 3법칙을 내어놓는다. 행성의 3법칙 중 첫 번째가 타원궤도의 법칙이다. 이는 행성이 태양을 중심으로 타원궤도를 따라 돈다는 것으로 달 이상의 세계는 완전하기 때문에 원형이라고 생각했던 아리스토텔레스의 자연관이 오류였음을 정면으로 논박하는 법칙이라 하겠다. 갈릴레이(Galileo Galilei, 1564–1642) 또한 피사의 탑에서 낙하실험을 함으로써 아리스토텔레스의 자유낙하의 법칙이 오류임을 실험적으로 증명해 보인다. 그리고 코페르니쿠스의 가설을 이론화해서 아리스토텔레스식의 우주관이 오류였음을 보여 주었던 케플러를 이어, 그는 1609년 망원경을 발명하여 천체운동을 관찰함으로써 코페르니쿠스의 가설이 옳다는 것을 실험적으로 증명했다.[82] 물론 그로 인해 그 또한 종교재판에 회부되어 고초를 겪게 되지만, 갈릴레이의 이러한 실험정신은 머리로만 하던 천문학에서 눈으로 하는 관측 천문학의 시대를 열었고,[83] 이는 전통적인 학문개념에 대립된 "새로운 학문개념"을 드러낸 것으로서 역사적 의의가 크다고 할 수 있다.

방법론적으로 볼 때 전통적 학문개념이 연역법에 입각한다면, 새로운 학문개념은 귀납법에 입각한다고 할 수 있다. 전통적으로 학문은 아리스토텔레스의 논리학에 바탕 한 '연역법'을 위주로 했다면, 새로운 학문개념은 갈릴레이에서 보는 바와 같이 실험과 관찰에 입각한 '귀납법'을 위주로 하게 된다. 이는 세계관적으로도 차이가 난다. 전통적 학문개념은 '목적론적 세계관'을 바탕으로 세계를 형상(Eidos: 形相)으로 바라봄으로써 모든 존재가 질적 차이를 지니는 것으로 생각하는데 비해, 새로운 학문개념은 세계를 양적 관계를 통한 인과관계로 설명함으로써 '기계론적 세계관'을 지닌다. 보다 자세히 살펴보자면, 아리스토텔레스의 논리학에서는 전체에서 부분을 추론하는 것은 타당하지만 부분에서 전체를 추론할 수 없다. 그러나 귀납법은 부분에서 전체를 추론하여 확률적 진리를 추구하는데, 이는 전통적 학문개념에서 볼 때는 오류이다. 게다가 아리스토텔레스의 목적론적 세계관은 모든 존재가 형상에 따라 질적 운동을 한다고 보는 데 반해, 기계론적 세계관은 모든 존재가 질적 차이 없이 양적-인과적 운동을 한다고 본다. 이렇게 해서 17세기 과학혁명은 기존의 아리스토텔레스적이고 신학적인 세계관에서 볼 때 모순되고 양립가능하지 않은 새로운 학문개념을 탄생시켰고, 이는 인간이 세계의 중심이 되는 진정한 르네상스로 나아갈 수 있는 길을 터주었다는 점에서 역사적 의의가 있다.

	새로운 학문개념	전통적 학문개념
방법론	귀납법(실험, 관찰)	연역법(아리스토텔레스 논리학)
세계관	기계론적 세계관(양적, 인과적)	목적론적 세계관(질적, 형상적)

새로운 학문개념의 등장과 함께 과학혁명은 뉴턴(Isaac Newton, 1642-1727)에 이르러 완성된다. 그는 만유인력의 법칙을 위시한 자연의 3법칙을 정식화하여『프린키피아』(Principia)를 발표한다. 또한 그는 미분법의 발견자이며, 그의『광학』(Opticks)에서는 빛의 입자설을 주장하기도 했다. 이렇게 해서 그는 자연에 대한 수학적-종합적 설명을 완성하고, 과학적 방법론을 확립하게 된다. 그밖에 라부아지에(Antoine Laurent Lavoisier, 1743-1794)는 고대로부터 이어져 온 물, 불, 흙, 공기의 4원소설을 극복하고, 산소를 발견함으로써 당시 화학의 발전을 가로막고 있던 플로기스톤(Phlogiston) 설을 극복하여 연금술 수준에 머물러 있었던 화학을 근대적으로 정립하게 된다. 이렇게 과학혁명이라고 불리는 근대과학의 정신을 철학적으로 정식화한 사람이 있으니 그가 곧 F. 베이컨(Francis Bacon, 1561-1626)이다. 베이컨은 영국 경험론을 양적-기계론적 인과론과 결합시킴으로써 근대과학을 철학적으로 정식화했다. '아는 것이 힘이다'라는 그의 유명한 금언은, 지식은 목적이 아니라 수단이며, 삶에 유용하고 인간의 번영을 위한 지식이 되어야 함을 주장하고, 앎 자체가 목적이 되어 이론을 위한 이론을 주장하는 아리스토텔레스를 비판한다. 이로써 그는 지식은 인간의 삶에 번영을 가져오는 것, 유용한 것이 되어야 한다는 이른바 실용주의적 지식개념을 정립했다.

코페르니쿠스가 제시한 우주관은 기독교적 신앙으로 볼 때는 하나의 충격이었고, 거대한 시계가 움직이는 것과 같은 근대과학의 기계적인 우주에는 더 이상 신의 섭리는 필요치 않는 것처럼 보였다. 이리하여 근대과학은 유럽문명의 가장 독특하고 다이내믹한 특징으로서 유럽문명을 여타의 다른 문명과 명확하게 구별하는 이정표가 되었다.[84]

2. 벤담의 공리주의로 본 산업혁명

"1776년 아메리카 혁명으로부터 1848년 2월 혁명에 이르기까지 유럽사에서 가장 경이적인 변화는 산업혁명이다."[85] 근대 유럽문명은 프랑스 대혁명과 산업혁명에 의해 형성되었고, 프랑스 대혁명이 정치적인 혁명이었다면 산업혁명은 "물질적-환경적 혁명"이었다고 할 수 있다.[86] 한마디로 산업혁명은 물질적-환경적 혁명으로서 중세적인 한가한 농촌경제를 활발한 도시경제로 바꾸어 놓았고, 그로써 자본가와 노동자라는 새로운 계급을 탄생시켰다. 이렇게 산업혁명은 영국에서 시작되어 유럽뿐만 아니라 전 세계로 퍼져나갔으며, 이러한 산업혁명의 형성과정에서 자본주의의 문제점이 노정되었던 것이다.

우선 영국의 산업혁명은 면방직 공업과 철강공업으로부터 시작된다. 면화의 생산방식이 공장제 수공업에서 공장제 기계공업으로 기계화되면서 생산량이 급증하는데, 이러한 변화에 주축이 된 것이 제임스 와트(James Watt, 1736-1819)의 증기기관의 발명이다. 와트의 증기기관은 산업혁명을 급진전 시킨 계기로서 과학에 기술이 적용된 사례라고 하겠다.[87] 게다가 유럽에서 도로와 운화가 개선되면서 교통과 통신이 발달함에 따라 산업혁명은 전 유럽으로 확대되었다. 그러나 유럽은 영국보다 더 엄격한 계층사회였기 때문에 정치적으로 분열되고 상이한 관세가 적용되는 등 시장이 제약을 받았기 때문에 산업화가 서서히 진행되었다.[88] 그럼에도 불구하고 프랑스는 1840년까지 인구의 20%가 증가했고, 독일은 통일 후인 1870년부터 경이적인 발전을 기록하여 2차 산업혁명의 진원지라고 일컬어지며, 스위스·네덜란드·스웨덴·덴마크 등은 1830-70년까지 비약적인 산업발전을 이룩했다. 이렇게 해서 산업혁명은 전 세계로 확대되었고, 러시아만이 유독 산업혁명의 세례를 입지 못하고 후진성을 면치 못했을 뿐 미국 또한 남북전쟁 이후에(1865년) 괄목할 만한 산업발전을 이룩했다.[89]

이러한 산업혁명의 결과로 도시가 성장하게 된다. 생산체제를 도시에 집결시킴으로써 노동자가 도시로 모이게 되어 도시의 인구가 증가하게 되었다. 가령 1831-41년까지 런던 13만 명, 맨체스터 7만 명이 증가했고, 1841-46년까지 파리는 12만 명, 1827-32년까지 빈은 40만 명의 인구가 증가했다.[90] 19세기에 걸쳐 유럽의 전체 인구는 2배로 늘어났고, 도시에 사는 인구는 3배로 증가했다.[91]이렇게 도시의 인구가 증가하면서 사회계급이 재편성되었고, 그 결과 새로운 계급이 등장했다. 즉 자본을 소유한 공장주와 노임에 의존하는 노동자가 그것인데, 전자를 자본가, 즉 '부르주아'(Bourgeois)라고 부르고, 후자를 노동자, 즉 '프롤레타리아'(Proletariat)라고 부른다. 그리고 이러한 새로운 계급의 형성과 더불어 초기 자본주의가 형성되는 것이다. 초기 자본주의는 공장제와 자유방임형 경제에 입각해 있

증기기관

러다이트 운동

었다. 즉 그것은 공장이라는 장소에서 분업화를 바탕으로 한 기계화를 통해 대량 생산을 하며, 경제활동의 전권이 시장의 질서에 맡겨지는 경제체제이다.

이러한 체제는 자본주의의 모순을 노정했는데, 그 첫 번째가 기계화의 문제이다. 과거에는 숙련노동이 담당했던 직종에도 기계가 도입되면서 노동자는 기계의 부품으로 전락하였고, 이는 노동의 기쁨을 감소시키는 것을 넘어서 노임을 하락시켰으며, 급기야 노동자의 실업을 야기했다. 이에 기계를 원망하고 그것을 파괴하는 기계파괴운동과 같은 '러다이트 운동'(Luddite Movement, 1811-1817)이 발생하기도 했다. 두 번째는 자본가의 횡포이다. 초기 자본주의는 자유방임형 경제체제였던 까닭에 수요와 공급에 따른 시장의 보이지 않는 손에 의존하였고, 그 때문에 자본가의 독과점 문제가 발생하곤 했다. 자본가들끼리 담합을 한다든지 독과점을 해서 시장에서의 공급을 단절시켜서 가격을 폭등시키는 등의 시장 기능을 훼손시키는 문제가 야기되었던 것이다. 그리고 자본가의 횡포는 여기서 그치지 않고 심각한 노동 착취를 일삼았다. 19세기 전반기까지 공장의 노동시간은 길어서 1850년 이전에는 보통 하루 12-14시간이었고,[92] 기계 노동이 수작업을 대신하면서 엥겔스가 『영국 노동계급의 상황』에서 고발한 것처럼 특히 여성과 어린이는 섬유 산업 등에서 노동력의 거의 절반을 차지했는데,[93] 문제를 덜 일으킬 것으로 간주되어 고용되었지만 비참할 정도로 낮은 임금을 받기 위해 그들은 통풍도 잘 되지 않고 안전시설도 설치되지 않은 작업장에서 위태롭게 일했다.[94] 하루 열네 시간에서 열여덟 시간 노동하는 노동자가 수두룩했을 뿐만 아니라 가난 때문에 해산 2-3일 전까지 일을 하고 해산 직후에도 바로 공장으로 복귀해야 했다. 또한 14-15세의 어린이 노동자들이 탄광에서 교육도 받지 못한 채 12시간 이상 노동을 하는 경우도 있었는데,[95] 1841년 영국의 광산에는 5만 명 이상의 아이들이 고용되어 가혹한 작업에 혹사되었다.[96]

이렇게 심각한 노동착취에 대해서 마침내 영국에서는 1833년 '공장법'(Factory

Acts)이 마련되어 유소년과 부녀 노동자의 노동시간을 제약할 수 있게 되어[97] 9세 이하의 어린이를 고용하는 것을 금지하고 18세 이하의 노동자의 노동시간을 하루 10시간으로 제한했다.[98] 또한 1842년에는 '광산법'(Mining Law)이 마련되어 광산에서 부녀자 및 10세 이하의 소년소녀의 노동이 금지되었다.[99] 그리고 1824년에는 노동조합 금지법이 철회되어 노동조합을 결성할 수 있는 법적 근거가 마련되었고,[100] 1847년에는 모든 노동자에 해당되는 건 아니었지만 1일 10시간 노동법안이 통과되었다. 그래서 1일 8시간 노동시간이라는 현재 우리의 노동조건이 대략 150여 년 전에서야 비로소 그 법적인 근거가 마련되기 시작했던 것이다. 이렇게 노동자의 권익을 보장받기 위해서는 법적으로 그들이 투표권을 가지고 정치에 참여할 수 있어야 하는데, 여러 법들이 마련되는 가운데에서도 노동자 전체에게 투표권을 보장하는 법은 없는 형편이었다. 이에 노동자들은 차티스트 운동(Chartism, 1838-48년)을 일으켜 노동자의 권익을 보장하는 법을 위한 투쟁을 벌였고, 이것이 성공하지는 못했지만 이들의 노력은 이후 영국에서 모든 국민에게 투표권을 허용하는 법을 마련하는 길을 여는 계기가 되었다.

세 번째로 드러나는 초기 자본주의의 문제점은 환경오염이다. 1870년대 시카고를 묘사한 글 가운데에는 오로지 매연과 먼지밖에 본 게 없다고, 충격 도시 시카고라는 표현된 바와 같이 19세기 공기 오염은 영국인 사망의 25퍼센트를 차지할 정도로 심각했다. 또한 디킨즈의 소설에서 기계와 굴뚝의 도시 그리고 검정색 운하와 더러운 냄새의 도시라고 묘사한 바와 같이 수질 오염은 자연스럽게 콜레라와 티푸스를 일으켰는데, 이러한 공기, 강, 토지의 상황은 20세기에까지 계속되었다.[101] 이리하여 그 당시 영국에서는 콜레라에 대한 대책으로 1855년 오염 배제법을 통과시켜 하천에 오물을 버리도록 했는데, 오히려 이 법으로 인해 하천이 급속도로 오염되었다. 이에 그 대책으로 1876년 하천오염방지법이 마련되었고, 공장폐수 및 도시폐수 배출로 인한 자연수역 오염을 방지하여 수질을 개선하려는 노력을 기울이게 되었다. 이후 19-20세기의 많은 선진국들이 이러한 수질 개선 노력을 지속적으로 기울였고, 마침내 20세기에는 수질오염 방지에 관한 유엔 산하의 국제회의가 열리고 있는 정도에 이르고 있다.[102]

이렇게 산업혁명은 초기 자본주의를 형성하였고, 그 속에서 자본주의가 갖는 여러 문제점을 적나라하게 드러낸 까닭에 이를 대응하고자 했던 지식인들의 고민도 잇따르게 되었다. 그 대표적인 대응이 벤담(Jeremy Bentham, 1748-1832)의 공리주의와 마르크스(Karl Marx, 1818-1883)의 공산주의 혁명이 아닌가 한다. 마르크스의 대응은 이상적이고 관념적인 대응이었다면, 벤담의 대응은 현실적이고 실용주의적인 대응이었다고 할 수 있겠다. 자본주의의 문제점에 대해서 그것을 완전히 일소해 버린 이상적 유토피아를 그렸던 것이 마르크스의 공산주의 혁명이론이었다면, 벤담은 현실적으로 가능한 한에서 그 문제점을 시정할 수 있는 실용주의적 사고를 했다고 할 수 있다. 여기서 우리는 마르크스보다는 벤담의 입장에 대해서 살펴보도록 한다.

당시 초기 자본주의에서는 무절제한 개인의 이익 추구현상이 지배적이었다. 법률가였던 벤담은 그에 대처할 법과 사회질서를 고민했다. 당시의 윤리학으로는 칸트의 윤리학이 대세였지만, 벤담에 따르면 그것은 심정의 윤리학으로서 행위의 결과보다는 심정의 동기를 중요시했기 때문에 현실적인 의미가 부족했다. 그래서 그는 고대의 쾌락주의를 부활시켜 당시 문제에 대해 결과론적으로 대응할 수 있는 실용적인 윤리학, 이른바 공리주의 윤리학을 구상하게 된 것이다. 벤담의 공리주의 윤리학의 기본 골자는, 첫째로 쾌락주의이다. 자연은 쾌락과 고통이라는 두 원리에 의해 지배되기 때문에 우리가 무엇을 할 것인가 말 것인가 하는 것은 오직 여기에 달려 있다고 본다. 여기서 쾌락은 행복에 다름 아니고, 행복이란 추상적인 관념이 아니라 구체적인 하나의 전체이며, 쾌락을 얻는 데, 특히 고통을 벗어나는 데 도움이 되는 것을 제외하고 도덕을 추구할 원초적인 이유는 없다는 입장이다.[103] 둘째는 유용성(Utility)이며, 이는 행위의 원리이다. 어떤 행위를 해야 할 것으로 찬양하고 하지 말아야 할 것으로 비난하는 것은, 그 행위가 우리의 행복을 증진시키는 데 유용하냐 혹은 그렇지 않느냐에 따른다는 것이다. 즉 행복이 목적으로서, 바람직한 것(desirable)으로서 유일한 것이고, 행복의 증진 여부에 따라 찬양 혹은 비난 받을 행위가 결정된다는 것이다.[104] 셋째는 이러한 유용성의 원리에 따라 가능한 한 최대다수의 최대행복을 가져오는 행위가 윤리적이라는 것이다. 입법가가 국가 전체의 이익을 도모하는 것처럼 개인의 쾌락이 전체 공익을 침해하지 않도록 쾌락의 분량을 극대화하는 것이 국가의 목적이라는 것이다. 이러한 공리주의의 원리는 존 스튜어트 밀의 표현에 따르면 다음과 같이 요약될 수 있다.

> 유용성과 최대 행복 원리를 도덕의 기초로 삼고 있는 이 이론은, 어떤 행동이든 행복을 증진시킬수록 옳은 것이 되고, 행복과 반대되는 것을 낳을수록 옳지 못한 것이 된다는 주장을 편다. 여기서 '행복이란 쾌락, 그리고 고통이 없는 것'을 뜻한다. 따라서 쾌락의 결핍과 고통은 '행복에 반대되는 것'을 의미한다. … 즉 고통으로부터의 자유와 쾌락이야말로 목적으로서 바람직한 유일한 것이며, 바람직한 모든 것은 그 자체에 들어 있는 쾌락 때문에 또는 고통을 막아주고 쾌락을 늘려주는 수단이 되기 때문에 바람직하다는 것이 공리주의의 핵심 명제가 된다.[105]

따라서 인간은 쾌락과 이익을 추구하는 존재이므로 공리성을 계산하여 최대다수의 최대행복을 가져 오도록 하는 것이 가장 윤리적인 행위이고, 이러한 공리주의 윤리학이 당시 자본주의의 문제점에 대처할 수 있는 윤리학이라고 본 것이다. 왜냐하면 공리주의자들은 철학자인 동시에 사회 개혁가들이었고, 그로 인해 그들은 행동으로써 사회의 변화를 만들어내려는 의도를 가지고 있었기 때문이다.[106] 실제로 벤담은 1832년 휘그당의 선거법 개정안에 찬성했다. 그 이유는 그 법안이 만족스럽지는 않았지만 최대다수의 최대행복이라는 공리주의의 원리에 부합한다고 보고 긍정했다고 한다.[107] 그밖에 벤담을 비롯한 영국 공리주의자들은 1830-50년대의 각종 개혁정책 등을 위해 많은 노력을 하였고, 그로써 개인의 이익을 최대한 늘리는 공리주의적 사회를 만드는 데 큰 역할을 했다고 평가된다.[108] 또한 1867년 2차 선거법 개정안에서 여성 투표권이 배제된 데 대해 의회 내 유력한 소수파의 저항이 있었는데, 이때 여성 투표권에 대해 존 스튜어트 밀은 가장 탁월하며 헌신적인 지지를 했다. 이는 그가 해리엇 테일러(H. Taylor, 1807-1858)와 함께 저술했던『여성의 종속』이라는 책에서 주장하는 바와 같이 여성이 남성과 동등한 개인으로서 간주되고, 그러한 한에서 그녀의 자유가 보장되는 것이 사회의 진보라고 믿는 그의 공리주의적 가치관에서 비롯된 것이라고 할 수 있다.[109]

이렇게 해서 산업혁명은 19세기 사회의 모습을 환경적-물질적 차원에서 완전히 바꾸어 놓았고, 이는 전 세계로 확대되어 마침내 자본주의적인 경제 질서와 그 문제점을 현대에 안겨주었다고 할 수 있다.

8장 시민혁명과 계몽주의

1. 들라크루아 그림으로 본 프랑스 대혁명

영국의 산업혁명이 근대의 세계 경제를 만들었다면, 근대의 세계 정치를 만든 것은 프랑스 대혁명이라고 할 수 있다. 그냥 혁명이 아니라 '대'혁명이라고 불리는 것은, 프랑스 대혁명이 모든 혁명의 대표자라고 할 만큼 근현대의 세계적 운명을 결정지었기 때문이다. 즉 프랑스 대혁명은 봉건제에 사망선고를 내리고 근대적 공화주의 및 민주주의 그리고 자본주의 사회로 나아가는 토대가 되었다. 프랑스 대혁명 이후에 태어난 사람들은 모두 혁명의 수혜자라고 할 만큼 그것은 근현대의 인류 역사의 전개에 결정적인 기초를 놓은 것이다.[110] 이렇게 세계사적으로 심대한 의의를 갖는 프랑스 대혁명에 대해서 알아보고, 그 의미를 들라크루아는 어떻게 표현했는지 보도록 한다.

프랑스 대혁명의 전개과정은 그 뼈대만 추려 보면 대략 다음과 같다. 혁명은 1789년 7월 14일 파리 민중들이 바스티유 감옥을 습격하면서 시작되었다. 파리

민중들이 그렇게 한 이유는 극심한 생활고에 시달렸기 때문이고, 그날의 봉기는 혁명의 서곡이었다. 결국 프랑스의 왕 루이 16세가 처형되고, 그것은 프랑스 사회가 바뀌는 계기가 되었다. 사람들이 혁명에 참여한 이유는 각 신분의 이해관계에 따라 달랐지만 봉건제를 타파하고 자유와 평등이라는 이념에 기반 한 나라를 만들고자 했던 점에서는 같았고, 혁명을 주도한 부르주아 계급은 그러한 자유와 평등이라는 계몽주의적 이념에 의해 정치적으로 각성된 사람들이었다. 그들이 민중의 지지를 바탕으로 혁명을 이끄는 과정에서 국민의회(국민제헌의회), 입법의회, 국민공회[111]가 각각 탄생했다. 프랑스 대혁명은 대외적으로도 충격을 주었으며, 특히 루이 16세가 처형되자 유럽의 군주국들은 혁명이 확산되는 걸 우려해 동맹을 맺어 프랑스를 공격했다. 이들과의 전쟁에서 패하면서 프랑스 내부에는 혁명을 수호하려는 급진파 세력이 강해져 급기야 국민공회에 의한 공포정치가 이루어진다. 이로 인해 프랑스에는 피비린내가 가실 날이 없었고, 급진파의 지도자 로베스피에르가 처형되면서 일단락되지만, 새로 들어선 총재정부 하에서 정국은 여전히 불안하였고, 그것이 나폴레옹의 쿠데타로 무너지면서 나폴레옹시대가 열린다. 여기까지가 1789년부터 10년 동안 일어났던 프랑스 대혁명에 관한 대략적 요약이 된다.[112]

먼저 프랑스 대혁명의 배경에는 앙시앵 레짐의 모순이 자리하고 있다. 앙시앵 레짐(Ancien Régime; 구체제)은 1신분인 성직자, 2신분인 귀족, 3신분인 일반국민으로 이루어진 봉건적인 신분체계를 수용하는 정치체제를 말한다. 당시 프랑스 인구 2천 6백 만의 1%밖에 차지하지 않는 1신분과 2신분은 전체 토지의 30-40%를 차지하고 있었을 뿐만 아니라 면세 대상이었고, 문벌이 사회적 성공과 출세를 결정했다. 3신분은 농민이나 도시하층계급을 비롯한 부르주아 등을 말하는데, 이 가운데 인구의 80% 차지하는 농민은 봉건적 부담에 허덕였고, 부르주아는 세금을 담당하였지만 정치적 권리는 박탈당한 상태였으며, 이런 까닭에 기본적으로 이들 3신분은 불만에 가득 차 있었다. 그런데 혁명의 발단은 이러한 구체제의 비판으로부터 온 게 아니었다. 그것은 국가 재정의 파탄 때문에 비롯되었다. 태양왕 루이 14세의 정복전쟁과 아메리카 독립전쟁 개입 등으로 재정이 위기에 봉착하게 되었고, 마침내 1787년 8월 국고가 텅 비게 되었다. 이러한 위기의 상황도 불구하고 루이 16세(Louis XVI, 1754-1793)는 무능하고 유약하여 이를 타개할 리더십을 갖지 못하였고, 왕비 마리 앙투아네트(Marie Antoinette, 1755-1793)는 사치스럽기 그지없어서 국민적 원성을 사고 있었다.[113]

이러한 재정문제를 해결하기 위해 루이 16세는 중세 때 있다가 없어졌던 신분회를 소집했다.[114] 신분회(états-généraux; 삼부회)는 1302년 창설되어 1614년 폐지되었으며, 이를 통해 왕은 부르주아들에게 재정을 획득하려 한 것이다. 이에 반해 부르주아들은 이를 통해 자신들의 권리를 확보하고자 했는데, 이들이 확보하려 한 권리는 (1)특권계급의 면세특권을 폐지하는 것, (2)국민의 자유와 평등을 보장하는 프랑스 헌법을 제정하는 것을 그 골자로 한다. 이렇게 해서 1789년 5월 5일 베르사유에는 각각 3백여 명의 1신분과 2신분(성직자와 귀족), 6백여 명의 3신분(평민)이 참석했는데, 회의방식과 표결방식을 두고 실랑이가 벌어졌다. 무엇보다도 문제는 신분회의 표결방식에 있었다. 즉 관례상 신분회의 표결은 신분별로 이루어지는데, 머릿수(par tête)가 아니라 신분별(par ordre)로 표결한다면 3신분이 패할 것이 뻔했다. 그래서 3신분은 신분별 표결에 반대하였고, 귀족들은 신분별 표결로 수적으로 우세한 3신분을 무력화하려 했는데, 이들의 팽팽한 대립 속에서 한 달이 지나갔다. 끝내 1신분과 2신분이 합동회의를 거부하자, 6월 17일 신분회의 해체위기 속에서 3신분의 대표 미라보(H. Mirabeau, 1749-1791)는 명연설을 하면서 특권층만을 위한 신분회가 아니라 3신분이 국민을 대표하는 "국민의회"를 선포했다. 이어 6월 20일 회의장 문이 폐쇄되자 이를 국민의회의 활동을 방해하려는 특권층의 음모로 보고 테니스코트에 모여 선서를 한다. 즉 3신분은 프랑스 헌법을 제정할 때까지 해산하지 않을 것을 선서한 것이다. 이때 동참한 1신분 의원들만 해도 무니에(J. J. Mounier, 1758-1806)와 시에예스(E. J. Sieyès, 1748-1836)를 포함하여[115] 60여 명이나 되었다. 1789년 6월 20일의 "테니스코트 선서"야말로 프랑스 혁명의 시작이라고 할 수 있다. 프랑스 혁명의 1단계는 테니스코트 선서로부터 프랑스 인권선언에 이르는 기간, 즉 1789년 6월부터 1792년 8월에 이르는 기간에 해당한다고 할 수 있고, 이 단계에서 혁명은 온건했으며, 제3신분의 대표자들이 주도적인 역할을 했다.[116]

국민의회는 7월 7일 제헌위원회를 구성하고, 드디어 7월 9일 이름을 "제헌의회(국민제헌의회)"로 바꾸어 헌법 제정에 착수했다. 이를 보고 받은 왕은 제헌의회를 승인하였으나 이들이 헌법제정에 착수하자 왕은 네케르(Jacques Necker, 1732-1804)를 해임하고 군대를 동원하여 의회활동을 저지하고자 했다. 7월 11일 네케르가 해임되었다는 소식이 파리에 전해지자 파리 시민들은 왕이 개혁의 뜻이 없다고 보고, 이러한 상퀼로트들(sans-culottes)[117]이 파리코뮌(자치시정부)과 민병대를 조직했다. 그들은 무기 확보를 위해 7월 14일 구체제의 상징인 정치범 수용소 바스티유를 습격하여 요새를 함락하고 사령관의 목을 자르는 등 난동을 부렸으며, 이를 계기로 프랑스 전역에서 유사한 집단들이 도시의 통제권을 장악했다. 이때 프랑스 국기인 삼색기가 처음 사용되었는데,[118] 바스티유 습격은 혁명적 변화에서 민중의 역할을 드러낸 최초의 사례로서 프랑스 혁명의 신화가 되었다. 이러한 전무후무한 시민궐기의 정세로 인해 왕은 군대동원을 포기하고 다시 네케르를 등용하면서 시민들을 달래기 위해 노력했다. 그리고 바스티유 감옥을 습격했다는 소식은 농촌에 충격을 주었고, 오랜 봉건적 속박에 시달려 오던 농민들은 영주의 장원문서를 태우고 성곽을 약탈하는 등 대혼란에 빠졌고, 더욱이 이들은 민병대를 만들면서 조직적으로 움직였는데, 이때를 '대공포'(Grand Peur)라고 부를 정도로 농민반란은 격렬했다.[119]

루이 16세

마리 앙트와네트

농촌의 대공포가 8월초 제헌의회에 보고되자 의회는 농촌의 행정이 간단히 붕괴됐다는 것을 알았고, 이를 해결하는 방법은 오직 모든 형태의 특권을 폐지하는 길밖에 없다고 판단했다. 이에 봉건적 특권을 폐지하는 법령을 발표하는데, 이때 나온 8월 법령을 '봉건제 사망문서'라고 부른다. 이로써 농민들은 150여 종의 봉건적 부과조와 교회의 십일조를 내지 않게 되었고, 전국을 휩쓸던 반란과 공포도 점차 사라져 갔다. 봉건제 문제를 가까스로 해결한 뒤 의회는 새 헌법의 기초가 될 선언을 마련하게 되는데, 그것이 8월 26일 선언된 「인간과 시민의 권리에 관한 선언」(Déclaration des droits de l'homme et du citoyen)이다. 이는 불가침의 자연권으로서 인간과 시민의 권리를 선언하고 있으므로 일명 "인권선언"으로 불리는데, 루소의 정치철학과 미국의 독립선언에 영향을 받아 주권은 국민에게 있고, 개인의 자유에 한계가 없으나 법에 의한 한계만이 존재하며, 모든 시민은 법 앞에 평등하다는 17조의 인권선언이 이루어진다. 이것은 새로운 것이 아니라 계몽주의와 혁명기 동안의 논쟁과 타협의 산물이었고, 그러한 정치적 자유주의가 표현되었다는 데에 역사적 의의가 있다. 그러는 사이 왕은 봉건제 폐지 법안과 인권선언을 재가하기를 주저하고 있었는데, 이때 바스티유 습격과 농촌 대공포에 이은 세 번째 대중봉기가 일어난다. 이른바 '1789년 10월사건'이라고 불린다. 이는 극심한 식량난에 허덕이던 시민들이, 특히 여성들이 빵 값 상승과 국왕의 재가거부에 격분하여 일으킨 사건이다. 이들은 베르사유에서 연회가 있다는 소식을 듣고 거의 1만 명에 달하는 군중들이 빵을 달라며 베르사유로 몰려간 것이다. 10월 5일 가랑비가 오는 가운데 민중들은 약 20km나 걸어서 삼색기를 들고 베르사유 궁을 포위하고선 빵을 달라고 외쳤고, 국왕은 폭력사태로 비화될 것을 우려하여 봉건제 폐지 법안과 인권선언에 서명하고 파리로 향했다. 이로써 왕은 베르사유를 떠나 혁명의 중심지인 파리 튈러리(Tuileries) 궁에 갇히게 된 셈이다.[120]

1791년 9월 제헌의회는 프랑스 역사상 첫 헌법을 통과시켰는데, 헌법 전문은 인권선언이 장식하고, 헌법 내용에는 봉건적 특권의 폐지와 삼권 분립 그리고 의회주의가 담겨 있었다. 그러나 공화정에 대한 열망에도 불구하고 입헌군주제를 인정하는 헌법이었다. 물론 이때의 왕은 중요한 권한은 가지고 있었지만 의회로부터 견제 받는 왕이었다. 그리고 무엇보다도 권리선언을 하였지만 새로운 프랑스 헌법은 제한 선거제를 채택했다. 즉 프랑스 남자 시민 중 납세를 하는 능동시민만 투표권을 행사할 수 있었고, 그 외의 사람은 수동시민이라 하여 정치에서 배제됐는데, 이는 2천 6백 만 프랑스 인구 중 겨우 5만 명만이 선거권을 갖는다는 것을 의미했다. 물론 이때의 선거권은 이미 뽑혀 있는 선거인단에 대해 투표하는 간선제에서의 권리였다. 이리하여 1791년의 헌법은 부르주아의 이익을 반영한 데 불과했다. 헌법제정 이외에도 국민의회는 많은 개혁을 시도했다. 예컨대 낡은 지방행정 구획을 정비하여 전국을 83개 도로 나누었고, 성직자 기본법을 만들어 교회 재산을 폐지했으며, 그들을 국가 공무원으로 만들었다(물론 성직자 기본법에 대한 성직자들의 반발은 컸고, 그 법을 승인하지 않는 성직자가 많아서 주교 중 4명만이 그리고 신부들 중 1/3만이 선서했다). 따라서 1791년 제헌의회의 임기는 끝났으나 혁명에 대한 시민의 기대는 그 성과에 만족할 수 없었다고 하겠다.[121]

이렇게 해서 국민제헌의회가 끝나고 "입법의회"가 시작되었다. 재선을 금지했으므로 입법의회는 초선 의원으로 채워졌고, 무엇보다도 대혁명 이후에 활발해진 정치클럽에서 비롯된 의회 내에서의 좌파와 우파의 대립이 두드러졌다. 그것은 입헌왕정파인 푀양파(Feuillants)와 공화파인 자코뱅파(Jacobins)로 대립되어 전체 의원 745명 중 푀양파가 260명, 자코뱅파가 140명이고, 나머지는 중립이었다. 좌중을 압도했던 건 자코뱅파였는데, 이들 내부에서도 부르주아를 대변하는 온건파 지롱드파(Girondins)와 하층계급을 대변하는 급진파로 나뉘었다. 입법의회가 시작되기 전 루이 16세는 외국의 반혁명 세력과 규합할 수 있을 거라는 기대를 가지고, 1791년 6월 20일 변장을 하고 오스트리아로 망명하려고 파리를 탈출했다. 그러나 그는 바렌에서 붙잡혀 돌아왔고, 그로써 새 헌법이 군주국을 선언했지만 그는 죄인에 지나지 않았으며, 군주제 폐지론이 대두되었다. 이때 유럽 각국의 왕들은 루이 16세를 돕기 위해 1791년 8월 독일 필니츠(Pillnitz)에 모여 질서를 유지하고 프랑스 왕의 지위 회복을 요구하는 '필니츠 선언'을 하는데, 이것이 오히려 프랑스 국민들을 자극하게 된다. 이렇게 해서 영국 입헌 군주정을 모델로 하여 부르주아의 목표가 달성된 것이 프랑스 혁명의 1단계의 모습이라면, 이제 도시 노동자와 소시민 등의 민중을 주체로 공화정을 모델로 한 급진적이고 과격한 혁명의 2단계로 들어서기 시작한다.[122]

프랑스 대혁명 2단계는 1792년 여름부터 온건한 지도자들이 물러나고, 군주정 대신 공화정을 주장하는 급진주의자들에 의해 전개된다. 1792년 4월 오스트리아-프로이센 동맹군이 전쟁을 걸어왔다. 프랑스는 혼란에 빠졌고, 혁명군은 연전연패했다. 이에 지롱드 당은 책임을 지고 사퇴하고, 결국 정부는 국민에게 호소하여 의용군을 모집했으며, 파리는 전국에서 모여든 애국 청년들과 그들이 부르는 라 마르세예즈로 뜨겁게 달아올랐다. 이때 의회 내에서는 로베스피에르, 마라, 당통을 주축으로 한 자코뱅파가 주도권을 잡았고, 프랑스군의 연전연패에 왕과 왕비가 외국과 내통했다고 의심한 군중들은 튈러리 궁내로 침입해 난동을 피웠다. 게다가 오스트리아-프로이센 동맹군의 사령관 부룬스비크(Brunswick) 공은 프랑스의 국내질서의 확립 및 왕권의 재확립을 천명하고 혁명분자들을 경고하는 '부룬스비크 포고문'을 발표했는데, 이는 프랑스 국민의 심기를 건드렸고, 국민의 마음이 루이 16세에게서 완전히 떠나게 했다. 1792년 8월 프랑스군은 크게 패했고, 오스트리아-프로이센 동맹군은 파리 함락을 눈앞에 두고 있었다. 파리시민은 여기에 전면 반란으로 대응하여 폭도가 파리코뮌을 점령하고, 궁의 수비병을 학살하는 등 반란이 일어났다. 이에 의회 내 좌익 의원들이 왕권정지를 가결하고 임시정부를 수립하게 되었다. 이리하여 당통(Georges J. Danton, 1759-94)이 임시정부 수반이 되어 "국민공회"를 선포했다.[123]

⬆당통

당통은 정력적인 활동을 개시하여 외세침입을 막기 위한 군대 모집을 촉진하는 가운데, 파리의 상퀼로트와 손잡고 그들이 1792년 시민봉기로 수립한 파리코뮌의 감시위원회를 통해 가택수색을 하여 이른바 '9월 학살'을 자행한다. 이때 반혁명 혐의자나 비선서 성직자들을 재판 없이 사형에 처해 9월 2일부터 7일까지 1000명 이상이 무차별 학살되는데, 희생된 자의 70% 이상이 정치와 무관한 일반 죄수들이었다. 이렇게 피바람이 분 후에 발미전투에서 프랑스가 승리했다는 승전보가 날아들었다. 이후 프랑스는 발미전투를 기점으로 오스트리아-프로이센

군을 물리치기 시작했고, 이는 정신력의 승리요, 이 승리가 프랑스 혁명을 위기에서 구한 셈이다.

그리고 21세 이상 남자의 투표권을 인정하여 1792년 9월 20일 국민공회 첫 회합을 열고 왕정을 폐지하고, 1792년 9월 22일 공화정 1년, 즉 프랑스 제1공화국이 선포되었다. 이렇게 국민공회가 왕정을 폐지하고 공화정을 선포함으로써 루이 16세의 처형은 다가오고 있었다. 의회 내에서는 중립적인 평원파의 수가 절반 이상이었지만 실제로 주도한 세력은 우파인 지롱드당과 좌파인 자코뱅당[124]이었고, 왕의 사형문제에 대해서도 자코뱅 당은 이를 찬성하였지만 지롱드 당은 반대했다. 결국 최종표결에서 왕의 사형이 확정되어 1793년 1월 20일 10시에 튈러리 궁 앞 광장에서 루이 16세는 '시민 루이 카페'(Citizen Louis Capet)로서 기요틴(guillotine)의 이슬로 사라졌다. 이러한 왕의 사형집행은 앙시앵 레짐과의 철저한 결별을 의미했지만, 그것은 전 유럽을 경악케 하면서 프랑스를 적대시하는 계기가 되었다.[125]

루이 16세의 사형 이후에 프랑스의 주변 국가들은 프랑스 왕의 죽음에 복수하고 혁명을 저지하고자 對프랑스 대동맹을 맺었다. 그리고 국민공회 안에서 지롱드 당과 자코뱅 당의 주도권 싸움은 계속되었고, 이는 9월 학살의 책임을 따지면서 일어난 6월 폭동으로 지롱드 당이 몰락하면서 해결되었다. 이로써 국내의 반란을 진압하고, 전쟁에 효과적으로 대비하기 위해 정부는 그 권한을 공안위원회(Comité de Salut Public)에 위임하였고, 공안위와 그 보조기관은 공포정치를 시작했다. 혁명정부는 효율적인 전쟁수행을 위해서 18세에서 40세에 이르는 모든 남자를 의무병역으로 모집하였고, 이러한 과정을 통해 전쟁을 승리로 이끌 수 있었다. 그리고 전쟁 이후에는 자코뱅 식의 개혁을 단행하여 반기독교적 운동을 시작하는데, 교회는 폐쇄되고 성상(聖像)은 파괴되었으며, 귀족이라는 칭호가 없어졌고, 복장이나 두발 모양을 귀족차림에 반대하면서 보석장식이 배척되었다. 이렇게 해서 1794년 봄 국내 사정이 안정되었는데, 이때 공안위를 장악한 로베스피에르(Maximilien de Robespierre, 1758-1794)는 반대파를 숙청하고 독재정치를 확립했다. 그는 이른바 루소 식의 이상적인 덕의 공화국을 수립하고자 하여 미온적인 공화론자를 숙청하고, 모든 시민이 도덕적으로 깨끗하고 사심 없는 애국자가 되기를 바랐다. 그러나 시민들은 공포정치에 싫증을 느끼고 있었고, 마침내 국민공회는 로베스피에르를 체포하여 처형했다.[126] 이미 프랑스 국민은 군주제의 복고도 바라지 않았지만 과격한 극단에도 염증이 나 있었던 것이다.[127]

이렇게 국민공회가 해산되었는데, 새 의회는 속임수를 써서 의회를 대부분 국민공회 의원들로 채워지도록 했고, 이에 격분한 파리 시민들이 폭동을 일으켰다. 이 폭동의 진압을 실질적으로 도운 사람은 바로 나폴레옹이었고, 1795년 총통부가 집권했지만 그들은 무능하고 부패했다. 이에 나폴레옹은 대외전쟁에서 승리한 후 귀국하여 1799년 쿠데타를 일으켜 어지러운 정국을 수습하면서 집권하는 데 성공했다. 이리하여 1789년부터 1799년까지 10년간 유럽을 진동시켰던 프랑스 대혁명은 나폴레옹의 쿠데타에 의해 끝났고, 이는 이른바 나폴레옹 시대의 개막을 알리게 된다. 나폴레옹 시대는 한마디로 프랑스 혁명의 성과를 전파하여 그것을 연장했다는 역사적 의의를 갖는다.[128]

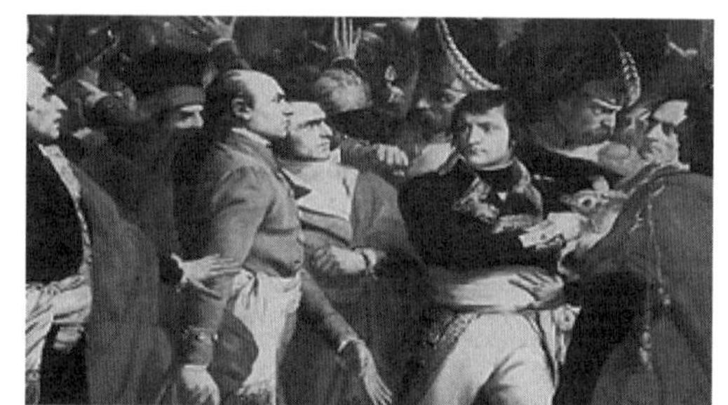

로베스피에르

이제 프랑스 혁명정신을 그림으로 나타냈다고 말해지는 들라크루아의 〈민중을 이끄는 자유의 여신〉을 살펴보도록 한다. 들라크루아(E. Delacroix, 1798-1863)는 19세기 낭만주의 지도자로서 고전주의에 대항했다. 미술사에 있어서 17세기는 바로크 시대였고, 18세기는 고전주의였는데, 고전주의는 외적 형식미를 중요하게 표현하고자 하는 합리주의 미학으로서 고대 그리스와 로마로 복귀하고자 하는 경향을 가졌다. 고전주의의 이러한 형식주의 미학에 반대하여 미에 있어서 내적 감정을 드러내고자 한 것이 낭만주의이고, 그 선구자로서 들라크루아를 들 수 있다. 고전주의가 균형·형식·자제를 중시하는 합리성을 강조했다면 낭만주의는 인간의 자연적인 감정의 발로를 중시했고, 고전주의의 미적 이상이 세련·대칭·질서를 추구했다면 낭만주의의 미적 이상은 자연적이고 야성적이며 제어되지 않은 것에 있었다. 고전주의 미술의 대표자인 앵그르(Jean Auguste Dominique Ingres, 1780-1867)는 이러한 형식미를 강조하여 소묘를 중요시한 데 반해 들라크루아는 색채를 강조하여 이들의 논쟁은 뜨거웠다고 한다.

고전주의	낭만주의
자제·중용·균형의 형식과 법칙 존중, 합리적 강조	인간의 자연적 감정의 발로 강조
세련·대칭·질서의 미적 이상	자연적인 것, 야성적인 것, 제어되지 않은 것을 선호
앵그르의 소묘 강조	들라크루아의 색채 강조

그런데 들라크루아의 〈민중을 이끄는 자유의 여신〉은 실은 프랑스 대혁명을 묘사한 것이 아니라 프랑스 7월 혁명을 묘사한 것이라고 한다. 이 그림에서 보이는 대담한 색채와 구도는 엄숙한 절제미보다는 자유분방한 감정을 추구한다는 것을 보여 준다. 이에 반해 앵그르의 유명한 작품 〈오송빌르 백작부인〉에서 우리는 대조적인 아름다움, 즉 자세한 세부묘사와 사진을 찍은 듯한 사실성 그리고 형식적 균형미를 발견할 수 있다. 들라크루아의 낭만주의 작품에서 보이는 역동

적인 느낌과는 다르게 뭔가 멈춘 것 같은 정적(靜寂)의 미를 느낄 수 있다.

2. 칸트 철학으로 본 계몽주의

계몽주의(Enlightenment)는 한마디로 18세기 대중철학이라고 할 수 있다. 즉 근대적 업적을 삶에 적용코자 하는, 그래서 논리보다 실제, 깊이보다 넓이를 추구하여 과학적 자기이해에 이르고자 하는 교양주의 철학이다. 다른 한편으로 계몽주의는 합리주의 정신에 따라 불합리를 제거하고자 했고, 이로 인해 전통과 대립했다. 따라서 계몽주의는 이성에 대한 맹목적 신뢰, 즉 이성숭배를 특징으로 한다. 즉 그것은 이성이 인간의 해방과 구원이라는 믿음에서 이성의 빛, 진보, 문화의 낙관론을 주창한, 그리하여 이성이 덕과 행복을 보장하리라는 믿음[129]이라고 할 수 있다.

이런 점에서 18세기 계몽주의는 17세기의 지적 유산이었던 자연법과 자연권 및 사회계약론을 널리 보급하는 역할을 했다. 역사 이래 어느 시대보다도 이 시대는 전통과 권위에 대해 회의를 나타낸 반면 인간이성의 능력을 확신하고 자연 질서의 조화를 믿으며, 과학적 지식의 발달과 인류문명의 진보를 낙관했던 시대였다.[130] 우선 영국의 계몽주의는 이신론(理神論, Deism)과 자유주의를 중심으로 이루어졌는데, 이신론은 고전물리학의 영향으로 자연법칙을 지배하는 기계론적인 신(神)이자 그러한 이성적 합리성을 신(神)이라고 믿는 이성종교를 말한다. 자유주의는 로크(John Lock, 1632-1704)의 주장에서 보듯이 양도 불가한 개인적 자유와 그러한 기본권인 자연권을 추구하는 논의를 말한다.[131] 그리고 프랑스의 계몽주의는 보다 과격해져서 이신론은 무신론과 유물론으로까지 진행되었다. 볼테르(Voltaire, 1694-1778), 디드로(Denis Diderot, 1713-1784), 달랑베르(Jean Le Rond d'Alembert, 1717-1783), 몽테스키외(Charles de Montesquieu, 1689-1755) 등이 당시의 모든 문화적 역량을 망라해서 편찬했다고 자부했던 『백과전서』(1751-72년; 17권 본문, 11권 도판)에 의해 프랑스 계몽주의자들은 백과전서파라고 불리게 되었고, 이들에 의해 프랑스 계몽주의 운동은 진행되어 갔다.[132] 영국과 프랑스보다는 뒤떨어져서 봉건적 잔재를 가지고 있었던 독일 계몽주의는, 스콜라철학의 유산을 가진 채 볼프학파에 의해 주도되었다. 이러한 근대의 계몽주의 운동은 그 선구자였던 루소에 의해 시작되었고, 루소의 영향을 받았던 칸트는 당시의 철학을 계몽주의적으로 집대성했다고 할 수 있다.

루소

칸트

루소(J. J. Rousseau, 1712-78)는 구름 한 점, 햇빛 한 줄기, 그림자 한 자락에 의해서도 그 영혼이 피었다가 질 수 있는 드물게 보는 세찬 감동과 고뇌의 능력을 가진 그런 영혼의 소유자였다.[133] '자연으로 돌아가라'(Retournon à la nature)라는 그의 모토를 통해 그는 프랑스 인권선언의 본래적 선구자라고 할 수 있다. 즉 자연상태에서 모든 인간은 자유롭고 평등하고 선한데, 신분 혹은 교육·교회나 국가와 같은 문화의 산물은 인간의 자연정서를 가리므로 문명은 악하다는 것이다. 따라서 그는 자연으로 돌아가서 인간의 본연의 상태를 찾아야 한다고 주장했던 것이다. 루소는 이러한 그의 사상을 사회계약론 속에서 피력했는데, 그의 사회계약론은 홉스(Thomas Hobbes, 1588-1679)나 로크와 대비되어 17세기 사회계약론의 핵심 부분을 이룬다. 사회계약론에 있어서 홉스, 로크, 루소의 공통점은, 자연상태를 전제하고 그로부터 사회계약이 생겨난다고 보는 점에 있다. 홉스는 자연상태를 만인에 대한 만인의 투쟁으로 파악하고, 로크는 자연상태를 자연법과 자연권이 있는 상태로 보며, 루소는 자연상태를 본래의 참된 상태로 바라본다. 반면에 이들 사회계약론의 차이점은, 홉스가 절대군주제를 옹호한 데 비해 로크가 입헌군주제와 권력분립을 옹호하고, 루소가 급진적 민주주의를 주장하면서 국민주권을 강조한 데 있다. 홉스는 국가를 투쟁상태인 자연상태로부터 인간을 해방시키는 것으로 봤기 때문에 절대적 군주가 필요하다고 본 반면, 로크는 국가를 개인의 자연권과 자연법의 대리자로서 그것을 지켜 줄 대상으로 보았기 때문에 입헌군주와 권력분립을 주장했으며, 루소는 자연상태의 국민이 곧 국가의 주인이므로 의회 없이 모든 권력은 국민으로부터 나오는 국가를 생각했던 것이다. 그래서 홉스는 자신의 절대군주를 무시무시한 괴물, 리바이어던(Leviathan)으로 묘사했고, 로크는 국가를 개인의 자유의 확대로 보았으며, 루소는 국가가 곧 국민 자체가 되어야 한다, 즉 의회 없는 직접 민주주의를 주장했다. 그리고 저항권의 문제에 있어서도 홉스는 자연상태로 돌아가서는 안 되기 때문에 그것을 인정하지 않았다면,

로크는 개인의 자연권과 자연법을 지키지 못하는 국가에 대해서는 저항해야 한다고 했으며, 루소는 국민의 일반의지(volonté général)가 모여 국가를 형성해야 한다고 주장했다.[134]

루소는 또한『에밀』에서 '창조주의 손에서 태어난 것은 모두 선하나 사람의 손에 의해 타락한다'[135]고 자신의 자연상태론을 주장하면서, 교육의 기초는 그러한 자연의 파라다이스적 무구함에 있다고 보고 에밀은 그러한 자연상태로 돌아가도록 교육되어야 한다고 주장한다. 괴테는 이 책을 자연복음서라고 칭송했고, 루소의 이러한 교육관은 페스탈로치 교육론의 원천이 된다. 이렇게 루소의 사유에서 드러나는 자연개념은, 계몽주의 시대에 있으면서도 그 시대 분위기를 의문시하는 것이고, 나아가 그것은 역사적으로는 계몽주의를 극복하는 위력적인 영향을 발휘하게 된다.[136]

	홉스	로크	루소
공통점	자연상태·사회계약	자연상태·사회계약	자연상태·사회계약
	만인에 대한 만인의 투쟁	자연법, 자연권	본래의 참된 상태
차이점	절대군주제	입헌군주제·권력분립	급진적 민주주의·국민주권
	리바이어던 저항권 불인정	개인의 자유확대 저항권 인정	국가는 국민자체이다, 일반의지

계몽주의 시대에 이르러서는 종교는 이성종교, 즉 이신론이 된다. 이신론은 진정한 종교가 이성 안에 있다고 보는 입장이다. 칸트(I. Kant, 1724-1804)는 이러한 이신론으로서의 이성종교에 철학적으로 기여함으로써 철학을 계몽주의적으로 집대성했다고 할 수 있다. 그는 그의『순수이성 비판』에서 순수이성의 한계를 지적하고, 순수이성은 물 자체(Ding an sich), 예컨대 형이상학, 도덕, 종교와 같은 본체계(Noumenon)와 관계된 세계는 알 수 없다고 말한다. 이로써 그가『순수이성 비

판』을 쓴 이유는, 신앙에 자리를 마련하기 위해서 지식을 제한하기 위해서라는 것이다.[137] 즉 칸트가 진정으로 구명하고 싶었던 것은 형이상학, 도덕, 종교에서 드러나는 본체계의 물 자체의 세계이고, 이러한 세계를 위해서 현상계(Phänomenon)를 드러내는 순수이성을 비판했다는 것이다. 이렇게 칸트는 순수이성에 대한 실천이성의 우위를 표현했는데, 이는 루소의 영향이 보이는 부분이다.[138] 계몽적 합리성에 대해서 그와는 다른 정신의 영역을 평가했기 때문이다.

칸트에서 실천이성은, 쉽게 말하자면 도덕적 이성, 즉 도덕법칙을 명령하는 이성이다. 이는 우리가 도덕적인 행위를 해야 할 때 우리에게 '거짓말을 하지 마라', '부모에게 효도해야 한다', '어르신께 자리를 양보해야 한다'와 같은 도덕법칙을 명령하는 이성을 말한다. 칸트에 따르면 도덕이란, 이러한 실천이성의 명령에 따라 도덕법칙인 의무를 의욕하는 삶, 즉 의무와 선의지에 따른 삶을 말한다. 칸트는 이를 선의지가 의무를 낳는 삶이라고 표현한다. 그러나 문제는 도덕이 반드시 행복에 이르는 게 아니라는 점이다. 즉 덕 있는 자가 복을 받지 못하는 경우가 많다는 것이다. 이런 까닭에 칸트는 이 세상에서는 윤리적 가치에 알맞은 행복을 기대할 수 없다[139]고 단언한다. 그렇다면 도덕의 의미는 무엇일까? 왜 도덕적이어야 할까? 여기서 루소의 『에밀』에 나오는 한 구절, 즉 신이 없다면 이승고 이 세계에 대한 인간의 의무도 무의미해진다는 말을 상기하게 된다. 인간의 의무, 즉 도덕이 무의미하지 않기 위해서는 신이 필요하다는 것이다. 다시 말해서 도덕이 유의미하기 위해서는, 우리가 아무 대가 없이 도덕을 행할 수 있기 위해서는 이 세상이 선하고 미래에 보상이 가능하다고 믿을 수 있는 존재, 즉 신이 있어야 한다는 것이다. 따라서 칸트는 최고선의 실천가능성은 오로지 도덕적 세계 창시자를 전제할 수밖에 없다[140]고 천명한다. 이것이 바로 이 세계가 합리적이고 이러한 합리적인 세계를 만든 신을 믿는 이성신앙(Vernunftglaube), 이른바 이신론인 것이다. 칸트의 철학은 바로 이러한 계몽주의적 이신론의 철학적 정당화라고 할 수 있다.

9장 낭만주의와 종교개혁

1. 노발리스의 「밤의 찬가」로 본 낭만주의

근대라는 시대적 특징이 절정에 이르면서 탄생한 계몽주의에 대해 살펴보았었다. 이제 18세기 계몽주의와 고전주의에 대한 반동으로서 등장한 낭만주의에 대해 살펴보도록 한다. 낭만주의는 다양한 지적 운동으로서 모든 예술에 영향을 주었을 뿐만 아니라 정치에도 스며들었던 19세기의 가장 중요한 문화운동이다. 고전주의 예술이 이성, 규율, 조화를 강조했다면 낭만주의는 이에 대조적으로 감정, 자유, 상상력을 열망하고, 개성, 주관성, 창조성을 높이 평가하였으며, 계몽주의 사상가들의 이성과 논리보다 직관, 감정, 느낌이 인간을 더 잘 인도한다고 믿었다.[141] 즉 낭만주의는 한마디로 고전주의의 합리주의 미학에 대해 내적 감정을 강조하는 예술사조라고 할 수 있다. 낭만주의는 1830년에 이르러 절정에 이르렀고, 문학뿐만 아니라 회화와 음악에까지 확대되었다.[142]

낭만주의가 문학사에 있어서 프랑스 고전주의에 대한 반동으로 일어났기에 영국에서 일찍 개화하였고, 프랑스에서는 가장 늦었다. 다른 지적 예술운동과 달리 낭만주의는 이전의 것과 완전히 단절하지 않고 전개된 까닭에 계몽주의 시대의 인물이었던 루소가 제기했던 주제들, 예컨대 자연, 감정, 단순성 등의 주제를 발전시켰다.[143] 루소는 계몽주의 시대 속에서 살면서도 이성이나 문명이 아닌 그 이전에 있는 자연과 정서의 중요성을 이야기했고, 그 점에서 낭만주의의 선구자로 평가된다. 스위스의 전설을 바탕으로 한 실러(J. C. F. von Schiller, 1759-1805)의 『윌리엄 텔』 그리고 자기고백이라는 낭만주의 소설의 전형을 보여 준 괴테(J. W. von Goethe, 1749-1832)의 『젊은 베르테르의 슬픔』과, 독일 지역의 전설을 바탕으로 한 괴테 평생의 역작이자 걸작인 『파우스트』 등에서 낭만주의는 최초로 시작되었다고 하겠다.[144]

우선 낭만주의 문학은 19세기 영국의 시(詩)에서 활짝 개화되는데, 워즈워드, 키이츠, 코울리지, 셸리, 바이런, 브라우닝, 테니슨 등이 유명한 영국 낭만주의 시인들이다. 워즈워드(W. Wordsworth,1770-1850)는 루소의 핵심주제를 이어받아[145] 「무지개」(My Heart Leaps Up)라는 시에서 드러나듯이 자연에 대한 신비적 사랑을 노래하였고,[146] 26세에 요절한 천재시인 키이츠(J. Keats, 1795-1821)는 「오래된 그리스 항아리」(Ode on a Grecian Urn)에서 'Beauty is Truth, Truth Beaty'를 역설하며 우리가 이 세상에서 알아야 할 것은 오직 이것뿐이라고 노래했다.[147] 남성적이며 참여적인 시를 썼던 시인으로는 코울리지(S. T. Coleridge, 1772-1834), 셸리(P. B. Shelley, 1792-1822), 바이런(B. Byron, 1788-1824)이 있는데, 이 중에서도 셸리는 「종달새」(To a Skylark)에서 보이듯이 자연에 대한 순수하면서도 정서적인 사랑을 보여 주었다.[148] 그리고 천재 여류시인 브라우닝(Elizabeth Barett Moulton, 1806-1861)은 「당신이 나를 사랑해야 한다면」(If thou must love me)에서 사랑의 영원을 통해 사랑할 것을 노래하여 사랑의 영원이라는 낭만적 이상을 보여 주었다. 이러한 영국의 낭만주의 시는 영국 빅토리아 왕조의 경제적 번영을 배경으로 탄생하여 영국문학의 모태가 되어 이후 다른 나라뿐만 아니라 현대 문학 탄생에도 줄기차게 영향을 끼쳤다.

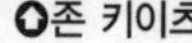
존 키이츠

E.브라우닝

프랑스 낭만주의 문학의 시작은 샤토브리앙(F. de Chateaubriand, 1768-1848)이다. 그는 낭만주의의 거장 위고가 10대에 '샤토브리앙처럼 되지 못한다면 나는 죽겠다'고 할 만큼 그의 문학적 모델이었고, 이어 라마르틴느(A. de Lamartine, 1790-1869)는 호반(湖畔)의 시인이라고 할 만큼 애인을 잃은 슬픔을 호숫가에서 삭이는 센티멘털리즘의 극치를 보여 주는 시를 썼다.[149] 또한 그는 프랑스 7월 혁명 이후에 내각의 수장이 되기도 했다. 이에 반해 비니(A. de Vigny, 1797-1863)는 낭만주의자들 가운데 가장 이지적인 면이 강한 시인이었고,[150] 이는 이후 카뮈의 부조리 문학에 직접적인 영향을 미친 것으로 평가된다. 뮈세(A. de Musset, 1810-1857)는 비니와 반대로 자유로운 감정을 표출하여[151] 프랑스의 바이런이라고 불렸다. 그리고 프랑스 낭만주의의 거장 위고(V. Hugo, 1802-1885)는 열렬한 민주주의자로서 공화정에서 왕정복고를 한 루이 나폴레옹을 비판하여 추방당하기도 했는데,[152] 그 스스로 화가이기도 해서 매우 회화적인 느낌의 시를 썼고,[153] 그의 대표작 『레미제라블』(Les Misérables)은 장발장이라는 인물을 통해 한 인간의 탈선과 불행이 개인

의 잘못보다는 사회의 잔인성에 있음을 지적하며 진정한 용서의 의미를 보여 주었다.[154]

프랑스의 낭만주의가 시민혁명의 거센 파도 속에서 이론적으로 영글어갈 수 없었던 것에 비해 독일의 낭만주의는, 철학적·관념적 성격을 가지고 질풍노도(Strum und Drang)의 격정을 노래했다. 하이네(H. Heine, 1797-1856)는 독일 낭만주의의 대표자로 반항시인 바이런과 서정시인 셸리에 비견되는 시인으로서, 자유로운 개인주의에 입각해서 메테르니히의 보수체제를 맹렬히 비판하면서도 동시에 비할 수 없이 부드러우면서도 우수를 담은 서정시를 썼는데, 이를 슈베르트나 멘델스존이 음악화하기도 했다.[155] 슐레겔 형제(A.W. Schlegel, 1767-1845; F. Schlegel, 1772-1829)는 낭만주의의 이론가로서 낭만주의 기관지가 되는 『아테나움』(Athenäum)을 발간하였고, 노발리스(Novalis, 1772-1801)는 「밤의 찬가」(Hymnen An die Nacht)라는 시와 『푸른 꽃』이라는 소설을 통해 비합리적인 신비를 좇는 낭만주의의 세계관을 독일관념론 철학에 연결시켜 노래하였는가 하면, 그것을 연금술적인 이미지와 연관시켜 소설화하였다.[156]

미술에서 낭만주의는 그 화법에 있어서 고전주의와는 근본적으로 상이했다.[157] 형체보다는 색채를 중시하고,[158] 자연에 대해 한층 더 감성적이고 시적인 접근방법을 발전시키고자 했다.[159] 낭만주의 미술의 선구자로 알려진 들라크루아는 앞 장에서 설명한 것처럼 고전적 엄숙과 절제 대신 자유분방한 감정을 발산하며 대담한 색채와 구도를 사용했다. 또한 영국의 낭만주의 화가 터너(William Turner, 1775-1851)는 관습에서 벗어나 붓질과 색채를 실험하며 생생한 색채감과 강한 상상력, 자연의 빛과 운동을 대담한 필치로 묘사했다.[160] 이렇게 해서 낭만주의 회화는 세계를 시각화하는 새로운 길을 열었고, 이는 19세기 말 모더니즘을 탄생시키는 계기를 마련해 주었다.[161]

음악에서 낭만주의는 문학과 미술에 있어서와 마찬가지로 19세기 초의 30년

노발리스

간은 각별히 낭만주의 시대였다. 18세기 고전주의의 엄격함에 반항하여 형식의 우아함보다는 감정의 격렬함을 추구하였고, 낭만주의 음악가들은 음악을 객관미로서가 아니라 인간의 내적 정서를 표현하는 수단으로서 생각했다. 이에 따라 단지 청취자를 즐겁게 하는 데 그치지 않고 공감과 감동을 불러일으키고자 했다. 베토벤(L. van Beethoven, 1770-1827)은 일찍이 음악에서 들을 수 없었던 격정을 자유분방하게 표현했다. 이로 인해 불협화음에 미친 혁신자라는 비난을 들었으나 음악을 생명 없는 형식에서 해방시켜 그것을 제한된 귀족 살롱에서 세상으로 이끌어냈다. 스스로 베토벤이 되고 싶었던 음악가 슈베르트는, 유려한 멜로디로 쾌활·우수·비통 등 모든 종류의 감정을 표현했다. 이를 통해 그는 낭만주의 음악의 정수를 표현하였고, 현대가곡(Lied)의 완성자가 되었다. 베토벤이 시작한 낭만주의 음악의 흐름은 19세기 전체를 통해 뚜렷이 계속되었다. 낭만주의는 문학과 회화에서는 19세기 후반에 들어서 쇠퇴하였으나 음악에서는 대체로 1890년대까지 계속되었는데, 이는 낭만주의가 음악의 본질에 닿는 음악운동이었기 때문에 가능했던 것이다.[162]

독일 낭만주의 음악으로는 멘델스존(F. Mendelssohn, 1809-1947)이 고전적 형식을 사용하면서도 싱싱하고 매력적인 감동을 주는 음악을 작곡하였고, 슈만(R. Schumann, 1810-1856)은 작곡·지휘·평론 등 다방면의 활동을 하면서 『음악 신잡지』(Neue Zeitschrift für Musik)를 창설했다. 슈만에 의해 대서특필되어 음악사의 3대 천재 중 한 사람으로 꼽히는 브람스(J. Brahms, 1833–1897)는, 음악의 주제 전개법에 정통한 사람이었다. 프랑스 낭만주의 음악으로는 베를리오즈(H. Berlioz, 1803–1869)가 전통적 관례를 깨고 독특한 오케스트라를 발전시켰고, 러시아는 민족주의 음악을 전개했다. 나폴레옹의 러시아 원정이 실패하였지만, 그 이후로 러시아에는 열렬한 애국심에 입각한 민족주의 음악이 생겨났다. 그것이 이른바 러시아 5인파로, 림스키–코르사코프(N. Rimsky–Korsakov, 1844–1908), 보로딘(A. Borodin, 1834–1887), 무소르그스키(M. Musorgsky, 1839–1881)에 의한 풍부한 민속 음악적 요소와 동양적인 면을 간직한 음악이다. 반면 차이코프스키(P. I. Tschaikovsky, 1840–1893)는 독일의 전통적 음악방법을 따르는 낭만파 음악을 작곡했는데, 〈비창〉은 세계적인 주목을 받았다. 쇼팽(F. Chopin, 1810–1849)은 상냥하고 우아한 음악을 작곡하여 피아노가 갖는 가능성을 최대한으로 발휘한 곡들을 작곡했다.[163]

낭만주의 음악에 와서 성악부·관현악부·드라마적 요소를 포함한 오페라가 바그너, 무소르그스키에 의해 예증되고, 베버, 생상, 구노, 비제에 의해 성장했다. 이탈리아 오페라는 로시니(G. Rossini, 1792–1868)의 경쾌하고 희극적인 오페라 〈세빌리아의 이발사〉에 의해 자극되어, 19세기 가장 위대한 오페라 작곡가 베르디(G. Verdi, 1813–1901)의 〈리골레토〉, 〈아이다〉, 〈라트라비아타〉에 의해 절정에 달했다. 베르디 오페라에 의해 오페라 작곡가가 될 결심을 한 푸치니(G. Puccini, 1858–1924)는 〈라보엠〉, 〈나비부인〉, 〈토스카〉 등의 잊을 수 없는 작품들을 작곡했다. 19세기 가장 개성적인 음악가 바그너(R. Wagner, 1813–1883)는 철저한 민족주의자로서 굉장한 감정적 충동과 열정적인 민족감정을 표현함으로써 음악극의 분야에서 혁신을 이룩했는데, 〈탄호이저〉, 〈로헨그린〉, 〈트리스탄과 이졸데〉, 〈니벨룽겐의 반지〉 등의 작품이 있다.[164]

이러한 낭만주의 사조에 대해 노발리스의 시 「밤의 찬가」(Hymnen An die

Nacht)를 통해 느껴 보도록 한다.[165] 시인이며 건축기술자였던 노발리스(Novalis, 1772-1801)는 1794년 13세 소녀 소피와의 만남에서 '최초의 15분 체험'을 한다. 2년 뒤 소피가 죽고 그녀의 무덤에서 울던 그는 그곳에서 '신비로운 체험'을 하는데, 이러한 시적 체험을 6개의 찬가로 된 비체계적이고 신비주의적인 시로 쓴 것이 「밤의 찬가」이다. 이 시는 시 속에 등장하는 '빛, 왕, 나'라는 말이 소피를 상징하면서 '잠, 꿈, 죽음'으로 표현되는 '세계의 여신의 밤'에 의해 생명을 얻는 것으로 그려지고 있다. 제1찬가에서 "나는 … 어두운 밤으로 향한다"라고 말하고선 "어두운 밤이여! 그대 역시 우리에게 호감을 느끼는가?"라고 묻는다. "세계의 여왕이여! … 그대는 나에게 밤을 생명이라고 일러주셨고, 나를 인간으로 만드셨나이다"라고 말한다. 제2찬가에서는 밤에 대한 이야기가 주를 이루는데, "밤의 지배는 … 오직 잠의 연속만이 지속될 뿐, 성스러운 잠, … 그대가 무한한 비밀을 풀어줄 열쇠를 지니고 있음을…"이라고 말한다. 제3찬가에서 "그대 밤의 기쁨, 낙원의 졸음이 나를 엄습하자, … 나는 애인의 변화된 모습을 보았다", "그녀에게 매달려 나는 새로운 생에 취한 기쁨으로 눈물을 흘렸다. 그것은 유일한 첫 꿈이었지"라고 노래한다. 이렇게 비체계적인 방식으로 밤의 세계가 생명을 얻게 된다는 메시지를 전하고 있다. 이는 애인의 무덤에 내린 밤 동안 시인이 얻은 신비로운 체험과 그 내적 세계를 자유롭게 표현한 낭만주의적 성격의 노래라고 하겠다.

2. 아우구스부르크 화의로 본 종교개혁

이제 근대의 여러 혁명적 사건 중에서도 종교개혁에 대해 살펴보도록 하겠다. 과학혁명, 산업혁명, 시민혁명이 근대의 근대성을 결정짓는 시대적 사건인데, 그러한 역사적 사건들만큼 중요한 시대적 사건이 곧 종교개혁이다. 종교개혁은 16

세기 초 독일에서 일어나서 전 유럽으로 퍼져나간다. 첫째는 16세기의 변화된 사회분위기가 그 원인이 되었다. 즉 16세기로 접어들면서 중세적 요소가 완전히 소멸하였고, 새로운 요소들, 즉 중앙집권적 국가와 자본주의적 경제가 생겨났다. 이러한 분위기 속에서 교회는 정치적 통합의 장애물로 인식되었고, 경제적으로는 교회나 수도원의 막대한 토지가 이윤추구를 위해 투자될 것이 요청되었다.[166] 다른 한편 무엇보다도 가톨릭교회의 부패가 원인이었다. 중세 교회는 정치와 유착되어 있었고, 그런 조건 속에서 성직자는 신의 대리자라는 미명 하에 위계화되면서 결과적으로 신자들이 성경과 그리스도의 복음으로 나아가는 길을 차단하면서 각종 이권을 누렸는데, 그러한 교회의 타락이 이때 극에 달한 것이었다.[167] 보다 정확하게 말해서 아비뇽 유수 이후에 교황의 권위가 실추된 가운데 성직의 겸직이 성행했을 뿐만 아니라 성직을 매매하는 등의 성직자의 타락과 부패가 만연하였고, 그와 아울러 교회의 전례(예컨대 순례)가 지나치게 형식적 타성에 빠져 있었다.[168] 이에 성직자를 불신하고 교회를 비판하면서 경건주의를 비롯한 여러 가지 종교운동이 일어나고 있었고, 이러한 분위기가 종교개혁이라는 물꼬를 통해 터져 나왔던 것이다.

16세기의 종교개혁의 전개과정은 대략 다음과 같다. 1517년 루터가 이를 시작하였고, 1555년 아우구스부르크 화의(Peace of Augusburg)에서 루터파가 인정받는 결과를 낳았다. 그러나 여기서 해결되지 못한 문제를 중심으로 16세기 중반부터 17세기 중반까지 독일, 프랑스를 중심으로 종교전쟁이 일어났고, 이는 마침내 1648년 베스트팔렌 조약이 맺어지면서 완전한 종교의 자유가 인정되기에 이른다. 이러한 전개과정에 대해 살펴보도록 한다.

루터(M. Luther, 1483-1546)가 1517년 95개조 반박문을 붙인 이후 30년 동안 그는 이 개혁운동의 주요인물로 활동했다는 점에서 종교개혁은 루터로부터 시작된다고 하는 것이 자연스럽다.[169] 루터가 면죄부에 반대하여 1517년 10월 31일 비텐

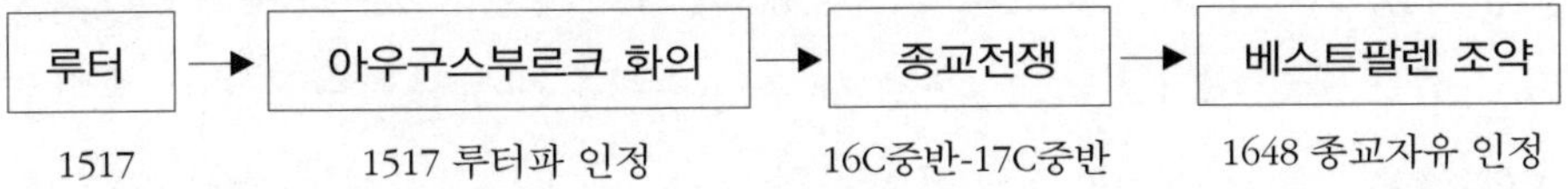

베르크(Wittenberg) 성 교회 정문에 "95개조 반박문"을 붙였을 때, 처음에 그것은 스콜라적 방법과 논박(Disputationes)이라는 행사로 이뤄지는 중세 대학의 토론문화에서 유래한 대학의 전통 속에서 이 문제에 관해 학문적 토론을 원했던 루터 개인의 의견표명일 뿐이었다. 그러나 대학 당국은 아무런 답변이 없었고, 게시 후 한 달이 채 안 되어 인쇄본이 유럽 전체로 보급되어 엄청난 파장을 일으켰다.[170] 반박문의 요지는 교황(사제)의 사죄권과 공로사상을 비판하고, 우리 죄를 사해 줄 분은 오직 예수 그리스도밖에 없음을 밝힌 것이다.[171] 루터는 엄청난 공격을 받아 자신의 입장을 밝히지 않을 수 없었고, 1518년 하이델베르크 논쟁과 1519년 라이프치히 논쟁에서 그는 하느님의 의가 "오직 그리스도의 믿음"(Sola Fide)으로 완성되며, 최고의 권위는 "오직 말씀"(Sola Scriptura)에 있음을 천명한다. 또한 그는 1520년 자신의 입장을 밝힌 세 개의 글에서 세례와 성찬 이외의 전례는 성경적인 근거가 없음을 비판한다. 이로써 루터는 1521년 로마교회에 의해 파문되고, 같은 해 보름스제국 회의에서 그는 자신의 책과 견해를 철회할 것을 거부하자 신변에 위협을 느껴 바르트부르크(Wartburg) 성에 은거하게 된다. 거기서 보낸 11개월 동안 에라스무스(D. Erasmus, 1466-1536)가 편집한 그리스어 신약성경을 독일어로 번역했고, 그 사이에 비텐베르크에서 급진파 개혁운동이 진행됨을 알고 돌아가 1522년 농민과 제후의 지지를 받는 루터파 조직을 만들어 1546년 죽을 때까지 교회 개혁 운동을 전개한다. 그러나 그의 개혁운동은 1524-25년에 일어난 농민전쟁에서 드러난 급진파와는 다르게 점진적인 개혁운동이었다.[172]

루터 이후에 독일뿐만 아니라 스위스, 프랑스, 스코틀랜드, 네덜란드 등에서 오직 믿음, 오직 성경, 오직 은혜라는 공통기반 위에서 종교개혁 운동이 전개되었다. 스위스 북부 취리히를 중심으로 한 독일어 사용권에서는 츠빙글리의 개혁운동이, 스위스 남부 제네바를 중심으로 한 프랑스어 사용권에서는 칼뱅의 개혁운동이 있었고, 그밖에 재세례파(Anabaptist)[173]의 급진적 개혁운동이 취리히를 중심으로 전개되고 있었다.[174] 츠빙글리의 선행 작업이 있었기 때문에 그를 이어 받아 칼뱅이 개혁 작업을 보다 체계적으로 진행할 수 있었다. 츠빙글리(H. Zwingli, 1484-1531)는 루터와 같은 시기에 성직 서임을 받고, 1519년 종교계시의 경험을 한 후 개혁을 실천했다. 정치적으로 취리히 시의회를 장악하고, 1525년 가톨릭교회로부터 완전히 독립했다. 1523년 1월과 10월, 1524년 1월에 개최된 토론회에서 보여준 바와 같이 그는 성사제도나 성직자금혼을 폐지하는 등 루터보다 더 과격한 개혁을 주장했고, 또한 성체성사를 단순한 상징이라고 해석하면서 루터보다 더 자유로운 성서해석을 단행했다. 이러한 토론결과는 시의회에 의해 수용되어 3차 토론이 끝난 후 교회당의 성상이 철거되는 등, 그의 개혁은 취리히에 인접한 바젤, 샤프하우젠, 베른 등지로 확산되었다. 그런데 스위스 중심부 5개의 칸톤(Kanton)은 가톨릭을 신봉하여 츠빙글리의 개혁에 반대했는데, 그는 기독교 동맹을 맺어 1529년 이들에 대해 선전포고를 하고 전쟁을 하던 중 1531년 전사했다.[175]

반면 칼뱅(J. Calvin, 1509-1564)은 루터보다 한 세대 후배이지만 오직 믿음만이라는 루터의 이신칭의(以信稱義) 신학에서 진일보된 신학체계를 제시하였고, 그가 활동했던 제네바는 세계 종교개혁 운동의 중심지가 되었다. 1533년 칼뱅은 그가 초안 작성에 도움을 주었던 지인 니콜라스 콥(Nicholas Cop, 1501-1540)의 교회개혁에 관한 연설문이 문제가 되어 피신해 스위스로 도피하였고, 그 과정에서 프랑스의 이러한 이단자 박해 때문에 그는 개신교 신앙을 갖게 되는 결정적 전환점을 맞게 되었다. 1536년 그가 제네바에 도착했을 때 거기서 개신교 신앙운동을 전개하고 있었던 기욤 파렐(Guillaume Farel, 1489-1565)이 개혁신앙운동을 함께 하자고 거듭 요청했는데, 그 강권을 하느님의 음성으로 듣고 스트라스부르로 가려던 계획을 접고 제네바 개혁운동에 참여하게 된다.[176] 1536-1538년의 제1차 제네바 개혁기와 1540-1564년의 제2차 제네바 개혁기 동안 그는 교회의 머리는 교황이 아니라 예수 그리스도로서 그 아래에 목사(Pastors), 교사(doctors), 장로(elders), 집사(deacons)의 직분을 세우고, 권징제도(勸懲; discipline)를 도입해 일종의 신정(神政)적 공화국을 건설하고자 했다.[177] 이를 통해 처음 5년간 58건의 사형과 76건의 추방을 선고하였고, 이로 인해 제네바 시의 도덕과 풍속이 향상되었다고 한다. 물론 이와 같은 규제에 대해 그 권한이 교회에 있는지 혹은 시의회에 있는지를 두고 계속 대립되었고, 권징에 대한 반발이 거셌을 뿐만 아니라 많은 반대자들이 있었는데, 그 중에서도 그의 『기독교 강요』(Christianae Religionis Institutio)를 공격한 스페인 출신의 세르베투스(Michael Servetus)를 화형에 처한 일로 그는 크게 비난을 받았다.[178] 그리고 그의 주저 『기독교 강요』는 개신교 최고의 저술로 평가 받는다. 이 책은 그의 유명한 '예정설'을 포함하여 개신교 신앙을 가르치고 박해받는 개신교의 입장을 변증하려는 의도를 갖고 있다. 여기서 피력된 주된 생각은, 구원은 이미 정해져 있으니 각자 신의 소명을 다하는 도덕적 행위 속에서 신의 은총에 닿을 수 있다는 것으로 결과적으로 현세적인 영리추구를 합리화하여 당시의 자본주의 부르주아지의 이해관계와 잘 맞아떨어졌다.[179]

루터에 의해 프로테스탄트 운동이 일어난 지 20년이 지나면서 프로테스탄트의 위협으로부터 자신을 방어하기 위해 가톨릭교회 내부에서도 개혁의 바람이 불었다. 이를 "가톨릭 종교개혁"이라고 한다. 가톨릭 종교개혁에서 중요한 역할을 담당한 것은 개혁교황들, 공의회(특히 트렌트 공의회), 예수회 등의 세 요소이다. 개혁교황으로는 1534-1590년에 이르는 바오로 3세(Paulus III, 1468-1549)로부터 식스토 5세(Sixtus V, 1520-1590)에 이르는 교황들이고, 이들 교황에게 진언하는 개혁파들로는 콘타리니파(Contarini)와 카라파파(Caraffa)가 있었다. 이러한 개혁교황들

루터

칼뱅

과 개혁파들을 중심으로 프로테스탄트와의 통합이 시도되었는데, 결국 성사문제로 양측이 타협하는 데 실패했다. 그리고 개혁교황들은 프로테스탄티즘에 대해 대책을 강구하기 위해 종교회의를 소집하여, 트리엔트 공의회가 1545-47년, 1551-52년, 1562-63년에 걸쳐 세 차례 소집되었다. 그러나 결과적으로 가톨릭 교리를 궁극적으로 재확인하는 데 그치고 말았다. 즉 프로테스탄트로부터 도전을 받았던 가톨릭교회의 정통 교리들, 예컨대 성사, 연옥, 교황의 권위, 성서와 성전 등이 가톨릭 체계에 필수적임을 선포한 것이다. 물론 면죄부 금지, 성직겸임 폐지, 일교구 일신학교 설립, 금서목록 등에 관한 개혁법령이 통과되었지만 면죄부와 관련된 교리가 재확인되고, 종교재판소가 재설치 됨으로써 가톨릭의 종교개혁은 다시 후퇴했다고 할 수 있다.[180]

그나마 가톨릭의 종교개혁 가운데 가장 성공적인 성과를 보인 것은 예수회(Societas Jesu)이다. 그 창립자는 성 이그나티우스 로욜라(Ignatius de Loyola, 1491-1556)인데, 그는 스페인에서의 전쟁 중에 종교체험을 하게 되어 지상의 세속군주의 병사가 되기보다 그리스도의 병사가 되길 원한다고 천명하게 된다. 자신의 종교체험을 명상 지침서로 만든 그의 『영적 훈련』(Exercitia Spiritualia)은 칼뱅의 『기독교 강요』 다음으로 큰 영향을 미쳤고, 1539년 수도회인 예수회를 수립했다. 예수회는 6명의 제자로 시작해서 청빈·순결·선교 사업을 통해 신을 섬기는 것을 목적으로 했는데, 그것은 단순한 수도회가 아니라 군대조직을 모방한 신앙수호를 맹세한 단체여서 엄격한 규율이 모든 회원에게 강제되었다. 특히 예수회는 그리스도교의 개종과 해외선교사업 및 학교 설립에 주력하여서 마치 프로테스탄티즘에 맞서는 돌격부대처럼 생각될 정도로 급속한 성장을 하게 되었고, 그들이 설립한 학교는 대단히 훌륭하게 운영되었다. 이로써 예수회는 가톨릭 신앙을 방어하기 위한 전적인 헌신을 하게 된다.[181]

끝으로 종교개혁은 루터와 칼뱅의 선언이 있은 후 백여 년 간의 종교전쟁을 치르고 나서야 비로소 완전하게 이루어진다. 종교전쟁은 1540–1660년에 이르는 시기 동안 개신교를 따르려는 세속 군주권과 전통적인 가톨릭 종교체계 간의 대립이라 할 수 있다. 여기에는 1540–1555년까지의 독일 전쟁, 1562–1629년의 프랑스 위그노 전쟁, 1618–1648년 독일의 30년 전쟁이 대표적이다. 그 첫 번째인 독일 전쟁은 결과적으로 "아우구스부르크 화의"(Peace of Augusburg)로 마무리된다. 1540년 독실한 가톨릭교도인 신성 로마 제국 황제 카를 5세가 루터교를 받아들인 독일의 여러 제후들을 응징하고 독일을 가톨릭으로 다시 통일시키려고 전쟁이 시작됐는데, 프로테스탄트 제후들이 패배할 경우 자신들의 독립성마저 억압될까 두려워한 가톨릭 제후들의 미온적인 지원 때문에 카를 5세의 진압시도는 실패했다. 그리하여 1555년 아우구스부르크 화의는 '지배자에 따라 종교도 결정된다'라는 원리에 입각하여 제후의 종교결정권을 인정한 것으로, 가톨릭 통치자가 처음으로 프로테스탄티즘의 합법성을 인정했다는 역사적 의의를 갖는다. 물론 루터파만 인정하여 칼뱅주의를 철저히 소외시킴으로써 그리고 개종 시에 가톨릭 영지를 포기해야 하는 문제 등의 한계로 계속되는 종교분쟁의 씨앗을 남겼다.[182]

프랑스 위그노[183] 전쟁(1562–1629)은 궁정의 대귀족 가문들이 각각 가톨릭과 프로테스탄트로 나누어지면서 정치적 대립이 격화된 데서 발생했다. 샤를 9세

(Charles IX, 1550–1574)의 모후 카트린(Catherine de Médicis, 1519–1589)은 섭정을 하면서 가톨릭과 프로테스탄트의 대립을 이용해 자신의 아들을 옹립하고자 온힘을 기울였는데, 이를 위한 첫 조치로서 프랑스의 프로테스탄트였던 위그노에게 부분적으로 종교적 자유를 허용하는 칙령을 공포하고자 했다. 그러나 이러한 조치는 보다 많은 자유를 원했던 위그노나 프로테스탄트의 탄압을 바라는 가톨릭 양파 모두에게 불만을 야기하였고, 양파의 극단분자들이 서로 상대 교회를 습격하여 난동을 부리는 전쟁을 치르게 되는데, 이를 위그노 전쟁이라고 부른다. 이때 가톨릭에 의한 위그노 학살이 시작되며, 이러한 학살은 휴전을 반복하다가 1572년 대학살이 자행되었고, 이 학살 후에 즉위한 앙리 3세(Henri III, 1551–1589)는 위그노를 탄압하게 된다. 1598년 앙리 4세(Henri IV, 1553–1610)가 '낭트칙령'(Edit de Nantes)을 선포함으로써 프로테스탄트의 종교적 자유가 마침내 선포되기에 이른다. 그러나 낭트칙령은 이후 여러 가지 우여곡절을 겪게 되고, 이로써 1629년 그라체 칙령(Edit de Gracé)이 내려진 후에야 비로소 위그노 전쟁이 완전히 종식된다고 할 수 있다.[184]

독일의 30년 전쟁(1618–1648)은 아우구스부르크 화의에서 남겨져 있었던 문제(가톨릭 재산을 점거할 수 없는 문제와 칼뱅파의 불관용 문제), 독일의 신성로마제국의 황제선출의 문제, 정치·경제·통상의 문제로 인한 발트해 진출의 문제, 그리고 이를 둘러싼 왕조적 경쟁의식이 원인이 되어 국제적 규모의 전쟁으로 확대되어 간다.[185] 1555년 아우구스부르크 화의와 1618년 전쟁 사이에 독일의 신성로마 제국 내에서 프로테스탄트와 가톨릭 간의 균형이 유지되고 있었다. 그런데 1618년 페르디난트 2세(Ferdinand II de Medici, 1620–1670)가 보헤미아의 왕위에 오르자 프로테스탄트 보헤미아 귀족들이 그를 거부하였고, 이에 그들을 탄압하자 반란을 일으켰으며, 그러자 독일의 가톨릭 세력이 프로테스탄티즘을 송두리째 뿌리 뽑을 기세로 무자비한 반격을 했다. 그러는 사이 페르디난트 2세는 1619년 신성 로마

제국 황제가 되었고, 그의 성공에 위협을 느낀 독일 제후들은 1630년 루터파 스웨덴 왕 아돌푸스(G. Adolphus, 재위 1616 1632)가 프로테스탄티즘을 옹호하기 위해 독일로 진군했을 때 그를 환영했다. 왜냐하면 독일 제후들은 기존의 종교적 균형을 원했기 때문에 그렇게 했는데, 실은 아돌푸스는 비밀리에 프랑스 가톨릭교회의 리슐리외 추기경의 지배하에 자금을 지원받고 있었다. 이에 따라 아돌푸스가 발트해에 진출하기 위해 합스부르크 제국을 물리치기는 했지만 1632년 그가 사망하자 리슐리외 추기경은 독일에 남은 스웨덴 군대를 지원할 수밖에 없었고, 결국 1648년까지 이 전쟁은 오스트리아-에스파냐 대 프랑스-스웨덴의 전쟁이 되어 독일은 전쟁터로 전락했다. 1618-1648년의 30년 전쟁 동안 독일은 전무후무할 정도로, 심지어 독일 몇몇 지역의 인구는 절반 이상이 줄 정도로 엄청난 고통을 겪었다.[186]

이러한 발트해 지배와 왕조적 경쟁의식으로 일어난 이 전쟁은 마침내 1648년 '베스트팔렌 조약'(Peace of Westfalen)으로 오랜 종교전쟁을 종식하게 된다. 베스트팔렌 조약은 종교적으로는 루터파와 칼뱅파에게 동일한 특권을 인정하고, 1624년으로 교회재산을 그대로 유지하게 하였으며, 정치적으로는 프랑스와 스웨덴이 독일지방을 할양받아 신성로마제국 표결권을 가지게 됨으로써 마침내 17세기 중기의 패권을 프랑스가 갖게 되는 결과를 낳았다. 이러한 복잡한 과정을 거쳐 루터와 칼뱅을 위시한 프로테스탄트가 종교로서 인정되었고, 유럽에서 개인의 종교적 자유가 인정되기에 이르게 되었다.[187]

10장 보수주의와 자유주의

1. 청년 헤겔로 본 나폴레옹 시대

이제 프랑스 대혁명 직후에 전개되는 시대, 즉 나폴레옹 시대에 대해 살펴본다. 시기적으로는 1799-1814년에 이르는 시기를 "나폴레옹 시대"라고 부르는데, 이 시대는 근대 정치사에서 중요한 흐름을 형성하는 시기로서, 특히 정치적 자유주의의 이념이 제시되는 시기로서 중요하다. 나폴레옹 시대는 프랑스 대혁명의 이념이 실제의 정치상황에 적용되어 제도로 확립되고, 나아가 그것이 널리 유럽에 전파되어 일반화되는 시기이다. 이러한 나폴레옹 시대는 크게 두 시기로 구분된다. 하나는 1799-1804년에 이르는 시기로 "공화정 시대"라고 불리며, 나폴레옹이 제1집정관이 되어 프랑스를 정치-군사적으로 강화하는 시기이다. 다른 하나는 1804-1814년에 이르는 "제정시대"로서 나폴레옹이 황제로 등극하여 전쟁·정복·합병·동맹으로 혁명이념을 유럽에 전파하는 시기라고 하겠다.[188] 이렇게 해서 나폴레옹은 프랑스혁명 이후 제정을 수립함으로써 혁명이념을 일부 손상시켰지만, 그의 정복전쟁을 통해 프랑스 대혁명의 복음을 유럽으로 전파하였고, 이로써 나폴레옹 시대는 프랑스 대혁명의 종점이 아니라 연장이라고 할 수 있다.[189]

나폴레옹(Napoleon Bonaparte, 1769-1821)은 프랑스 대혁명의 아들이라고 할 수 있다. 그 스스로도 혁명의 아들임을 자처했지만, 프랑스 대혁명이 유럽을 격동시키는 한 세대 동안 사람들에게 그것은 나폴레옹 보나파르트의 전쟁 혹은 그의 성공과 관계된 것처럼 보였기 때문이다.[190] 그는 페리클레스나 시저와 더불어 서양의 3대 리더십으로 불리는데, 광대한 구상력과 정확한 판단력 그리고 감상성 없는 행동력을 가지고 있었다고 한다.[191] 혁명이 일어나지 않았다면 그는 연대 지휘에 필요한 소령으로 진급하여 1795년 반란을 진압한 것으로 주목받지 못했을 것이다.[192] 그렇게 주목 받은 후 1796년 당시 사교계의 여왕이었던 조세핀(Joséphine Beauharnais, 1763-1814)과 결혼하였고, 그녀는 그에게 혁명가 엘리트에게 접근할 수 있도록 해주었으며, 이후 총통부로부터 이탈리아 원정 사령관으로 임명된다.[193] 혁명이 내준 기회로 일약 무명에서 떠오른 인물이었지만 지도자로서의 그의 능력은 놀라운 것이었다. 그는 재정·법·군사적 계획을 착상하고 그 세부사항을 철저히 파악했고, 사람들이 잠을 자지 않는다고 할 만큼 쉼 없이 일했으며, 심지어 그에게 반대했던 사람들에게까지 영감을 줄 정도였다.[194] 예컨대 이탈리아에 주둔한 오스트리아군을 격파할 때, 월급이나 보급품이 제대로 공급되지 않은 오합지졸의 프랑스 군을 단 며칠 만에 최정예 부대로 변화시키는 탁월한 지도력으로 그는 1797년 16만 명의 포로와 2천대 이상의 전리품을 가지고 귀국했다고 하는데, 그로써 그의 인기는 급상승했다.[195] 이러한 큰 인기로 인한 견제 때문에 이집트에 파병되었는데, 거기서 그는 이집트 정벌뿐만 아니라 로제타 석(Rosetta Stone)을 발굴하였고, 이후 귀국하여 쿠데타를 일으켜 1799년 집정관으로 등극하게 된다. 그리하여 혁명 이후 혼란스럽고 부패했던 총통부를 쿠데타로 무너뜨리고, '혁명은 끝났다'라고 외치면서 공화국이 자유로워지는 순간 권력에서 물러나

겠다고 선언하며 집정관의 자리에 올랐다.[196]

이때 영국은 오스트리아와 러시아를 끌어들여 대동맹을 맺고 프랑스의 진출을 저지하려 했다. 그러나 나폴레옹이 집정관에 등극한 이후에 오스트리아군을 패퇴시키는 말렝고(Marengo) 전투에서 대승하자 2차 대동맹이 붕괴되면서 라인강의 절반을 프랑스로 병합했고(1800), 이탈리아를 보호령화 했는데, 이탈리아는 오히려 그를 해방자라고 환호했다. 1801년 영국과 아미앵 조약을 맺고 휴전했다. 이로써 유럽에서 프랑스의 패권이 인정되었고, 대혁명 이후 10년 만에 평화가 찾아왔다.[197] 말렝고 전투 이후 새벽 2시에 몰래 파리로 귀환하는 나폴레옹을, 파리 시민은 폭풍우 같이 몰려들어 환영했다고 하는데, 어떤 정복자도 그렇게 환영받은 적이 없다고 기술할 정도였다고 한다.[198]

나폴레옹은 쿠데타와 정복전쟁에 그치지 않고 국가의 전반적인 체제를 정비하는 이른바 "나폴레옹 개혁"을 단행한다. 우선 도량형 통일, 단일한 세금징수 체제, 지방의 국가행정 편입, 국립은행을 설립하고 프랑스 화폐를 제조함으로써 화폐 가치를 안정시켰다. 또한 도로·교량·항만·운하를 재건함으로써 산업 활동이 활발하게 되었고, 재판을 엄격히 하고 유능한 사법관을 두어 불법과 무질서를 억제했다.[199] 그리고 나폴레옹 법전을 편찬했다. '나는 나의 법을 받아들이는 곳에 자유의 씨를 뿌리고자 한다'라고 말한 데서 볼 수 있듯이 그는 정복지에 신분제와 농노제를 폐지하였고, 이로 인해 정복민들이 그를 정복자가 아니라 해방자로 보고 환호했던 것이다. 또한 '나의 영광은 마흔 번의 전쟁승리가 아니라 내가 만든 법전이다'라고 할 만큼 대혁명의 원칙을 법전에 반영하였고, 성문법을 작성할 때에는 그 바쁜 정복전쟁의 와중에도 102번의 회의에 57번 참석할 정도로 열의를 보였다.[200] 당초 나폴레옹은 1799년 임기 10년의 집정관으로 오르는데, 이때 입법상의 토의만 하는 호민원과 표결만 하는 입법원을 두어 그가 실질적인 입법권을 장악했다. 그런데 1802년 10년만의 사회 안정을 바탕으로 그는 헌법 개정을 해서 종신집정관에 오르는데, 이는 그가 헌법을 자신의 독재권 강화에 이용한 측면을 보여 준다. 아무튼 이런 식으로 해서 나폴레옹 법전은 1789년 이래의 헌법상에 보존된 봉건적 특권 폐지를 계승하여 민법을 완성했고(1804), 이는 민법을 비롯한 7개 법전으로 확대되어 프랑스 혁명의 성과를 보존하면서 벨기에, 네덜란드, 이탈리아, 독일에 큰 영향을 주었다.[201]

그리고 나폴레옹은 국민교육제도를 도입한다. 공립초등학교, 고등학교(lycée), 직업훈련의 특수학교, 프랑스대학의 일관된 제도(1808)를 마련했다. 이 가운데 폴리테크니크(École Polytechnique)와 노르말(École Normale Supérieure)로 대표되는 최고 수준의 고등교육기관을 확립했고, 교육제도 전반을 감독할 국립대학을 창설했으며, 프랑스 학사원(Académie française)이 그 토대를 갖추도록 후원했다.[202] 지방마다 달랐던 프랑스어를 공용어로 만들고, 프랑스의 역사를 정리했으며, 반혁명 동맹군에 맞서 싸우는 가운데 스스로 프랑스 국민이라는 애국심을 고취시키면서 프랑스인을 만드는 국민교육을 실시했다.[203] 또한 종교정책으로 반발이 심했던 선서성직자 제도를 취소하고, 교황청과 관계를 개선하는 정교협약을 맺었다. 이로써 프랑스와 가톨릭교회 간의 10년 적대감이 종식됐고, 협약에 따라 교황은 프랑스의 주교해임과 성직자 징계 권한을 갖고 그 보답으로 바티칸 혁명으로 몰수된 교회재산 문제를 거론하지 않으며, 가톨릭은 국민 다수의 종교로 선포되었다. 이는 가톨릭의 유화책으로서 국민 다수의 환영을 받았다.[204] 이렇게 나폴레옹 제국은 프랑스 대혁명의 실질적인 결과들, 즉 중앙집권화 된 강력한 국가와 특권에 기반한 구체제의 종식을 유럽에 전달하였고, 그로써 프랑스 대혁명과 공포정치가 몰락한 후에 패닉 상태에 빠졌던 프랑스에 생기를 불어넣었으며, 나폴레옹의 권력하에서 교회 종소리는 다수 울리고 사람들은 음주가무를 즐길 수 있게 되었다.[205]

그리고 나서 나폴레옹은 황제에 등극하는 나폴레옹 제정시대를 연다. 그는

노트르담 교회에서 교황 비오 7세(Pius Ⅶ, 1742-1823)로부터 나폴레옹 1세로 대관하게 된다(1804). 이때 영국은 많은 자금을 들여 오스트리아와 러시아와의 3차 대동맹을 맺는데, 나폴레옹은 이미 영국에 대한 침공계획을 가지고 있었기에 1805년 울름(Ulm) 전투에서 대승했다. 이들 3개 대륙 동맹국가 모두 패배시켰는데, 자신에게 유리함을 놓치지 않는 방식으로 시의 적절하게 지휘하는 공격의 대가로 나폴레옹의 치명적인 육감에 따라 인도된 군대들은 적들에게 결정적인 패패를 안겨 주었다. 그러나 트라팔가(Tragalgar) 해전에서 넬슨(Viscount Horatio Nelson, 1758-1805)에게 대패하였지만 아우스테를리츠(Austerlitz)에서 다시 오스트리아-러시아 연합군을 대파했다. 이로 인해 신성로마제국은 해체되어 라인연방이 창설되었고, 역사 속에서 신성로마제국의 3차 대동맹은 소멸되었고, 황제 나폴레옹에게 대적할 자가 없다는 것이 입증되었다.[206] 이어서 예나(Jena)와 아우에르슈타트(Auerstadt)에서 대승하여 베를린에 입성하게 되었는데, 이곳 전투에서 독일의 지성은(특히 헤겔) 정신, 즉 세계혼을 보았다고 기술하고 있다. 1807년 프리트란트(Friedland) 전투에서 러시아에게 승리함으로써 틸시트(Tilsit) 조약을 맺게 되는데, 여기서 그는 프로이센의 영토 절반을 바르샤바 공국과 베스트팔렌 왕국으로 만들어 버림으로써 프로이센을 2류 국가로 전락시킨다. 이상으로 제정시대 이후 나폴레옹은 영국을 제외한 유럽을 좌우하게 되고, 그런 고로 틸시트 조약은 그의 전성기의 절정을 보여 준다.[207]

그러나 나폴레옹은 영국과 러시아를 '위대한 불가해'(不可解)라고 부르는데, 이 두 나라, 특히 러시아 정벌은 그의 시대의 종말을 불러오는 계기가 된다. 이때 나폴레옹은 영국에 대해 경제적인 봉쇄 시도, 즉 대륙봉쇄 정책을 실시했는데, 이를 위반했던 인근지역 나라들 중 포르투갈을 정복하여 스페인에 침공했다. 그런데 뜻밖에도 집요한 스페인의 게릴라 항전 때문에 나폴레옹은 많은 희생을 치러야 했다. 이러한 희생을 그린 스페인 화가 고야의 판화는 스페인 게릴라와 프랑스군 사이의 고문과 처형을 구역질 날 정도로 정확하게 보여 준다.[208] 그리고 러시아 정벌 직후에 나폴레옹은 조세핀과 이혼하고 오스트리아 황제의 딸과 결혼했으며(1810), 60만 명의 이 위대한 군대는 보로디노(Borodino) 전투에서 승리하여 모스크바로 진격했다(1812.9). 러시아군은 프랑스군을 직접 맞서지 않고 내륙 깊숙이 유인해서 모스크바를 점령하도록 내버려 두었다. 프랑스군은 본국에서 너무 멀리 떨어져 손실이 컸고, 모스크바 입성 직전에 러시아 파르티잔이 도시에 불을 질러 모스크바에는 검게 그을린 크렘린 궁전 벽 이외에는 아무것도 없었으며, 그 폐허 속에서 차르가 항복하기를 바라며 나폴레옹은 버텼다. 영하33도까지 떨어지는 혹한과 기아, 바닥을 알 수 없는 진흙탕 때문에 행군이 거의 정지된 상태에서 때때로 오는 코사크 기병의 기습 속에서 니멘(Niemen) 강을 건널 때 병력 1/5이 줄면서(1812.10) 그는 러시아 정벌을 포기하게 된다. 거의 30만 대군을 잃고 일부 수천 명의 부상자들이 돌아왔다. 나폴레옹의 패퇴소식은 유럽에 활기를 불어넣어 연합국은 해방전쟁을 벌인다. 이때 나폴레옹은 라이프치히 전투에서 패배하고(1813.10), 이로 인해 연합국이 파리에 입성하면서 그는 무조건 퇴위하여 엘바섬으로 추방되었고, 루이 18세가 즉위하게 된다(1814).[209]

그렇게 엘바 섬(L'île d'Elbe)에 유배되었던 나폴레옹은, 당시 왕의 무능과 귀족의 특권향유를 보고 재집권을 결심한다. 그래서 엘바 섬을 탈출하여 파리에 입성했을 때 군중의 지지는 루이 18세가 해외로 망명해야 할 정도로 대단 했지만,

1815년 6월 15일에서 18일까지 사흘간 치러진 피비린내 나는 워털루(Waterloo) 전투에서 그는 영국 웰링턴(Arthur Wellesley Wellington, 1769-1852)에게 대패하였고, 그로써 그의 결심은 백일천하로 끝나게 된다. 한때 막강한 황제였으나 이제는 추방객이 된 보나파르트는 남대서양의 외딴 섬 세인트 헬레나(L'île de Sainte-Hélène)로 유배되어 1821년 생을 마감한다.[210]

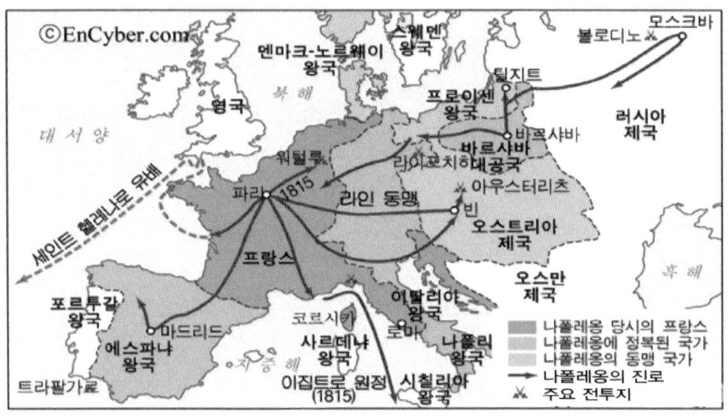

청년 헤겔(G. W. F. Hegel, 1770-1831)은 나폴레옹이 예나로 입성한 것을 보고 세계정신을 보았다고 술회했다. 과연 괴테가 문학계를 지배하고 베토벤이 음악계를 지배했던 것처럼, 확실히 헤겔은 당시 철학계를 지배하여 관념철학을 완성시켰다고 할 수 있다.[211] 튀빙겐(Tübingen) 신학생이었던 헤겔은 프랑스 혁명을 열렬히 옹호하면서 그러한 자유의 물결이 세계사적인 흐름이라고 생각했다. 헤겔은 예나에서 셸링의 추천을 받아 사강사 생활을 시작했는데, 당시 예나는 실러, 티크(Ludwig Tieck, 1773-1853), 노발리스, 슐레겔, 피히테(J. G. Fichte, 1762-1814), 셸링(F. W. Schelling, 1775-1854)이 활동하고 있었던 낭만주의의 중심이었다.[212] 1806년 10월 30일 당시 예나를 점령했던 나폴레옹을 보고, 세계정신이 말을 타고 도시를 지나가는데 마상(馬上)에서 세계를 쥐고 있는 것 같았다고 친구에게 편지를 쓴다.

낮에 예나가 프랑스 사람들에게 점령당했기 때문에 나폴레옹 황제는 그가 점령한 성벽 안에 나타났다. 나는 정찰을 위해서 말을 타고 도시를 지나가는 황제—이 세계혼(Weltseele)을 보았다. 그러한 개인을 본다는 것은 놀라운 기분이다. 그 개인은 한 곳을 집중하며, 마상에 앉아서 세계를 쥐고 그것을 지배한다. …. 목요일부터 월요일까지 사태의 진전은 오로지 이 비상한 사람에게만 가능한 일이고, 이러한 사람에 대해 놀라워하지 않는 것은 불가능하다.

– 친구 니히트함머에게 보낸 편지[213]

당시 헤겔은 『정신현상학』을 집필하고 있었는데, 나폴레옹 군대가 예나에 입성한 날 밤에 이를 탈고했고, 이날 2층 숙소에서 나폴레옹을 보고 세계를 쥐고 있는 개인을 보는 기분은 뭐라고 형언할 수 없는 기분이었다고 전했다. 괴테도 감탄하며 나폴레옹을 직접 알현하고 '나의 황제'라고 불렀고, 베토벤도 그를 위한 교향곡을 작곡했다. 헤겔은 난리 통에 집필하고 있던 『정신현상학』 원고를 들고 달아나야 했다고 한다.[214] 헤겔에 따르면 이성이 자신의 본질인 자유를 실현하기 위해서 역사적 현실을 조직하기 시작한 사건이 프랑스 대혁명이고, 그런 프랑스 대혁명이 갖는 정신의 이념을 나폴레옹이라는 인물이 드러내고 있다는 것이다.[215] 이런 식으로 나폴레옹은 당시 자유주의의 상징이자 영웅으로서 추앙되었던 것이다.

2. 보수주의·자유주의·내셔널리즘

나폴레옹이 실각하고 나서 유럽에는 다시 기존의 정치체제로 회귀하는 "보수주의" 움직임이 일어난다. 그러나 프랑스 대혁명을 통해 확인되었고, 나폴레옹에 의해 전파되었던 "자유주의"의 움직임은 역사적 대세를 이루어 막을 수 없는 물결이 되었다. 이에 보수주의와 자유주의의 투쟁 속에서 마침내 민족적 각성과 독립을 요구하는 "내셔널리즘"이 싹트게 된다. 보다 자세히 말해서, 1814-1848년에는 빈체제가 수립되어 보수주의가 등장했다. 그러나 1815-1850년까지 자유주의가 전개되는데, 그것은 낭만주의 문예사조와 함께 발전되어 갔다. 이러한 자유주의의 물결 속에서 프랑스 대혁명을 이어가는 7월 혁명과 2월 혁명이 프랑스에서 일어났다. 그리고 1850-1870년까지는 내셔널리즘이 등장하여 민족의 독립과 자유를 주장하는 운동으로 전개되었다. 이러한 내셔널리즘 속에서 독일과 이탈리아는 통일을 이루고, 이때 비스마르크는 프랑스-프로이센 전쟁에서 승리하면서 독일은 유럽의 강국으로 떠오르게 되었다.[216]

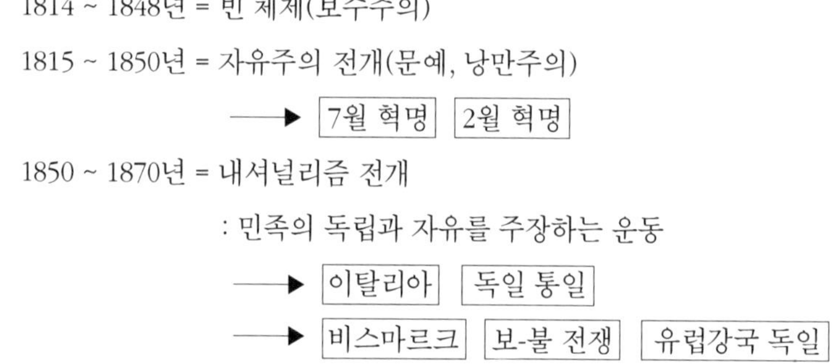

우선 보수주의의 움직임으로서 일어난 빈 체제는 '메테르니히 체제'라고 부른다. 이는 나폴레옹 전쟁 처리문제를 위해 빈 회의를 개최한 이후 30년 동안 지속된 국제 정치체제이다. 그것은 절대왕정을 위해서 유럽에서 일어난 자유주의와 민족주의를 억압하는 반동복고(反動復古)적 성격을 갖는 체제로서, '유럽에서 일어난 어떤 기존정부의 전복 행위도 탄압해야 한다'라는 기치를 든 정통주의와 세력균형을 특징으로 한다. 보다 자세히 말해서 1814년 9월 오스트리아 빈에서 회의를 하였고, 거기서 오스트리아의 재상 메테르니히(K. von Metternich, 1773-1859)가 중심이 되어 프랑스 대혁명의 이념인 자유와 평등을 말살하고 전통적인 구체제로 돌아갈 준비를 했는데, 그것이 메테르니히에 의한 국제 정치 체제이다. 이에 따라 나폴레옹에 의해 폐위되었던 왕조는 모두 부활하여 왕정복고 되었다. 즉 스페인, 네덜란드, 스위스 등은 혁명 전의 상태로 복귀하였고, 오스트리아, 러시아, 프로이센, 영국은 4국 동맹을 맺어 전시 동맹 체제를 계속하기로 했다. 이러한 집단안전보장 체제는 메테르니히 스스로 거미 숭배자라고 한 것처럼 정교하게 만들어낸 평화였지만, 실은 자유주의를 탄압하기 위한 것이었다.[217]

그러나 보수체제에 대해 여러 가지 반발이 일어났고, 특히 독일과 러시아에서는 자유주의 운동이 전개되었다. 이미 전파된 자유사상은 근절될 수 없었지만, 결국 독일과 러시아에서 있었던 일련의 반발사건들은 보수체제를 강화시키는 결과를 낳았다. 이에 따라 영국은 잠시 동안의 반동보수체제를 청산하고 자유주의로 복귀했다. 왜냐하면 영국에게는 자유주의가 그들 전통에서 자연스러웠고, 경제적인 면에서 다른 민족의 독립이 그들에게 시장 내지 원료공급에서 유리했기 때문이다. 미국은 먼로주의(Monroe Doctrine)를 채택했는데, 이는 빈체제의 4국 동맹을 아메리카 대륙에 대해 연장 적용하는 것은 미국에 대한 위협으로 간주한다는 선언이었고, 미국의 대외적인 고립주의를 표방한 것이었다. 프랑스의 루이 18세(Louis XⅧ, 1755-1824)는 혁명성과를 보존하여 대세를 거스르지 않았으나 샤를 10세(Charles X, 1757-1836)는 보수체제를 굳건히 하는 정책을 시행하였고, 이로 인해 계급간의 반감이 분출되었는데, 그것이 곧 프랑스 7월 혁명(1830)이다.[218]

이러한 자유주의 운동의 대표주자인 프랑스의 7월 혁명과 2월 혁명에 대해서 살펴보도록 한다. 영국이 빈체제를 이탈하고 미국이 먼로주의를 채택함으로써 빈체제의 4국 동맹은 실질적으로 힘이 약해졌고, 1830년부터 1850년까지 약 20년

간 개인의 자유와 평등을 요구하는 자유주의와 민족 해방 및 국가적 독립을 주장하는 내셔널리즘이 촉진되었다. 이때 1830년과 1848년의 두 차례 혁명을 통해서 프랑스는 유럽에서 자유주의를 증진시키는 데 주도적 역할을 했고, 이 두 혁명은 유럽 사람들에게 압제에서 벗어나 통일을 성취하는 민족운동, 즉 내셔널리즘에 불을 질러 놓았다.[219]

7월 혁명의 시발점은 샤를 10세의 보수적 정책에 있었다. 샤를 10세는 혁명기와 나폴레옹 시대의 유산을 뒤집어엎기로 결심한 것이다. 즉 1830년대 산업혁명의 성과가 보이지 않는 가운데 사용한 보수반동정책이 상공인들의 반발을 샀던 것이다. 대혁명 때 몰수된 귀족의 토지를 보상하기 위해 국채이자를 인하하게 되었는데, 이로 인해 국채를 소유한 중산층의 수입이 1/5 감소하는 결과가 초래되었다(1826). 또한 장자상속법을 부활시켜 부르주아 계급의 반발을 샀고, 의회의 반대에도 폴리냐크 공(Prince de Polignac, 1780-1847)을 수상에 임명하고 의회를 해산했다(1829). 게다가 왕은 그의 정책에 반대하는 공화파 의회를 해산시키면서 일련의 칙령을 공포했다. 거기에는 왕의 허가 없는 신문발간을 금지한다는 것, 부유한 토지 소유자에게만 투표권 부여(종래 유권자의 3/4 상실), 왕만이 새 헌법을 제정할 수 있다는 것 등이 포함되어 있었다. 이로써 혁명의 성과를 수용했던 루이 18세 시대의 헌장이 전적으로 철회되었고, 매우 강화된 절대 군주제가 도래하게 되었다. 이러한 조처로 샤를이 얻은 것은 혁명이었다.[220] 그러나 칙령 공포 다음날 혁명이 발발했다(1830.7.26). 노동자, 학생, 문인 등 파리 사람들은 거리에 나섰고, 급조된 바리케이트 뒤에서 3일간 치열하게 대치했다. 신문은 항의문을 게재하여 칙령을 무시하겠다고 공언하였고, 공화파 의원들은 비밀조직을 동원하여 무력봉기를 시도하였으며, 하층민들이 이에 가담했다. 그들은 1789년의 혁명과 같은 혼란이 다시 일어나는 것을 원치 않았고, 바리케이트 뒤에서 그들이 원한 것은 공화정이었다. 3일 간의 싸움 끝에 샤를 10세가 영국으로 망명했는데, 이것이 바로 "7

월 혁명"이다. 이후 7월 왕정이 수립되어 평범한 시민이었던 루이 필립(Louis Philippe, 1773-1850)을 추대하여 입헌군주제를 수립했다. 당시 부르주아 계급은 공화정이 유럽의 일반적 추세가 아니라고 믿고 루이 필립에게 훌륭한 '시민 왕'을 기대하며 그를 옹립했다. 그러나 루이 필립은 피선거권이 있는 유권자 수를 두 배로 늘려 주었지만 그들은 엄격히 재산을 소유한 부르주아계급에 한정되었고, 이에 따라 새 정부는 부르주아적 성격의 정부였고, 샤를 10세 시대와는 다른 큰 변화는 없었다.[221]

프랑스 7월 혁명이 국외로 미친 영향은 컸다. 폴란드는 러시아의 지배하에 있었는데, 7월 혁명 소식을 듣고 그들은 1830년 11월 바르샤바의 러시아 당국을 전복시키고 독립을 선포했던 것이다. 귀족, 학생, 장교 및 중간계급의 잘 조직된 연합은 차르를 몰아냈지만 러시아는 강력한 군대진압으로 무자비하게 폴란드 반란을 분쇄했고, 영국, 프랑스, 프로이센, 오스트리아 등 열국의 무관심으로 완전히 실패하고 말았다. 또한 그것은 벨기에의 독립에도 영향을 미쳤는데, 이는 오페라를 관람하던 학생들이 거리로 뛰쳐나와 시위를 하는 데서 시작되었고, 네덜란드 왕이 4국 동맹의 원조를 요청하였으나 이들 국가들이 각자의 사정으로 무응답 했다. 이에 따라 1831년 브뤼셀 회의에서 프랑스와 영국의 개입으로 벨기에의 독립이 공인되었고, 이는 1914년까지 유효했다.[222]

다음으로 2월 혁명에 대해 살펴보면, 7월 혁명이 불만족스러웠으나 국내정치는 안정되고 전반적인 번영이 이루어져 있었다. 그런데 루이 필립은 시대적 추세를 파악하지 못하고, 산업혁명에 따른 하층계급의 이익이나 의견을 무시했다. 이에 루이 필립 체제를 전복시키려는 집단이 나타났는데, 이들이 정통파, 보나파르트파, 공화파, 사회주의파이다. 이들 중 가장 활발한 움직임을 보인 것은 사회주의자들이었는데, 사회주의는 자유주의의 대척점에 있는 것으로서 후자가 개인주의와 자유방임을 요구한다면 전자는 평등을 강조한다. 그들은 19세기에 산업화의 진전으로 두드러진 사회문제가 절박한 정치적 문제라고 보았고, 그에 대한 여러 가지 해결책을 제시하면서 때론 이론적으로 때론 매우 구체적으로 등장했다. 최초의 프랑스 사회주의자로는 생시몽(C. H. de Saint-Simon, 1760-1825), 푸리에(F. M. C. Fourier, 1772-1837)의 '공상적 사회주의', 즉 유토피아적 사회주의가 있고, 1840년대 호소력 있는 사회주의자로서 블랑(L. Blanc, 1811-1882)은 모든 노동자의 이윤이 증대하는 국립공장을 건설할 것을 주장하였고, 이러한 작업장들은 1848년 혁명기간 동안 잠시 설립된 적이 있었다. 또한 프루동(P. J. Proudhon, 1808-1865)은 노동자들이 구입할 수 있는 가격으로 상품을 파는 협동조합 및 신용조합을 제안했다. 이렇게 1840년대의 경제 불황과 심화되는 비참함으로 많은 노동자들은 사회주의를 따르게 되었다.[223]

1848년 프랑스에도 산업혁명으로 인한 변화가 컸고, 노동자의 착취 또한 심각했다. 그러나 루이 필립의 새 정권은 스스로 만족하고 있다는 인상을 주었다. 게다가 노동조합 금지법이 있었고, 선거권은 인구의 1%미만에게만 부여되었다. 이러한 상황에서 노동자 및 하층계급은 혁명과 같은 출구를 찾고 있었다. 파리와 리옹에는 공화주의 협회들이 번창했는데, 1834년 정부는 이를 불법이라 선언했다. 그러자 파리와 리옹에서 반란이 일어났고, 그러던 중 1847년경 대중의 정부반대는 노골화되기 시작했으며, 수상 귀조(F. Guizot, 1787-1874)는 1848년 2월 22일로 예정된 대중 집회를 취소했다. 이에 시민들이 1830년과 같이 시가지에 바리케이트를 설치하자 귀조는 사임했고, 놀라울 정도로 짧은 시간에 왕이 폐위되었다. 그리고 공화파와 사회주의파로 된 임시정부가 수립되었다. 이러한 일련의 과정이 "2월 혁명"이다.[224] 2월 혁명에 의해 수립된 제2공화정은 매우 단명했는데, 이는 새로운 보통선거 및 그 밖의 민주적 제도에 대한 준비가 없었기 때문이다. 임시정부의 수상은 온건파이자 시인인 라마르틴느(Alphonse de Lamartine, 1790-1869)가 맡았고, 1848년 4월 선거가 실시되었으며, 사회주의자를 싫어하는 프랑스 국민들이 온건한 의원들을 선출하여 제헌의회가 구성되었다. 이때 사회주의자들의 이해관계가 반영되지 않자 파리의 노동자들과 과격한 지지자들이 6월 폭동을 일으켰는데(1848.6.23-26), 이때 삼색기 대신 적기(赤旗)가 역사상 처음으로 사용되었다. 이로 인해 만 명 이상이 처형되거나 추방되었고, 사회주의 신문은 탄압되었다. 다른 한편 의회는 제2공화정 헌법을 제정하고 언론·출판의 자유를 보장하며, 불법체포를 금지하여 평화적 집회를 인정했다. 또한 보통선거로 단원제 입법부를 수립하고, 직접선거로 대통령을 선출했는데, 이때 루이 나폴레옹(Louis Napoléon, 1808-1873)이 당선되었다. 당시까지만 해도 그다지 활약이 없는 인물이었지만 나폴레옹 1세의 후손이라는 그 이름이 주는 애매한 호소력으로 그는 다른 후보들의 득표 총합보다 두 배 이상의 표를 얻었다.[225]

루이 나폴레옹은 제2공화국의 대통령 자리에 만족하지 않고, 1851년 장기집권을 위한 쿠데타를 일으켜 임기 10년의 대통령을 승인받았다. 국민으로부터 이러한 승인을 받은 것은 그의 능력이라기보다는 나폴레옹으로 복고하려는 경향이 가져온 불로소득이었는데, 1852년 그가 나폴레옹 3세로 황제에 즉위함으로써 프랑스는 공화정이 아닌 제2제정 시대로 들어선다. 그리고 2월 혁명 후 오스트리아 빈에서는 3월 혁명이 있었고, 이로 인해 메테르니히는 세탁물에 몸을 숨기고 영국으로 도망을 갔다. 이로써 1814년 이래의 유럽의 보수주의, 즉 메테르니히 체제는 몰락했다. 다른 한편 독일의 군소 국가들은 1830년대에 관세동맹을 맺어 경제적인 통일을 기하게 되었는데, 이것이 독일의 정치적 통일로 가는 노력으로 이어지게 된다. 즉 2월 혁명의 여파로 3월 베를린 폭동이 일어났고, 이로써 헌법제정 및 독일 통일을 위한 운동을 지지하게 되어 통일독일을 위한 자유주의자들의 회의가 프랑크푸르트에서 개최되었다(1848.5.18). 통일과 관련하여 오스트리아와 보헤미아를 포함시킬 것인지 여부에 따라 대독일주의와 소독일주의 논쟁이 일어났고, 이는 통일의 주도권을 독일이 갖느냐 오스트리아가 갖느냐의 여부 때문에 일어난 논쟁으로 논의과정에서 오스트리아가 철수함으로써 회의는 결렬되었다. 이 문제는 이후 20년 동안 논쟁거리로 남게 된다.[226]

그리고 2월 혁명의 영향을 가장 예민하게 받아들였던 곳은, 오스트리아의 지배하에 있었던 이탈리아였다. 이탈리아는 일찍이 복고에 대한 반대운동으로 1830년대에 카르보나리(Carbonari)[227]라는 단체가 비밀결사운동을 일으켜 국가의 자유와 통일 및 외세 축출 운동을 한 바 있었다. 또한 극작가 만초니(Alessandro Manzoni, 1785-1873)와 시인 레오파르디(Giacomo Leopardi, 1798-1837)는 애국운동을 일으켰고, 일반대중에게는 이탈리아의 영광을 재현하는 '리소르지멘토'(risorgimento: 재생)의 기운이 널리 퍼져 있었다. 이때 마치니(Giuseppe Mazzini, 1805-1872)가 리소르지멘토의 지도자로 등장하여 청년 이탈리아 당을 결성·저항운동을 했다. 그러나 이탈리아 자체의 분열 때문에 여러 이유들이 가세하여 이러한 자유주의자의 여러 저항들은 실패하게 되었다. 그밖에도 2월 혁명의 영향으로 유럽 내에 있는 여러 소수민족의 자유주의·민족주의 운동이 일어났다. 즉 합스부르크 내의 민족운동이나 보헤미아와 헝가리의 민족운동이 그렇다. 특히 1848년 헝가리에서는 애국주의자 코투스(Louis Kossuth, 1802-1894)에 의해 자유주의 개혁이 단행되었지만 크로아티아 및 루마니아 민족주의와 불일치하여 실패했다.[228]

끝으로 2월 혁명은 내셔널리즘[229]을 자극했다. 왜냐하면 자유주의의 목표는 오직 강건한 근대적 국민국가에서만 실현될 거라고 생각되었기 때문이다. 이 때문에 거의 모든 자유주의 운동이 실패하였음에도 개혁의 운동은 저지되지 않았고, 결국 1848년 혁명의 성과는 1870년 독일과 이탈리아 통일에서 실현된다고 할 수 있다.[230] 먼저 독일의 통일은 비스마르크(Otto von Bismarck, 1815-1898)의 철혈정치에 의해 주도되었다. 프로이센의 왕 빌헬름 1세(Wilhelm Ⅰ, 1797-1888)는 군 편제를 강화하는 문제를 두고 의회의 반대에 부딪혀 곤경에 빠졌다. 이때 그는 국가와 왕에 대한 광신적 지지자였던 비스마르크를 등용하였고, 비스마르크는 의회의 반대에도 군비확장을 단행했다. 이러한 그의 정책추진은 '현재의 대문제는 연설이나 다수결에 의해서가 아니라 오직 철과 피로써 해결될 것이다'라고 한 그의 철혈정치를 보여 준다. 비스마르크는 독일통일은 프로이센 중심으로 이루어져야 하고, 그러기 위해서 제거되어야 할 대상으로 오스트리아를 지목했다. 그로써 오스트리아-프로이센 전쟁이 일어나는데, 이 전쟁은 1866년 7주간 벌어진 전쟁으로 실질적으로 5주 만에 끝났다. 프라하 조약을 통해 오스트리아에게 관대한 휴전조약을 맺고, 이후 오스트리아는 독일과 이탈리아에 대한 지배권을 완전히 상실했다.[231]

⬆비스마르크

그리고 나서 프랑스-프로이센 전쟁이 일어나는데, 그 전에 1868년 스페인 혁명이 일어나 왕위계승이 문제되었고, 이로 인해 스페인은 독일의 호헨촐레른(Hohenzollern) 가(家)에게 왕위를 계승해 줄 것을 요청했다. 프랑스의 나폴레옹 3세는 독일과 스페인이 동맹을 맺는 것을 우려하여 이를 반대했다. 호헨촐레른 가는 왕위를 사양했지만 프랑스는 그가 앞으로의 계승도 사양할 것이라는 보장을 받으려 했다. 그래서 프랑스 대사는 휴가 중인 독일의 프로이센 왕에게 부탁을 하며 무리한 요구를 했던 것이다. 이것이 '엠스 전문사건'(Ems Dispatch)을 야기한다. 즉 엠스에서 휴가 중이던 프로이센 왕은 이러한 무리한 요구를 거절하고, 비스마르크에게 이를 전문을 보내 알렸는데, 비스마르크는 이 전문내용을 바꿔 프랑스가 프로이센 왕을 모욕한 것처럼 언론에 공개한 것이다. 이것이 양국의 전쟁, 즉 프랑스-프로이센 전쟁의 발단이 되었다. 1870년 7월 독일은 신속하고 효율적으로 진격하여 3주 내에 세당(Sedan) 성을 함락했고, 7월에 시작된 전쟁은 9월에 프랑스의 패배로 끝났으며, 1870-71년 겨울 파리의 국민방위정부는 계속 저항했지만 나폴레옹 3세는 항복하고 말았다. 이로써 프랑크푸르트 조약이 맺어져 5월 20일 프랑스는 알자스-로렌을 양도하고 50억 프랑을 배상하게 되었고, 이 조약이 체결되기 직전 1871년 1월 18일 프랑스 절대주의의 상징인 베르사유 궁전 거울의 방에서 독일제국이 선포되었다. 독일 제국은 아래로부터가 아니라 위로부터의 혁명이 이루어낸 결실로서 프로이센의 자유주의자들이 기대했던 국가는 아니었지만, 빌헬름 1세는 파리의 자치시 정부인 코뮌이 절망적인 저항을 하는 가운데 독일황제로 추대되었다.[232]

주

1. J. Burckhardt, 『이탈리아 르네상스 문화』, 이기숙 역, 한길사, 2006, 249쪽.
2. W. Durant, 『문명 이야기. 르네상스 5-1』, 안인희 역, 민음사, 2011, 156-169쪽 참조.
3. W. Durant, 『문명 이야기. 르네상스 5-1』, 110-111쪽 참조.
4. J. Burckhardt, 『이탈리아 르네상스 문화』, 이기숙 역, 한길사, 2006, 247쪽, 250쪽 참조.
5. J. Burckhardt, 『이탈리아 르네상스 문화』, 247쪽.
6. W. Durant, 『문명 이야기. 르네상스 5-1』, 206쪽 참조.
7. J. Burckhardt, 『이탈리아 르네상스 문화』, 293쪽 참조; W. Durant, 『문명 이야기. 르네상스 5-1』, 250-251쪽 참조.
8. J. Burckhardt, 『이탈리아 르네상스 문화』, 293-294쪽 참조.
9. 차하순, 『서양사 총론』, 255쪽 참조.
10. W. Durant, 『문명 이야기. 르네상스 5-2』, 안인희 역, 민음사, 2011, 165쪽 참조; 오른 손이 너무 크고 목이 너무 길며, 왼발은 무릎 아래가 너무 길고 왼쪽 엉덩이는 적절히 솟아오르지 않았다는 등의 미적 결함이 있지만 작품의 전체적인 효과가 이러한 비판을 잠재운다고 한다(W. Durant, 『문명 이야기. 르네상스 5-2』, 165-166쪽 참조).
11. 의상이 과도하고 성모의 머리는 몸에 비해 너무 작으며, 무엇보다 그녀의 얼굴이 아들보다 더 젊다는 점은 흠으로 지적된다(W. Durant, 『문명 이야기. 르네상스 5-2』, 162-163쪽 참조).
12. W. Durant, 『문명 이야기. 르네상스 5-2』, 525쪽 참조.
13. W. Durant, 『문명 이야기. 르네상스 5-2』, 167쪽, 172쪽 참조.
14. W. Durant, 『문명 이야기. 르네상스 5-2』, 175쪽 참조.
15. W. Durant, 『문명 이야기. 르네상스 5-2』, 167쪽, 175쪽 참조.
16. W. Durant, 『문명 이야기. 르네상스 5-1』, 357쪽, 371쪽 참조.
17. W. Durant, 『문명 이야기. 르네상스 5-1』, 358쪽 참조.
18. W. Durant, 『문명 이야기. 르네상스 5-1』, 355쪽 참조; 네이버 두산백과(검색 항목: 모나리자).
19. 네이버 두산백과(검색 항목: 최후의 만찬).
20. W. Durant, 『문명 이야기. 르네상스 5-2』, 528-529쪽 참조.
21. 네이버 사전(검색 항목: 우신예찬).
22. T. More, 『유토피아』, 황문수 역, 종합출판 범우, 2011, 195-196쪽.
23. J. Burckhardt, 『이탈리아 르네상스 문화』, 385쪽.
24. J. G. Coffin & R. C. Stacey, 『새로운 서양 문명의 역사』 하, 손세호 역, 소나무, 2014, 24쪽 참조.

25. 차하순, 『서양사 총론』, 295쪽 참조.
26. J. G. Coffin & R. C. Stacey, 『새로운 서양 문명의 역사』 하, 25쪽 참조.
27. 차하순, 『서양사 총론』, 295쪽, 296-297쪽 참조; J. G. Coffin & R. C. Stacey, 『새로운 서양 문명의 역사』 하, 30쪽 참조.
28. 차하순, 『서양사 총론』, 295쪽 참조.
29. J. G. Coffin & R. C. Stacey, 『새로운 서양 문명의 역사』 하, 28쪽 참조.
30. J. G. Coffin & R. C. Stacey, 『새로운 서양 문명의 역사』 하, 26쪽 참조.
31. J. G. Coffin & R. C. Stacey, 『새로운 서양 문명의 역사』 하, 26-27쪽 참조.
32. J. G. Coffin & R. C. Stacey, 『새로운 서양 문명의 역사』 하, 37쪽 참조.
33. J. G. Coffin & R. C. Stacey, 『새로운 서양 문명의 역사』 하, 36쪽 참조.
34. J. G. Coffin & R. C. Stacey, 『새로운 서양 문명의 역사』 하, 37쪽 참조.
35. P. Anderson, 『절대주의 국가의 역사』, 김현일 외 역, 소나무, 1995, 87-115쪽 참조.
36. J. G. Coffin & R. C. Stacey, 『새로운 서양 문명의 역사』 하, 37쪽 참조.
37. 차하순, 『서양사 총론』, 297-298쪽 참조.
38. 차하순, 『서양사 총론』, 299쪽 참조; J. G. Coffin, 『새로운 서양 문명의 역사』 하, 39-40쪽 참조.
39. J. G. Coffin & R. C. Stacey, 『새로운 서양 문명의 역사』 하, 39-40쪽 참조.
40. 이러한 거울의 방은 이 궁전의 상징인 만큼 프랑스-프로이센 전쟁 이후 프로이센 황제의 대관식뿐만 아니라 1차 대전 이후 베르사유 조약 또한 이곳에서 거행되었다.
41. J. G. Coffin & R. C. Stacey, 『새로운 서양 문명의 역사』 하, 36쪽 참조.
42. 차하순, 『서양사 총론』, 302쪽 참조.
43. 코르네유(Pierre Corneille, 1606-1684)와 라신(Jean Racine, 1639-1699)과 같은 프랑스 고전 비극이나 몰리에르(Molière, 1622-1673)와 같은 희극 그리고 브왈로(Nicolas Boileau, 1636-1711)와 같은 비평가는 그의 후원으로 탄생할 수 있었다(차하순, 『서양사 총론』, 303쪽 참조).
44. J. G. Coffin & R. C. Stacey, 『새로운 서양 문명의 역사』 하, 26쪽, 36쪽 참조.
45. 스페인 왕의 첫째 딸이 루이 14세의 왕비였으므로 루이 14세는 장자승계의 법칙을 내세워 스페인 령 네덜란드를 프랑스의 영토라고 주장하면서 네덜란드를 왕비의 몫으로서 요구했던 것이다(차하순, 『서양사 총론』, 300쪽 참조).
46. J. G. Coffin & R. C. Stacey, 『새로운 서양 문명의 역사』 하, 41쪽 참조.
47. J. G. Coffin & R. C. Stacey, 『새로운 서양 문명의 역사』 하, 41-42쪽 참조.
48. J. G. Coffin & R. C. Stacey, 『새로운 서양 문명의 역사』 하, 38쪽 참조.
49. J. G. Coffin & R. C. Stacey, 『새로운 서양 문명의 역사』 하, 39쪽 참조; 차하순, 『서양사 총론』,

301쪽 참조.

50. J. G. Coffin & R. C. Stacey, 『새로운 서양 문명의 역사』 하, 42쪽 참조.
51. J. G. Coffin & R. C. Stacey, 『새로운 서양 문명의 역사』 하, 42쪽 참조.
52. 차하순, 『서양사 총론』, 301쪽 참조.
53. J. G. Coffin & R. C. Stacey, 『새로운 서양 문명의 역사』 하, 44-45쪽 참조; 차하순, 『서양사 총론』, 301-302쪽 참조.
54. J. G. Coffin & R. C. Stacey, 『새로운 서양 문명의 역사』 하, 45쪽 참조.
55. 차하순, 『서양사 총론』, 305-309쪽 참조.
56. J. G. Coffin & R. C. Stacey, 『새로운 서양 문명의 역사』 하, 31쪽 참조.
57. 1681년 찰스 2세가 독단적인 전제정치를 시행하자 휘그당 일부는 찰스와 제임스를 살해하고 찰스의 서자인 먼머스 공을 왕으로 옹립하고자 반란을 일으켰는데 실패로 돌아갔다
58. 차하순, 『서양사 총론』, 309-312쪽 참조.
59. W. Durant, 『문명 이야기. 르네상스 5-2』, 282쪽, 287쪽 참조.
60. N. Machiavelli, 「군주론」, 『마키아벨리와 군주론』, 김영국 편역, 서울대출판부, 1995, 153-154쪽.
61. N. Machiavelli, 「군주론」, 『마키아벨리와 군주론』, 161쪽.
62. N. Machiavelli, 「군주론」, 『마키아벨리와 군주론』, 162쪽.
63. N. Machiavelli, 「군주론」, 『마키아벨리와 군주론』, 163쪽.
64. N. Machiavelli, 「군주론」, 『마키아벨리와 군주론』, 162쪽 참조.
65. N. Machiavelli, 「군주론」, 『마키아벨리와 군주론』, 190쪽 참조.
66. N. Machiavelli, 「군주론」, 『마키아벨리와 군주론』, 166쪽.
67. N. Machiavelli, 「군주론」, 『마키아벨리와 군주론』, 167쪽.
68. N. Machiavelli, 「군주론」, 『마키아벨리와 군주론』, 167-168쪽.
69. N. Machiavelli, 「군주론」, 『마키아벨리와 군주론』, 168쪽.
70. N. Machiavelli, 「군주론」, 『마키아벨리와 군주론』, 120쪽 참조.
71. N. Machiavelli, 「군주론」, 『마키아벨리와 군주론』, 80쪽, 120-121쪽 참조.
72. W. Durant, 『문명 이야기. 르네상스 5-2』, 296쪽, 302쪽 참조.
73. 차하순, 『서양사 총론』, 326-327쪽 참조.
74. 차하순, 『서양사 총론』, 330-335쪽 참조.
75. 차하순, 『서양사 총론』, 339쪽 참조.
76. 차하순, 『서양사 총론』, 354쪽 참조.
77. 차하순, 『서양사 총론』, 340-341쪽, 349쪽 참조.

78. 차하순, 『서양사 총론』, 339쪽 참조.
79. 차하순, 『서양사 총론』, 342쪽 참조.
80. 차하순, 『서양사 총론』, 342쪽 참조.
81. 손영운·이동철, 『코페르니쿠스와 과학혁명』, 주니어 김영사, 2016, 52쪽 참조.
82. 물론 칼릴레이 또한 그의 망원경 관찰 속에서 달을 중심으로 천상과 지상을 나누는 아리스토텔레스 우주론이 틀렸음을 발견할 수 있었다. 그리고 망원경으로 목성 주위를 도는 4개의 위성을 발견함으로써 우주의 중심인 지구 이외에는 천체를 거느릴 수 없다는 천동설로는 설명되지 않는 지동설의 가능성을 제시했다. 또한 태양의 흑점을 발견하여 그것이 움직인다는 걸 알아냄으로써 지구가 공전하고 있다는 증거를 발견해냈다(손영운·이동철, 『코페르니쿠스와 과학혁명』, 78–88쪽 참조).
83. 손영운·이동철, 『코페르니쿠스와 과학혁명』, 89쪽 참조.
84. 차하순, 『서양사 총론』, 348쪽 참조.
85. 차하순, 『서양사 총론』, 393쪽.
86. 차하순, 『서양사 총론』, 393쪽 참조.
87. 오늘날은 이미 과학과 기술이 하나로 결합되어 과학기술이라 불리고, 어떤 의미에서 과학이 기술을 좇아가는 형편이지만, 당시만 해도 과학과 기술은 따로 연구되고 전자가 우위에 놓이는 상황이었다. 그런 점에서 와트의 증기기관은 당시로서는 과학과 기술이 결합한 혁신적인 사례라 할 수 있고, 그것은 오늘날 강조되는 산학협력의 최초의 형태라고 하겠다.
88. 차하순, 『서양사 총론』, 396쪽 참조; J. G. Coffin & R. C. Stacey, 『새로운 서양 문명의 역사』 하, 226–227쪽 참조.
89. 차하순, 『서양사 총론』, 397쪽 참조.
90. 차하순, 『서양사 총론』, 398–399쪽 참조.
91. J. G. Coffin & R. C. Stacey, 『새로운 서양 문명의 역사』 하, 241쪽 참조.
92. J. G. Coffin & R. C. Stacey, 『새로운 서양 문명의 역사』 하, 259쪽 참조.
93. J. G. Coffin & R. C. Stacey, 『새로운 서양 문명의 역사』 하, 257쪽 참조.
94. J. G. Coffin & R. C. Stacey, 『새로운 서양 문명의 역사』 하, 222쪽, 259쪽 참조.
95. 차하순, 『서양사 총론』, 399쪽 참조.
96. J. G. Coffin & R. C. Stacey, 『새로운 서양 문명의 역사』 하, 259쪽 참조.
97. 차하순, 『서양사 총론』, 425쪽 참조.
98. J. G. Coffin & R. C. Stacey, 『새로운 서양 문명의 역사』 하, 220쪽 참조.
99. 차하순, 『서양사 총론』, 425쪽 참조.
100. 차하순, 『서양사 총론』, 425쪽 참조.

101. J. G. Coffin & R. C. Stacey, 『새로운 서양 문명의 역사』 하, 242-243쪽 참조.

102. 네이버 두산백과(검색항목: 수질오염).

103. J. S. Mill, 『공리주의』, 서병훈 역, 책세상, 2008, 80쪽 참조.

104. J. S. Mill, 『공리주의』, 75쪽 참조.

105. J. S. Mill, 『공리주의』, 24-25쪽 참조.

106. James Rachels, 『도덕철학』, 김기순 역, 서광사, 1989, 140쪽 참조.

107. 차하순, 『서양사 총론』, 426쪽 참조.

108. J. S. Mill, 『공리주의』, 129쪽 참조.

109. J. G. Coffin & R. C. Stacey, 『새로운 서양 문명의 역사』 하, 329쪽 참조.

110. 김세라·박종호, 『프랑스 대혁명』, 주니어 김영사, 2014, 14쪽, 17쪽 참조.

111. '국민의회'는 신분회 소집 이후에 제3신분 스스로가 국민의 대표자라고 자신들을 지칭하면서 부른 이름이고, 국민의회가 프랑스 헌법을 세정하겠다고 천명한 테니스코트 선언 이후부터 입법에 들어가면서 '국민제헌의회'로 성격이 바뀐다. 여기서 프랑스 대혁명의 1단계가 마무리된다. 제헌의회 이후에 혁명의 성과를 이어가기 위해 초선 의원으로 채워진 것이 '입법의회'이고, 의회 내에서 좌파와 우파의 대립이 극화되는 가운데 공포정치와 더불어 등장한 것이 '국민공회'이다. 여기서 프랑스 대혁명의 2단계가 전개된다.

112. 김세라·박종호, 『프랑스 대혁명』, 14-16쪽, 45-47쪽 참조.

113. 차하순, 『서양사 총론』, 370-372쪽 참조; 김세라·박종호, 『프랑스 대혁명』, 32-49쪽 참조.

114. 신분회 소집 이전에 루이 16세는 1774년부터 4명의 재무총감을 기용하면서 재정위기를 타계하고자 나름대로 노력을 했다. 첫 번째 기용되었던 튀르고는 특권층에도 과세하려 했다가 파면되었고, 국민적 신망이 있었던 네케르 또한 온건한 방식으로 이를 수행하려다 물러났다. 이어 임명된 칼론은 1신분과 2신분을 위주로 한 명사회를 소집해 세금납부에 대해 협조를 구했으나 이를 신분회에서 결정해야 한다며 미루어 아무런 성과가 없었다. 표결이 신분별로 이루어지고 거부권도 행사할 수 있는 신분회에 떠넘기는 것이 그들에게 유리하다고 생각한 까닭이었다. 다시 브리엔이 재무총감이 되어 왕의 재가도 받지 않고 신분회 소집을 공포했고, 이어 네케르가 다시 임명되어 신분회 소집에 대한 왕의 재가를 받아내었던 것이다(김세라·박종호, 『프랑스 대혁명』, 57-59쪽 참조; 차하순, 『서양사 총론』, 373쪽 참조).

115. 무니에는 국민의회의 의장을 지낸 사람이고, 시에예스는 『제3신분이란 무엇인가』라는 책에서 혁명의 이론적 기초를 세운 사람이다(김세라·박종호, 『프랑스 대혁명』, 64쪽 참조).

116. 차하순, 『서양사 총론』, 372-374쪽 참조; 김세라·박종호, 『프랑스 대혁명』, 52-64쪽 참조; J. G. Coffin & R. C. Stacey, 『새로운 서양 문명의 역사』 하, 170-171쪽 참조.

117. 상퀼로트는 귀족의 상징인 퀼로트를 입지 않았다는 의미로 주로 하층민이 입는 옷을 가리키는

데, 이는 평민남자를 이르는 말이다.(J. G. Coffin & R. C. Stacey, 『새로운 서양 문명의 역사』 하, 172쪽 참조; 김세라·박종호, 『프랑스 대혁명』, 131쪽 참조).

118. 삼색기는 수도를 의미하는 적청색과 부르봉 왕가의 색인 백색을 합친 것이다(부르봉 기는 백색 바탕에 백합꽃이 있다)(차하순, 『서양사 총론』, 374쪽 참조).

119. 차하순, 『서양사 총론』, 374-375쪽 참조; 김세라·박종호, 『프랑스 대혁명』, 64-74쪽 참조; J. G. Coffin & R. C. Stacey, 『새로운 서양 문명의 역사』 하, 172쪽 참조.

120. 차하순, 『서양사 총론』, 375-376쪽 참조; 김세라·박종호, 『프랑스 대혁명』, 75-95쪽 참조; J. G. Coffin & R. C. Stacey, 『새로운 서양 문명의 역사』 하, 172쪽 참조.

121. 차하순, 『서양사 총론』, 376-377쪽 참조; 김세라·박종호, 『프랑스 대혁명』, 119쪽 참조; J. G. Coffin & R. C. Stacey, 『새로운 서양 문명의 역사』 하, 176-177쪽 참조.

122. 차하순, 『서양사 총론』, 377-378쪽 참조; 김세라·박종호, 『프랑스 대혁명』, 102-121쪽 참조; J. G. Coffin & R. C. Stacey, 『새로운 서양 문명의 역사』 하, 179-180쪽 참조.

123. 차하순, 『서양사 총론』, 378쪽 참조; 김세라·박종호, 『프랑스 대혁명』, 124-137쪽 참조; J. G. Coffin & R. C. Stacey, 『새로운 서양 문명의 역사』 하, 181-182쪽 참조.

124. 자코뱅당은 파리 상퀼로트의 지지를 얻어 선출된 의원들이었고, 의회에서 주로 경사가 급한 꼭대기에 앉아서 산악파(Montagnards)라고도 불렸다(김세라·박종호, 『프랑스 대혁명』, 144쪽 참조).

125. 차하순, 『서양사 총론』, 378-381쪽 참조; 김세라·박종호, 『프랑스 대혁명』, 134-135쪽, 138-150쪽 참조; J. G. Coffin & R. C. Stacey, 『새로운 서양 문명의 역사』 하, 184-185쪽 참조.

126. 로베스피에르 처형을 '테미도르의 반동'이라고 부르는데, 이는 혁명력에 따라 7월 19일에서 8월 18일까지를 테미도르(Thermidor; 熱月)라고 부르는 데서 비롯되었다(차하순, 『서양사 총론』, 383쪽 참조).

127. 차하순, 『서양사 총론』, 381-383쪽 참조.

128. 차하순, 『서양사 총론』, 383-384쪽 참조.

129. J. Hirschberger, 『서양철학사』 하, 강성위 역, 이문출판사, 1992, 365-366쪽 참조.

130. 차하순, 『서양사 총론』, 357쪽 참조.

131. J. Hirschberger, 『서양철학사』 하, 366-369쪽 참조.

132. J. Hirschberger, 『서양철학사』 하, 369-373쪽 참조; 차하순, 『서양사 총론』, 360쪽 참조.

133. G. Lanson, 『랑송 불문학사』, 정기수 역, 을유문화사, 1999, 478쪽 참조.

134. J. Hirschberger, 『서양철학사』 하, 374-376쪽 참조.

135. J. J. Rousseau, 『에밀』, 정봉구 역, 범우사, 2008, 31쪽 참조.

136. J. Hirschberger, 『서양철학사』 하, 376-379쪽 참조.

137. I. Kant, 『순수이성비판』 1, 백종현 역, 아카넷, 2010, 191쪽 참조.
138. J. Hirschberger, 『서양철학사』 하, 379쪽 참조.
139. I. Kant, 『실천이성비판』, 백종현 역, 아카넷, 2009, 247쪽 참조.
140. I. Kant, 『실천이성비판』, 227쪽, 247쪽 참조.
141. J. G. Coffin & R. C. Stacey, 『새로운 서양 문명의 역사』 하, 286-287쪽, 290쪽 참조.
142. 차하순, 『서양사 총론』, 458쪽 참조.
143. J. G. Coffin & R. C. Stacey, 『새로운 서양 문명의 역사』 하, 287쪽 참조.
144. 차하순, 『서양사 총론』, 458쪽 참조.
145. J. G. Coffin & R. C. Stacey, 『새로운 서양 문명의 역사』 하, 287쪽 참조.
146. W. Wordsworth, 『수선화』, 김기태 편역, 태학당, 1997. 16-17쪽 참조.
147. J. Keats, 『키이츠의 명시』, 이재호 편역, 한림출판사, 1985, 88-91쪽, 139-141족 참조.
148. P. B. Shelley, 『시인의 꿈』, 강대건 역, 민음사, 1991, 38-59쪽 참조.
149. Cho Kyu-Chul, Poésies Choisies Du ⅩⅨe Siècle, Shinasa, 1995, 9-25쪽 참조.
150. Cho Kyu-Chul, Poésies Choisies Du ⅩⅨe Siècle, 26-43쪽 참조.
151. Cho Kyu-Chul, Poésies Choisies Du ⅩⅨe Siècle, 61-66쪽 참조.
152. 차하순, 『서양사 총론』, 461쪽 참조.
153. Cho Kyu-Chul, Poésies Choisies Du ⅩⅨe Siècle, 44-57쪽 참조.
154. 차하순, 『서양사 총론』, 460-461쪽 참조.
155. 차하순, 『서양사 총론』, 460쪽 참조.
156. Novalis, 『밤의 찬가』, 윤동하 역, 태학당, 1994, 88-108쪽 참조.
157. 앞 장인 "8-1.들라크루아 그림으로 보는 프랑스대혁명"에서 설명했으니 참조 바람.
158. 차하순, 『서양사 총론』, 462쪽 참조.
159. J. G. Coffin & R. C. Stacey, 『새로운 서양 문명의 역사』 하, 291쪽 참조.
160. 차하순, 『서양사 총론』, 463쪽 참조; J. G. Coffin & R. C. Stacey, 『새로운 서양 문명의 역사』 하, 291쪽 참조.
161. J. G. Coffin & R. C. Stacey, 『새로운 서양 문명의 역사』 하, 291쪽 참조.
162. 차하순, 『서양사 총론』, 464-466쪽 참조.
163. 차하순, 『서양사 총론』, 466-467쪽 참조.
164. 차하순, 『서양사 총론』, 466-468쪽 참조.
165. Novalis, 『밤의 찬가』, 윤동하 역편, 태학당, 1994, 15-80쪽 참조.
166. 차하순, 『서양사 총론』, 270쪽 참조.
167. 황희상, 『특강 종교개혁사』, 흑곰북스, 2016, 20-35쪽 참조.

168. 차하순, 『서양사 총론』, 269쪽 참조.

169. 이상규, 『종교개혁의 역사』, SFC, 2016, 29쪽 참조.

170. 강영안, 『종교개혁과 학문』, SFC, 2016, 29-34쪽, 37-38쪽 참조; 이상규, 『종교개혁의 역사』, 32쪽 참조.

171. 이상규, 『종교개혁의 역사』, 33쪽 참조.

172. 이상규, 『종교개혁의 역사』, 34-44쪽 참조.

173. 재세례파는 츠빙글리와 결별하여 유아세례는 성경적인 근거가 없다고 하면서 성인이 된 후의 신자의 세례를 통해 자유교회를 설립해야 한다고 주장했고, 교회와 국가의 완전한 분리를 주장했다(이상규, 『종교개혁의 역사』, 59쪽 참조).

174. 이상규, 『종교개혁의 역사』, 49-50쪽 참조.

175. 차하순, 『서양사 총론』, 274쪽 참조; 이상규, 『종교개혁의 역사』, 50-63쪽 참조.

176. 이상규, 『종교개혁의 역사』, 65-76쪽 참조.

177. 이상규, 『종교개혁의 역사』, 76-84쪽; CBS 종교개혁 500주년 기획단, 『교양 종교개혁 이야기』, 48쪽 참조; 차하순, 『서양사 총론』, 274쪽 참조.

178. 이상규, 『종교개혁의 역사』, 83-87쪽 참조.

179. 이상규, 『종교개혁의 역사』, 70-73쪽 참조; 차하순, 『서양사 총론』, 275쪽 참조.

180. 차하순, 『서양사 총론』, 278-280쪽 참조; J. G. Coffin & R. C. Stacey, 『새로운 서양 문명의 역사』 상, 693쪽 참조.

181. 차하순, 『서양사 총론』, 280-281쪽 참조; J. G. Coffin & R. C. Stacey, 『새로운 서양 문명의 역사』 상, 694-695쪽 참조.

182. J. G. Coffin & R. C. Stacey, 『새로운 서양 문명의 역사』 상, 706-707쪽 참조; 차하순, 『서양사 총론』, 282-283쪽 참조.

183. 위그노(Huguenots)란 칼뱅주의자를 일컫는 말로서 1562년 프랑스 인구의 10-20퍼센트를 차지하였고, 날로 그 수가 늘어나고 있었다(J. G. Coffin & R. C. Stacey, 『새로운 서양 문명의 역사』 상, 707쪽 참조).

184. 차하순, 『서양사 총론』, 287-288쪽 참조.

185. 차하순, 『서양사 총론』, 289쪽 참조.

186. J. G. Coffin & R. C. Stacey, 『새로운 서양 문명의 역사』 상, 714-716쪽 참조.

187. 차하순, 『서양사 총론』, 290-291쪽 참조.

188. 차하순, 『서양사 총론』, 386쪽 참조.

189. 차하순, 『서양사 총론』, 384쪽 참조.

190. J. G. Coffin & R. C. Stacey, 『새로운 서양 문명의 역사』 하, 192쪽 참조.

191. 네이버 두산백과(검색항목: 나폴레옹 1세).

192. J. G. Coffin & R. C. Stacey, 『새로운 서양 문명의 역사』 하, 193쪽 참조.

193. 차하순, 『서양사 총론』, 386쪽 참조; J. G. Coffin & R. C. Stacey, 『새로운 서양 문명의 역사』 하, 197쪽 참조.

194. J. G. Coffin & R. C. Stacey, 『새로운 서양 문명의 역사』 하, 193쪽 참조.

195. 네이버 캐스트 사전(검색항목: 나폴레옹 1세).

196. 네이버 캐스트 사전(검색항목: 나폴레옹 1세).

197. 차하순, 『서양사 총론』, 386-387쪽 참조.

198. 네이버 캐스트 사전(검색항목: 나폴레옹 1세).

199. 차하순, 『서양사 총론』, 387-388쪽 참조; 네이버 학생백과(검색항목: 나폴레옹)

200. 네이버 캐스트 사전(검색항목: 나폴레옹 1세).

201. 차하순, 『서양사 총론』, 387-388쪽 참조; J. G. Coffin & R. C. Stacey, 『새로운 서양 문명의 역사』 하, 194-195쪽 참조.

202. 차하순, 『서양사 총론』, 388쪽 참조; J. G. Coffin & R. C. Stacey, 『새로운 서양 문명의 역사』 하, 195-196쪽 참조.

203. 네이버 학생백과(검색항목: 나폴레옹).

204. 차하순, 『서양사 총론』, 388쪽 참조; J. G. Coffin & R. C. Stacey, 『새로운 서양 문명의 역사』 하, 196쪽 참조.

205. J. G. Coffin & R. C. Stacey, 『새로운 서양 문명의 역사』 하, 198쪽 참조; 네이버 캐스트 사전(검색항목: 나폴레옹 1세)

206. 차하순, 『서양사 총론』, 388-389쪽 참조; J. G. Coffin & R. C. Stacey, 『새로운 서양 문명의 역사』 하, 197-198쪽 참조.

207. 차하순, 『서양사 총론』, 389쪽 참조.

208. 차하순, 『서양사 총론』, 389-390쪽 참조; J. G. Coffin & R. C. Stacey, 『새로운 서양 문명의 역사』 하, 201-202쪽 참조.

209. 차하순, 『서양사 총론』, 390-391쪽 참조; J. G. Coffin & R. C. Stacey, 『새로운 서양 문명의 역사』 하, 202-205쪽 참조.

210. 차하순, 『서양사 총론』, 391-392쪽 참조; J. G. Coffin & R. C. Stacey, 『새로운 서양 문명의 역사』 하, 205쪽 참조.

211. W. Durant, 『철학 이야기』, 황문수 역, 문예출판사, 2006, 327쪽 참조.

212. W. Durant, 『철학 이야기』, 325-326쪽 참조.

213. 네이버 서울대철학사상연구소(검색항목: 헤겔); G. F. W. Hegel, 『역사철학 강의』, 권기철 역,

동서문화사, 2015, 526쪽 참조.

214. W. Durant, 『철학 이야기』, 326쪽 참조.

215. G. F. W. Hegel, 『역사철학 강의』, 492쪽 참조.

216. 차하순, 『서양사 총론』, 405쪽 참조.

217. 차하순, 『서양사 총론』, 406-408쪽 참조; J. G. Coffin & R. C. Stacey, 『새로운 서양 문명의 역사』 下, 264-266쪽 참조.

218. 차하순, 『서양사 총론』, 408-411쪽 참조.

219. 차하순, 『서양사 총론』, 413쪽 참조.

220. 차하순, 『서양사 총론』, 413-414쪽 참조; J. G. Coffin & R. C. Stacey, 『새로운 서양 문명의 역사』 下, 296-297쪽 참조.

221. 차하순, 『서양사 총론』, 414-415쪽 참조; J. G. Coffin & R. C. Stacey, 『새로운 서양 문명의 역사』 下, 297쪽 참조.

222. 차하순, 『서양사 총론』, 415-416쪽 참조; J. G. Coffin & R. C. Stacey, 『새로운 서양 문명의 역사』 下, 297-299쪽 참조.

223. 차하순, 『서양사 총론』, 416-417쪽 참조; J. G. Coffin & R. C. Stacey, 『새로운 서양 문명의 역사』 下, 279-280쪽 참조.

224. 차하순, 『서양사 총론』, 417쪽 참조; J. G. Coffin & R. C. Stacey, 『새로운 서양 문명의 역사』 下, 305쪽 참조.

225. 차하순, 『서양사 총론』, 417-419쪽 참조J. G. Coffin & R. C. Stacey, 『새로운 서양 문명의 역사』 下, 305-307쪽 참조.

226. 차하순, 『서양사 총론』, 419-421쪽 참조; .J. G. Coffin & R. C. Stacey, 『새로운 서양 문명의 역사』 下, 268쪽 참조.

227. 카르보나리(Carbonari)란 구성원이 숯으로 얼굴을 검게 칠한 데서 유래한 명칭이다(J. G. Coffin & R. C. Stacey, 『새로운 서양 문명의 역사』 下, 268쪽 참조).

228. 차하순, 『서양사 총론』, 421쪽 참조.

229. 국가(Nation)라는 말은 '태어나다'를 의미하는 라틴어 동사 'nasci'에서 왔고, 이에 따라 국가는 '공통적 탄생'을 의미한다. 이에 따르면 내셔널리즘(Nationalism)이란 역사적·지리적·문화적·정치적 전통을 공유하는 하나의 공동체에 속해 있다는 생각으로 정의될 수 있다(J. G. Coffin & R. C. Stacey, 『새로운 서양 문명의 역사』 下, 283쪽, 312쪽 참조).

230. 차하순, 『서양사 총론』, 422-423쪽 참조; J. G. Coffin & R. C. Stacey, 『새로운 서양 문명의 역사』 下, 313쪽 참조.

231. 차하순, 『서양사 총론』, 438-440쪽 참조.

232. 차하순, 『서양사 총론』, 440-441쪽 참조; J. G. Coffin & R. C. Stacey, 『새로운 서양 문명의 역사』 하, 337-341쪽 참조.

Ⅲ. 문화-예술로 본 현대사

11장 제국주의 시대

1. 리얼리즘 문학과 영국·프랑스·독일의 발전

1870년부터 1914년까지의 시기는 자본주의가 제국주의로 발전하는 시기이다. 한편으로는 자본주의의 발달과 이로부터 소외된 노동자를 옹호하는 사회주의 정당이 대두했는데, 이는 한 국가의 정치 발전의 이정표가 되는 지표이다. 반면에 발달된 자본주의는 제국주의화하여 식민지 쟁탈전을 일으켰는데, 그 대표적인 것이 이른바 3국 동맹과 3국 협상이다. 이러한 과정에서 영국은 부상하여 해가 지지 않는 나라가 되었고, 프랑스는 프랑스 대혁명으로부터 정치적 안정을 되찾았으며, 독일은 통일 이후에 팽창 일로에 올랐다. 이러한 영국, 프랑스, 독일의 자본주의적 발전은 결국 아프리카와 아시아의 식민지 쟁탈이라는 제국주의 침탈로 이어졌다. 따라서 1870년부터 1914년에 이르는 40년은 서구세력의 급속한 산업화 속에서 놀라울 정도로 빠른 해외팽창이 이루어지는 시기였고, 그 기간 동안 제국주의 세력이 후진지역을 파렴치하게 침략했다.[1]

우선 해가 지지 않는 나라, 영국의 발전은 일련의 선거법 개혁으로부터 시작되었다. 1832년 선거법 개정안이 통과되어 휘그당은 자유주의로 토리당은 보수주의로 낙인찍힌 이후, 자유당 글래드스턴(E. Gladstone, 1809–1898)과 보수당 디즈레일리(B. Disraeli, 1804–1881)가 서로 경합하는 가운데 1867년 보수당이 2차 선거법 개정안을 통과시킴으로써 유권자수가 200만으로 증가되어 하층 노동자 계층도 선거권을 갖게 되었다. 또한 1872년 비밀 투표법이 통과되었는데, 이는 노동자가 투표권을 가지게 됨으로써 그들에게 행사될지도 모를 고용주나 지주의 압력을 배제하기 위한 것이었다. 1880년 재집권한 자유당은 1884년 3차 선거개혁법을 제안하여 약 200만의 농업노동자에게 선거권을 부여하였고, 이로써 유권자수가 400만으로 증가하여 거의 모든 성인남자의 보통선거가 실현될 단계에 이르렀다. 그러나 여성 참정권에 대해서는 침묵했다.[2] 그러다 제1차 세계대전 이후 1918년 선거법 개정안은 여성 투표권을 인정하여 30세 이상의 여성에게 선거권을 부여했다. 그 다음해에 남녀의 법적 평등을 허용하여 마침내 1928년 남녀에게 완전히 동등한 선거권이 부여된다. 이로써 1828년 차티스트 운동에서 요구되었던 것들이 100년 만에 실현되었고, 더욱이 이러한 민주화 과정이 유혈이나 혁명 없이 실현되었다는 데 큰 의의가 있다. 그리고 투표권의 확대는 새로운 유권자를 창출했고, 무엇보다 사회주의와 노동 정치의 길을 열어 주었다. 이렇게 노동자층의 사회적 발언이 커지면서 노동조합이 본격화되고, 이들을 대변하는 사람들이 정치에 등장하게 되었는데, 마침내 1893년 하디는 '노동당'을 창당한다. 이밖에도 마르크스 사회주의를 표방하는 사회민주연맹, 점진적 사회주의를 표방하는 페비언 협회(Fabian Society)가 창립되어 활발한 사회운동을 전개하였고, 1906년 노동당이 29석을 차지해 영국 국정의 새로운 힘으로 등장하게 된다.[3]

이렇게 3차 선거개혁법과 노동당의 설립으로 영국의 정치적 민주주의는 유럽에서 두각을 나타내게 된다. 이어서 1870년에 교육법이 통과되었는데, 이는 노동자에게 선거권이 부여됨으로써 그들 자녀에 대한 교육이 급선무였기 때문이다. 이 법의 통과로 공립학교의 설립과 운영을 위한 학교재단이 구성되었고, 5–13세의 아동에게 의무교육이 실시되었으며, 사립학교를 국가가 보조하게 되어 10년 사이에 취학 아동의 수가 4배 증가했다. 1874–1880년 사이에 디즈레일리 내각은 여러 가지 중요한 사회입법과 개혁을 단행했는데, 노동자들에게 1일 10시간 노동을 규정한 공장법이 이때에 통과되었다. 1906년 작업 중의 상해에 대해서 고용주가 보상하는 규정을 담고 있는 노동자 보상법이 통과되었고, 1911년에는 국민보험법이 통과되어 실업에 대한 보장이 이루어지게 되었다. 그리고 평화시위의 합법화와 단체 교섭권이 실현되었고, 공중위생법이 제정되어 영국은 복지국가를 향한 제일보를 디디게 되었다. 또한 1911년 의회법이 통과되어 모든 재정 법안은 하원에서 법률화되도록 하였고, 이로써 상원의 오랜 전통적 권력 남용을 견제할 수 있게 되었다. 그밖에 영국은 아일랜드 자치 문제에 대해서 1914년 세 번째로 제안된 아일랜드 자치법을 가결했다. 그러나 아일랜드 내의 분리 반대파로 인해 위기를 맞이했고, 그것은 결국 1921년 남 아일랜드만 연방지휘를 획득하는 것으로 종결되었다. 이렇게 해서 워털루 전투에서 나폴레옹을 패퇴시킨 1815년부터 제1차 세계대전이 발발하는 1914년까지 100년 동안, 영국은 대내외로 번영하여 이른바 "영국의 평화"(Pax Britannia)를 이룩했다. 즉 산업혁명을 일으켜 19세기 중반 세계 무역의 1/3을 차지하면서 19세기 후반 괄목할 만한 성장을 하였고, 그 동력으로 지구상 여러 곳에 방대한 식민지를 건설함으로써 마침내 영국 연방은 해가 지지 않는 나라가 되었다.[4]

이때 프랑스는 제3공화정을 수립한다. 프랑스–프로이센 전쟁 패배 후 제2제정은 망하고 말았다. 영속성 있는 공화주의 체제를 만드는 것은 어려운 일이었고, 애초에 정통성이 의문시되는 공화정이 선포되었다. 이들은 제2제정 정부가 항복하자마자 독일에 대한 항복을 거부하고 프랑스–프로이센 전쟁 기간 동안 저항한 파리코뮌의 도전에 직면했다. 지루한 협상 끝에 1871년 정부는 파리를 무장 해제시킬 군대를 파견했고, 파리의 노동자들이 주축이었던 파리코뮌 가담자들은 과격해져서 일주일 동안 바리케이드를 쌓고 인질을 잡아 총살하면서 정부군에 대항했다. 프랑스 정부의 진압은 잔인무도했고, 최소한 2만 5000명의 파리시민이 처형되었으며, 수천 명의 사람들이 남태평양의 유형지로 추방되었다. 이 사건으로 프랑스에서 사회주의 운동은 정지되다시피 하는 그런 긴 그림자를 드리우며 오랜 정치적 상처를 남겼다. 이런 가운데 1875년 의회는 공화제를 정식으로 선포했다. 제3공화정의 의회는 선거인단에 의해 선출된 원로원과 성년 남자의 보통선거에 의해 선출된 중의원으로 구성되었고, 양원은 합동으로 임기 7년의 대통령을 선출했다. 대통령은 행정권만 소유했고, 실권은 내각이 소유했으며, 내각은 중의원에 대해 책임을 지는 방식으로 민주화되었다.[5]

이런 까닭에 제3공화정이라는 급진적 우익 정치에 대해서 계급갈등과 추문이 끊이질 않았다. 특히 이러한 신 우파는 민족주의적이었고, 전반적으로 외국인혐오증, 즉 반유대주의와 연결돼 있었다. 그러한 갈등이 표면화 된 것이 "드레퓌스 사건"이다. 유태인 드레퓌스(Alfred Dreyfus, 1894-1906)는 프랑스군의 정보장교였으나 1894년 군대 내의 왕당파 장교집단에 의해 간첩죄로 군법회의에서 종신형을 선고받고 대서양의 무시무시한 악마의 감옥에 유배되었다. 고위층과 왕당파는 이를 공화정 부패의 상징으로 맹렬히 공격했다. 그러나 드레퓌스 일가와 에밀 졸라(Émile François Zola, 1840-1902) 등의 지식인이 재심을 요구함으로써 이는 낭비벽이 심한 소령의 소행임이 드러났다. 그리하여 드레퓌스는 재심에 회부되었고, 6년간의 열띤 논쟁 끝에 1899년 드레퓌스는 행정명령으로 석방되었고, 1906년 최고재판소에서 무죄가 확정되었다. 드레퓌스 사건은 프랑스를 양극화시켜 에밀 졸라와 같은 공화주의, 사회주의, 자유주의 계열과 왕당파, 군국주의자, 일부성직자 계열로 나누어 버렸다.[6]

드레퓌스 사건의 결과로 공화주의자들은 교회와 군대가 공화국에 적대적이라고 확신하게 되었다. 이로 인해 프랑스에서 교회와 국가의 분리가 일어났다. 즉 1901년 교회학교가 폐쇄됐고, 교육과 자선에 관계된 수도원도 해체되었고, 학교에서의 종교교육 또한 금지되었다. 그리고 나폴레옹 정부에 의한 주교임명과 성직자 봉급에 대한 지출 규정을 담고 있었던 이른바 '협약'(1801년)이 철회되었다. 1905년 분리법이 제정되어 로마 가톨릭 교회와 국가 사이의 연합이 해체되어 교회는 국가로부터 완전히 분리되었다. 이렇게 해서 프랑스-프로이센 전쟁 후 매우 불안한 정치상황에서 탄생한 제3공화정에서 프랑스 국민은 대체로 공화론자들이며, 보통 선거권, 언론출판의 자유, 법 앞에서의 평등과 같은 기본적인 인권을 누렸다. 그러나 1871년에 있었던 파리코뮌 탄압으로 인해 19세기 말까지 프랑스에서 사회주의 정당은 재기하지 못했다. 그러다가 1895년 전국노동조합이 결성되면서 마침내 1905년 통일 사회당이 결성되었고, 1910년 사회당은 중의원 105석을 차지했다. 사회당은 계속 성장하여 1914년 중의원 130석을 차지하였고, 이로써 1차 대전 전까지 프랑스에서도 노동자의 정치적 영향 증대는 가장 두드러진 정치 발전 중의 하나가 되었다.[7]

다음으로 독일은 제국의 팽창을 도모하게 된다. 1871년 1월 프랑스-프로이센 전쟁에서 승리한 독일은 베르사유 궁전에서 신생 독일제국을 선포했다. 당시 독일 제국은 독특한 구조를 가진 연방적 복합국가였다. 즉 약 4000만 인구에 4왕국, 6대공국, 5공국 등 26개국으로 구성되어 있었고, 프로이센 왕은 국가원수이자 황제였고, 프로이센 수상이 제국의 재상을 겸했다. 최고의 행정기관은 제국의 재상이었고, 그는 연방의회 의장을 겸하는 황제에 대해서만 책임을 졌다. 그리고 독일 제국은 의회의 기능이 극히 제한된, 입헌주의를 가장한 전제군주국이었다. 즉 독일 제국은 상원인 연방의회와 하원인 제국의회로 구성된 양원 의회를 가지고 있었는데, 연방의회는 왕실이나 정부를 대변하여 보수적이었고, 제국의회는 국민을 대변하여 보다 민주적이었다. 그런데 61명의 연방의회 의원은 자기 나라 왕의 훈령만 따랐고, 397명의 제국의회 의원은 25세 이상의 성년 남자의 보통선거에 의해 선출되었지만 법안심사 권한만 가짐으로써 민의를 대변하는 제국의회가 자문기관 역할만 했다. 이로써 독일 제국은 형식적으로는 양원 의회를 가지고 있었지만 제국의회의 권한이 자문기관에 머물렀기 때문에 입헌주의를 가장한 전제군주 국가나 마찬가지였다. 또한 독일 제국은 프로이센 우월주의에 입각해 있었다. 황제인 프로이센 왕이 연방의회 의장을 겸할 뿐만 아니라 의회에 17명의 대표자를 가지므로 14명의 반대자가 있으면 막을 수 있는 헌법의 수정시도를 저지할 수 있었기 때문이다. 이로써 독일 제국의 정치는 1871년부터 1914년까지 의회 민주주의의 징조가 전혀 없는 정치였던 것이다.[8]

드레퓌스 사건

에밀 졸라

그러나 독일 제국의 산업발전은 가히 놀랄 만한 수준으로 진행되었다. 제국을 구성하는 국가들은 예산, 종교, 교육, 행정에서는 독자적 권한을 유지하나 경제, 교통, 통신에서는 제국 전체의 공통된 통일적 제도가 마련되었다. 즉 1871년 화폐가 발행되고 1873년 제국은행 설립 및 철도와 체신 제도가 연결되었으며, 법령이 통일되었고, 1897년 보호관세법이 제정되었다. 영국보다 약 1세기가 늦었고, 프랑스보다 30년 늦은 독일의 산업발전은 경이할 만한 가속도로 진전되었고, 그렇게 된 배경에는 이와 같은 제국의 정치적 결속이 있었던 것이다. 이러한 배경 하에서 등장하는 것이 비스마르크의 문화투쟁이다. 1866-76년 사이에 비스마르크는 자유무역과 경제성장에 관심이 있는 자유주의 당파와 더불어 통치를 했다. 그는 이 자유주의 연합과의 연결을 강화하기 위해 반(反)가톨릭 운동을 전개했는데, 이것이 이른바 "문화투쟁"(Kulturkampf)이다. 그리하여 성직자가 정부비판을 못하게 하고, 가톨릭 수도회의 교육활동을 금지하였으며, 급기야 1872년 예수회가 독일에서 추방되었고, 독일과 교황청의 관계가 단절되었다. 이어 1873-75년 5월 법을 발표하여 독일의 가톨릭 성직자는 독일인으로서 독일에서 수학하며 정부의 인준을 받아야 한다고 했는데, 이에 대해 교황이 무효를 주장하며 신도의 불복종을 호소했으나 프로이센 정부는 반대 성직자를 추방 혹은 체포하여서 주교의 2/3가 쫓겨 가서 신부 없는 교구가 400개나 되었고, 1000개 이상의 교구에서 종교의식이 중단되었다. 그러나 이 운동은 오히려 역풍을 맞아 서남독일을 기반으로 가톨릭 신도들의 자기방위체인 중앙당(Zentrumspartei)은 제국의회에 더 많은 대표를 보냈고, 이로써 비스마르크는 전략을 바꾸게 된다.[9]

독일에서도 공장제가 발달하면서 노동자 계급이 출현하자 이들의 이익을 대변하는 사회주의 정당이 등장했다. 1863년 라살레(F. Lassalle, 1825-1864)는 전국노동자 연맹을 창설하였고, 1875년 그것은 여러 당파들과 통합되어 사회주의 민주노동당(SPD; 독일사회민주당)이 되었다. 이 밖에 진보당은 하층 노동자 계급을 배경으로 하여 자유민주적 개혁을 지향하면서 정부에 반대하는 입장을 취했다. 전통적으로 독일 사회주의는 전제 군주정과 프로이센 군국주의에 반대하였고, 비스마르크는 이것을 큰 위협으로 여겨 성장하기 전에 분쇄하고자 했다. 문화투쟁에서와 마찬가지로 이미 구축한 중앙당 세력과의 연합을 강화하기 위해 그는 사회주의자가 집회를 갖거나 문헌을 배포하는 것을 금하는 반사회주의 법을 밀어 붙였다. 그리고 이에 대한 추가 입법으로 사회주의자들은 주요 도시에서 쫓겨났고, 그로 인해 사회민주당은 비밀조직이 되었다. 그러나 온갖 법적 장애물에도 불구하고 사회민주당은 1881년 30만 표, 1887년에는 76만 표, 1890년에는 150만 표를 득표하여 쇠퇴되지 않고 오히려 4배 이상으로 확대되었다. 이렇게 해서 1880년대 비스마르크의 명성은 대내외로 절정에 이르렀고, 1888년 빌헬름 1세가 죽고 카이저 빌헬름 2세(Wihelm Ⅱ, 1859-1941)가 즉위하자 그는 강력한 친정체제를 수립했다. 이로 인해 1890년 비스마르크는 해임되었고, 사회주의 탄압정책도 완화되어 1912년 사회당은 100석을 차지하여 최대 정당이 되었다. 19세기 후반 독일은 산업, 문화, 학문을 급속하게 발전시켰지만 민주적 정치의식은 거의 성장하지 않았다. 왜냐하면 프로이센 지주귀족층인 융커(Junker)를 중심으로 한 군국주의 전통이 농후하여 독일 통일 또한 그러한 철혈정책에 의해 달성됨으로써 자유주의 운동은 무력에 의해 쉽사리 탄압되었기 때문이다.[10]

1871년부터 1914년까지 영국, 프랑스, 독일의 자본주의가 제국주의로 발전하는 동안 리얼리즘 문학이 등장한다. 1800-1850년까지는 낭만주의가 우세했다면 1850-1900년까지는 리얼리즘이 우세한데, 리얼리즘은 낭만주의의 지나친 감상에 반대하여 사회의식으로 무장된 고발문학의 성격을 띤다. 이렇게 해서 19세기 자본주의 발달로 인해 초래되는 사회악과 불평등을 규탄하는 문학이 탄생했던 것이다. 에밀 졸라의 『나나』도 이러한 하층민의 비참한 삶을 고발하는 문학이다. 소설 『나나』의 이야기는 대략 다음과 같다.[11]

잘나가던 창부 나나는 퐁탕이라는 정부와 살림을 차린다. 그는 살림에 필요한 돈은 준다고 하였지만 매일 아침 겨우 3프랑씩밖에 주지 않았고, 나나가 투덜거리며 이걸로 어떻게 이것저것 사냐고 하면 바보 천치라는 둥 마구 욕을 퍼부어 댔다. 나나가 넌지시 돈을 달라고 하면 반드시 큰 싸움이 벌어졌던 것이다. 어느 날 나나가 아직 전날 쓰던 돈이 남았다고 거짓말을 하고 그가 내놓는 돈을 돌려주었는데, 그럴 때면 그는 수전노가 남의 손에 넘어갈 돈을 되찾는 것처럼 바르르 손을 떨며 그 돈을 주머니에 움켜 넣었다. 그날부터 그는 살림걱정을 하지 않았고, 감자밖에 없을 때는 뚱한 표정을 하다가도 칠면조나 양고기가 있으면 턱이 빠져라 히히거렸다. 그러나 아무리 기분이 좋은 때라도 팔이 둔해지면 안 된다는 듯이 때리는 것을 잊지 않았다. 어느 날 르라 부인이 돌아가려다가 기막힌 저녁상을 보고 분개하여 누가 이런 큰돈을 주었냐고 다그쳤고, 나나는 갑작스런 질문에 놀라서 울기 시작했다. 나나는 라발 거리에서 트리콩을 만났는데, 사람을 구하지 못해 애를 먹는다는 말을 듣고, 퐁탕은 6시 전에 돌아오는 일이 없기 때문에 오후 시간을 이용해 40프랑 내지 60프랑의 돈을 벌었다. 저녁이면 보스크가 배가 터지도록 먹고 퐁탕은 테이블에 팔꿈치를 괴고 사랑을 독점한 남자처럼 우쭐한 낯으로 여유 있게 키스를 시키면 나나는, 자기가 몸을 판 일 같은 건 깨끗이 잊어버리는 것이다. 그 무렵 나나는 몹시 쪼들렸기 때문에 사탱과 더불어 파리 거리를 미친 듯이 돌아다녔다. 사탱은 특히 냄새를 잘 맡았다. 가끔 호주머니에 훈장을 감추고 들어오는 신사로부터 몇 루이씩 받는 횡재를 만나는 수도 있었다. 그는 될 수 있는 대로 차림새가 훌륭한 사람을 노려야 하지만, 차림새가 좋은 사람일수록 하는 짓이 더 지독하기 때문에, 인간의 모든 껍데기가 벗겨지면 괴상한 취미와 변태를 부리며 짐승의 모습을 나타내기도 한다고 말했다. 그래서 사탱은 점잖은 신사들에게 아무런 존경심도 품지 않았지만 나나는 아직도 선입관에 사로잡혀 상류사회의 남자들이 타락의 구멍으로 빠지는 것을 보고 놀랐다. 그렇다면 도덕 같은 것은 이 세상에 없는 것일까? 라고 나나는 묻는다.

이와 같이 유럽에서 자본주의가 발달할 당시 그러한 자본의 혜택으로부터 소외된 하층계급들은 비참한 삶을 영위했는데, 그러한 삶을 나나의 삶을 통해 확인할 수 있고, 리얼리즘 문학은 그것을 고발하고 규탄하는 문학이다.

2. 칼라일로 본 제국주의 침탈

1871년부터 1914년까지 제국주의는 식민지 쟁탈을 일삼게 되고, 특히 아프리카의 분할과 아시아의 침탈을 자행하게 된다. 3국 동맹과 3국 협상은 바로 그러한 침탈을 위한 동맹과 협상인 것이다. 이리하여 이러한 제국주의는 결국 미증유의 세계대전을 유발하는 데로 이르게 된다. 이렇게 서구 유럽의 자본주의가 제국주의화 되고, 그것이 세계대전으로 비화되는 일련의 과정을 볼 때, 제국주의는 자본주의의 특수한 형태로서 그것이 만들어내는 세력권 간의 불균형을 극복하는 것은 전쟁밖에 없지 않겠냐고 하는 레닌의 물음이 적중하는 것 같다.[12]

먼저 아프리카 분할부터 살펴본다. 영국은 기존의 식민지로는 캐나다, 오스트레일리아, 뉴질랜드 등의 큰 지역뿐만 아니라 지브롤터, 말타, 서인도제도, 버뮤다, 포클랜드 등의 산재한 식민지와 보호령을 가지고 있었고, 홍콩, 미얀마 일부 등의 아시아 지역이 있었다. 처음에 영국은 이집트를 보호령화 함으로써 아프리카 분할의 징조를 나타내기 시작했는데, 1875년 수에즈 운하의 주를 사서 인도와 연결하는 지중해 세력을 구축했고, 1882년 이집트의 반란을 진압하고 실질적으로 이를 보호령화 함으로써 上이집트를 지배했다. 이렇게 이집트 보호령화를 통해 영국이 아프리카 분할의 징조를 보이자 1876년 벨기에도 콩고를 획득하였고, 유럽의 강국들은 아프리카를 차지하려는 태세를 보였으며, 이에 비스마르크의 소집 하에 1884년 베를린에서 아프리카 문제를 토의했다. 1806년 영국은 네덜란드로부터 케이프타운을 점령하고 이를 인도항로의 정박지로 쓰게 되는데, 1886년 아프리카에서 금과 다이아몬드가 발견되면서 수많은 영국인들이 아프리카 내륙으로 이동하게 되었고,[13] 그로써 보어인이라고 불리는 네덜란드인들과 1889년 전쟁을 벌였다. 3년간의 항전 끝에 보어인은 굴복하지만 영국은 세계여론을 의식해 많은 보상을 하지 않을 수 없었다. 7년 후에 영국은 케이프식민지, 네이탈, 오렌지 자유국, 트란스바알 공화국 등을 통합하여 남아프리카 연방을 창설했다. 이렇게 해서 영국은 아프리카에서 케이프타운을 기점으로 북으로 뻗어갔고, 이집트에 이르지는 못하였지만 이렇게 아프리카를 남북으로 연결하여 자국을 자급자족하게 해줄 상품과 원료공급지로 만들고자 하는 야망이 있었다.[14]

반면 프랑스 또한 영국과 마찬가지로 대륙을 동에서 서로 가로지르기를 원했고, 그것이 파쇼다로 원정을 떠난 중요한 이유였다. 프랑스의 아프리카 진출은 처음에 1830년 알제리 항구를 장악한 후에 곧 전 알제리를 병합하는 데서 시작되었다. 사하라 사막을 정복하고 1881년 튀니지를 보호령화 했다. 1885년 적도 아프리카와 서 아프리카를 연결했다는 점에서 영국보다 성공적이었다. 1896년 마다가스카르를 식민지화했고, 1912년 모로코를 보호령화 했다. 이렇게 해서 프랑스는 제1차 세계대전 전까지 영국보다 넓은 식민지를 차지하게 되었다.[15] 반면에 이탈리아는 1860-1870년까지 통일을 달성하느라 식민지 획득에 나서지 못했다. 1880년대 아프리카에 관심을 가졌으나 프랑스가 튀니지를 보호령화 하는 데 실망하였고, 1885년 홍해연안 마사우아에 식민지를 건설한 후 에티오피아를 장악하려다가 참패했다. 그리하여 작전을 바꿔 이탈리아 맞은편에 있는 트리폴리에 관심을 가지고 1911-12년 터키-이탈리아 전쟁을 거쳐 이 지방을 획득하여 리비아라고 개칭했다.[16]

그리고 통일을 달성한 후 해외 제국의 길로 상대적으로 늦게 들어선 독일은, 1888년 비스마르크가 파견한 뤼더리츠(Lüderlitz)라는 상인은 소총이나 장난감 등을 원주민에게 주고 3천만 평방 마일이나 되는 서남아프리카를 얻어 이를 보호령화 했고, 이를 기니아만 일대와 합쳐서 카메룬이라고 불렀다. 1885년 동 아프리카를 획득하고 보호령화 함으로써 독일은 식민지쟁탈전에서 약간 뒤떨어졌지만 식민지 크기나 자원 면에서는 손색이 없었다. 왜냐하면 독일은 애초부터 영국과 프랑스 어느 쪽도 아프리카를 장악하기를 바라지 않았기에 이들을 견제할 수 있는 전략적 위치에 있는 식민지를 장악했기 때문이다. 아래 그림에서 보는 바와 같이 남북으로 길게 뻗은 것은 영국의 식민지이다. 그리고동서로 뻗은 것은 프랑스의 식민지이며, 독일 식민지는 많지는 않지만 그래도 상당한 영역을 차지하고 있는 것을 볼 수 있다.17

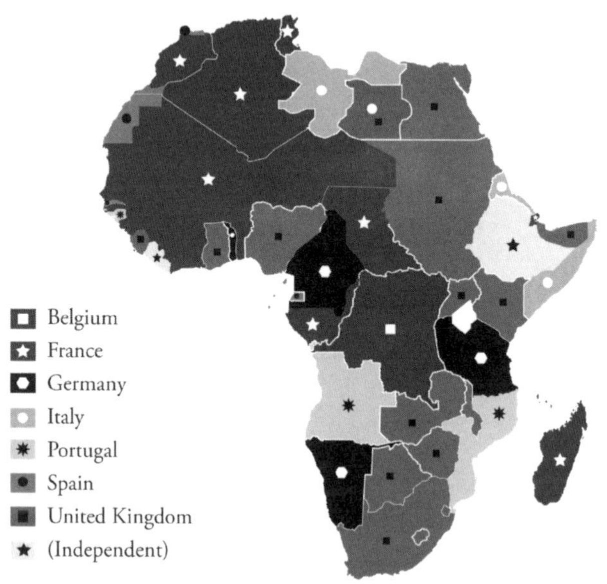

제국주의 열강의 식민지 쟁탈전, 특히 아프리카 분할은 거의 전쟁 직전의 일촉즉발의 상태에 있었는데, 1870년부터 1914년까지 아프리카 문제를 놓고 외교적 충돌을 일으키지 않은 해가 겨우 1년에 불과할 정도였다고 한다. 그 대표적 사건이 "파쇼다 사건"과 "모로코 사건"이다. 파쇼다 사건은 1898년 가을 식민지를 남북으로 연결하려는 영국과 사하라 사막에서 동진하던 프랑스가 나일강에서 맞서게 된 사건이다. 영국은 나일강 탐험과 관련되어 친영국적 신임 통치자를 보호한다는 명목으로 군대를 배치한 것이었는데, 이를 아프리카 전체에 대한 지배의 서막이라고 오해한 프랑스에 의해 몇 주간 전쟁 직전의 상태에까지 치달았다. 영국이 프랑스의 허세를 비난하면서 스스로 더 이상 팽창하지 않겠다고 약속하면서 위기를 모면했다.[18] 그리고 모로코 사건은 1905년 모로코 문제로 독일과 프랑스가 충돌한 사건인데요, 영국, 프랑스, 이탈리아의 묵인 하에 프랑스는 모로코에 침투했고, 독일은 모로코 술탄의 지지를 앞세워 강력히 반발했다. 이로 인해 1905-1911년까지 세 번의 외교적 위기가 있었고, 마침내 프랑스가 콩고의 10만 평방마일을 내주는 대신 독일은 모로코의 9/10를 프랑스의 보호령으로, 1/10을 스페인 소유로 인정함에 따라 해결되었다. 그리고 독일은 1884-85년까지 카메룬을 소유하여 영국을 긴장시켰고, 동아프리카 내륙 탕가니카호에 세력을 뻗쳐 영국이 우간다를 연결하려는 야망을 꺾었다. 이로써 영국과 독일의 충돌이 불가피했으나 이들 두 나라는 타협과 절충을 통해 서로를 인정하여 충돌을 모면할 수 있었다.[19]

다음으로 아시아의 침탈에 대해 살펴본다. 유럽의 아시아 진출의 역사는 아프리카에 비해 긴 시간동안 진행되었다. 그러나 1870년대 시작된 제국주의의 진출은 아프리카와 같은 수법이었다. 가장 광범위하게 아시아에 진출한 것은 영국이다. 1871년 이후 영국의 아시아 정책은 인도 확장을 중심으로 한 것이었다. 보다 구체적으로는 19세기 중기 영국은 러시아의 남하를 막기 위해 인더스 강 연안 일대를 확고히 했고, 1876년 페르시아와 인도의 경계에 있는 발루스키탄을 점령하여 아프가니스탄을 완충국으로 만들었다. 1904년 티베트 중국변경을 세력권화 했고, 1907년 페르시아는 북의 러시아 지구와 중간 지구, 남의 영국지구로 3분되었다. 또한 1871년 미얀마를 점령하고, 1886년 이를 인도로 편입시켰으며, 말레이시아, 보르네오 북부 등 동남아시아의 광대한 지역을 지배하기에 이르렀다. 다른 한편으로 1840-1842년 중국과의 아편전쟁으로 홍콩을 소유했고, 중국정부의 반대에도 인도산 아편을 중국에 팔아 막대한 이득을 취했을 뿐만 아니라 2차 아편전쟁(1856-60)이 애로우호 사건을 계기로 발발하자 그 결과로 프랑스와 함께

조차지(租借地)를 획득했다.[20]

프랑스는 영국과 더불어 17세기에 동인도회사를 세웠으나 19세기 중기까지 아시아에 큰 식민지를 소유한 것은 아니었다. 그러다 1858년 프랑스 선교사 살해를 구실로 군대를 파견하여 보호령을 설치하여 20－30년 동안 전쟁과 외교를 통해 안남, 통킹, 캄보디아 일부를 장악했다. 그리하여 프랑스는 20세기 초까지 본국 인구의 절반쯤 되는 아시아 식민지를 지배했던 것이다. 독일도 열강의 중국진출 대열에 끼어 1897년 선교사 살해사건을 계기로 중국에 압력을 가해 교주만(膠州灣; 자오저우만) 일대를 조차하는 데 성공했다. 이리하여 19세기 전체에 걸쳐 아시아의 운명은 아프리카와 같은 수난의 길을 밟게 되었다.[21]

이러한 제국주의 식민지 쟁탈의 전형적인 표증이 곧 "3국 동맹"과 "3국 협상"이다. 1870－1871년 프랑스 제2제정의 몰락과 독일의 전쟁 승리로 독일이 유럽에서 세력의 중심으로 등장했다. 독일은 1871년 3제 동맹을 맺었는데, 이는 독일이 프랑스의 외교적 고립을 목적으로 러시아 및 오스트리아와 체결한 것이다. 이 동맹은 전쟁위험에 직면하면 공동 행동방향을 결정하기로 합의했는데, 발칸에서 오스트리아와 러시아의 분쟁이 일어났을 때 비스마르크가 오스트리아를 옹호했다는 이유로 1877년 해체되었다. 이리하여 3국 동맹이 맺어졌는데, 이는 1879년 비스마르크가 오스트리아와 합의하여 맺은 양국 동맹에서 출발하여 1882년 이탈리아가 첨가됨으로써 맺어진 동맹이다. 다른 한편 비스마르크는 1881년 러시아와 재보장 조약을 체결했는데, 이는 양국이 강대국에게 공격을 받을 경우에 중립을 지키기로 하는 내용을 담고 있다. 이렇게 해서 독일은 국제관계를 조정하면서 1871－1890년까지 유럽정치에서 우월적 지위를 차지하게 된다.[22]

3국 협상은 1891년 프랑스가 제3공화정의 안정을 찾게 되자 첫 번째 동맹국으로 러시아와 결합한다. 독일이 재보장 조약을 갱신하지 않음으로써 러시아가 프랑스와 결합하게 되었던 것이다. 1898년 프랑스의 외무부장관 델카세(Thophile

Delcass, 1852-1923)는 파쇼다 사건의 양보로 영국과 우호관계를 수립하게 되었고, 1904년 화친협상을 맺어 북아프리카 분쟁에 있어서 영국은 이집트에 대해서, 프랑스는 모로코에 대해서 상호간 외교지원을 하기로 했다. 다른 한편 독일이 통상에서 영국을 압도하였고, 철강생산에서도 영국을 능가하면서 영국은 독일의 추격 속에서 그와 경쟁하게 되었다. 이로써 1898년 독일 황제가 세계일급 해군을 건설하겠다고 공언하게 됨으로써 두 나라는 해군증강 경쟁을 하게 되었고, 마침내 페어플레이만 내세울 수 없게 된 영국은 1902년 일본과 동맹을 맺어 태평양 지역의 권익을 보장받게 된다. 그리고 러-일 전쟁에서 러시아가 패배함으로써 러시아의 약체가 드러났고, 이에 더 강한 동맹체가 필요했던 프랑스는 프랑스의 노력으로 영국에 접근하여 1907년 러시아와 영국이 협상을 맺음으로써 결국 3국 협상이 맺어지게 되었다. 이는 표현상 협상으로 되어 있어 표면상 애매한 조약이지만 독일의 팽창을 저지하는 역할을 했다. 이렇게 해서 성립한 3국 동맹과 3국 협상은 1906년부터 1914년까지 사소한 문제로 인해 10여 차례 충돌을 빚었다.[23]

이러한 제국주의의 식민지 쟁탈의 문제를 칼라일, 즉 그의 제국주의의 눈을 통해 살펴본다. 칼라일(Thomas Carlyle, 1795-1881)은 셰익스피어를 인도와 바꾸지 않는다는 말을 한 인물로, 제국주의를 노골적으로 표명한 사람이다. 그는 독일 고전철학과 낭만주의에 영향을 받아서 이른바 영웅 숭배론을 펼친다.(『영웅과 영웅숭배론』). 그것은 우주는 신적 정신의 의상이고, 정신은 자연과 역사 속에서는 영웅을 통해 나타난다는 것을 골자로 한다. 이로써 물질주의·자본주의·공리주의를 비판하고, 이것을 대신하는 노동의 조직화가 영웅의 지도로 수행된다고 주장했다. 이러한 칼라일의 영웅 숭배론은 백인중심주의의 발상을 담고 있다. 실제로 그는 자메이카 반란 때에 이러한 문제로 J. S. 밀(Jhon Stuart Mill, 1806-1973)과 대립했고, 차티스트 운동 후퇴 후 부르주아 편에 서서 노동자 계급을 탄압하였고, 식민정책을 정당화하며 이를 지지하기도 했다. 이렇게 해서 당시의 제국주의는 칼라

일과 같은 지식인에 의해 정당화될 수 있는 것처럼 보였다.[24]

12장 제1차 세계대전과 러시아 공산화

1. 발칸 문제로 본 제1차 세계대전

일반적으로 제1차 세계대전의 발발 원인은 "발칸 문제"에 있다고 본다. 당시 발칸 반도는 범슬라브주의를 표방하는 러시아와 발칸의 여러 나라들, 그리고 이를 지켜보는 열국의 이해관계로 인해 유럽의 화약고였다. 러시아는 전통적으로 부동항을 얻기 위해 남하정책을 표방하면서 범슬라브주의를 주창하였고, 발칸 반도의 여러 나라들은 그러한 러시아의 범슬라브주의에 찬동하여 뭉치고자 했다. 이에 반해 독일은 경제적 입장에서, 오스트리아는 영토의 입장에서 그리고 영국과 프랑스는 러시아의 세력권을 주시하는 입장에서 각각 이러한 범슬라브주의에 대해 경계하는 입장을 가지고 있었다. 이러한 이해관계가 복잡하게 작용하는 가운데 발칸 반도에서 세르비아 청년이 오스트리아 황태자를 저격한 사건이 일어났으며, 이것이 제1차 세계대전으로 이어졌다.

우선 유럽의 화약고였던 발칸 문제부터 살펴본다. 발칸 문제는 한마디로 "범슬라브주의"로 명명할 수 있다. 그리스 북부에 있는 마케도니아로부터 세르비아, 크로아티아, 보스니아, 슬로베니아 등의 나라들이 러시아와 함께 이 범슬라브주의에 찬동하여 복잡한 이해관계를 형성하게 된다. 러시아는 전통적으로 러시아의 특이한 문화를 찬양하고 서구적 개혁에 반대하는 슬라브주의를 가지고 있었다. 크림전쟁에 패배한 후에 러시아의 슬라브주의는 정치적 색채를 띠게 되면서 범슬라브주의(Pan-Slavism)를 형성하게 된다. 범슬라브주의의 모토는 두 가지이다. 하나는 러시아가 형제 슬라브 민족의 보호자라는 것이고, 다른 하나는 대슬라브 제국 건설이 운명이라는 것이다. 즉 러시아가 슬라브 민족의 보호자이기 때문에 발칸 반도에 있는 여러 슬라브 민족 국가들은 러시아의 영도 하에 슬라브 제국을 건설해야 한다는 것이다. 그리하여 러시아는 근본적으로 발칸 지방의 반란을 충동질해서 지중해로 진출하는 기회를 잡으려는 야욕을 가지고 있었고, 또한 러-일 전쟁 패배와 혁명세력 확산 등의 대내적 어려움 속에서 발칸 반도에서의 자국의 영향력을 생각할 때 러시아는 범슬라브주의 요구를 거부할 수 없었을 것이다.[25]

무엇보다도 발칸 반도의 여러 나라들은 이러한 충동질에 준동하는 경향을 보였다. 그리고 이 지역은 14세기 이래 전통적으로 오스만 터키 제국의 영토였다. 그런데 1829년 이래 85년 동안 제국 내의 기독교 신민이 일으킨 민족주의 반란을 겪었고, 이때 러시아나 오스트리아와 같은 유럽 열강들에게 영토를 양도했었다. 1875-1876년 보스니아, 헤르체코비아, 불가리아에서 반란이 일어났고, 술탄이 이를 잔인하게 진압했는데, 터키의 기독교인 진압의 잔인성이 보도되자 러시아는 발칸 반도의 지배를 구실 삼아 '러시아-터키 전쟁'(1877-1878)을 일으킨다. 이때 러시아 차르 군대는 대승을 거두고 '산스테파노 조약'을 맺어 술탄은 콘스탄티노플 주변 영토를 제외한 거의 모든 영토를 내놓게 되었는데, 여기에 유럽 열강이 개입했다. 그래서 1878년 베를린에서 열린 모든 열강의 회합에서 몬테네그로, 세르비아, 루마니아는 독립국가가 되었고, 불가리아는 자치권을 허용 받았으며, 보스니아와 헤르체고비나는 오스트리아의 통제 아래 두기로 결정했다. 보스니아와 헤르체고비나는 1878년 이래 오스트리아가 관리해 왔기 때문에 그렇게 결정되었지만, 독립한 세르비아와 오스트리아의 지배하에 있게 된 보스니아-헤르체고비나 사이에는 범슬라브주의가 작용하고 있었다. 즉 슬라브족이 다수를 차지하는 세르비아는 러시아를 큰 형의 나라로 보고 오스트리아의 지배하에 있는 보스니아-헤르체고비나를 통합하여 대 세르비아를 건설하는 것이 꿈이었던 것이다. 이것이 이후 제1차 세계대전의 불씨가 되는 세르비아 청년의 오스트리아 대공 부처의 저격사건의 심리적 동기가 되는 것이다.[26]

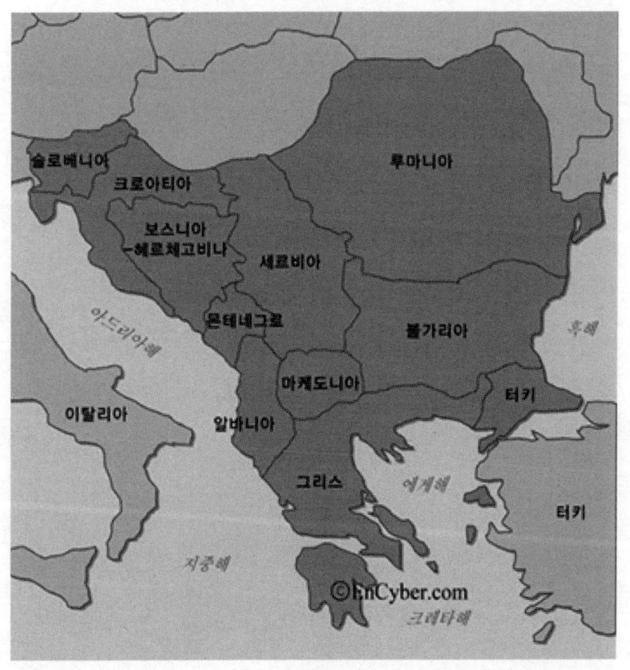

발칸 반도에 있었던 여러 나라들이 이렇게 범슬라브주의에 찬동하는 경향이

있었던 데 반해, 독일과 오스트리아는 범슬라브주의에 반대했다. 독일은 경제적 이유에서 그리고 오스트리아는 정치적 이유에서 이를 반대했다. 즉 독일은 경제권이 발트 해에서 페르시아에까지 뻗쳐 있었고, 1902년 바그다드 철도가 부설됨으로써 콘스탄티노플에서 바그다드 그리고 페르시아 만의 바스라에까지 철도가 이어지게 되었다(3B정책).[27] 반면 오스트리아는 오스트리아-헝가리 2원국 내에 수백만의 슬라브 민족이 포함되어 있었기 때문에 러시아가 지원하는 대 세르비아 부흥운동이 성공하면 많은 인구를 상실하여 나라가 붕괴될 수도 있었기에 반대했던 것이다. 이에 반해서 당시 세계 체제에 만족하고 있던 영국과 유럽대륙의 세력균형을 원했던 프랑스는, 발칸의 세력균형이 현상태대로 유지되기를 바랐기 때문에 러시아 또는 오스트리아가 근동으로 진출하는 것을 저지하고자 했다.[28]

전쟁을 위한 최초의 불꽃은, 1914년 6월 8일 보스니아의 사라예보에서 있었다. 오스트리아 황제계승자 페르디난트(Franz Ferdinand, 1863-1914) 대공(大公) 부처가 대 세르비아 운동을 지지하는 보스니아 학생의 총에 암살되었다. 3주 후 오스트리아는 보복에 불타 세르비아에게 최후통첩을 보냈다. 48시간 내의 대답을 요구한 이 최후통첩에 대한 세르비아의 회답이 모호하여서 불만스럽다고 오스트리아는 판단하였고, 7월 28일 세르비아에 선전포고를 했다. 오스트리아의 선전포고를 보고 각국은 외교적 노력을 기울여 전쟁을 회피하고자 했으나 실패했고, 일주일이 못되어 영국, 프랑스, 독일, 이탈리아, 러시아의 5대국이 전쟁에 참전하고 말았다. 사라예보 암살 이후 제1차 세계대전이 일어나기 전까지 1개월의 시기를 '7월 위기'라고 하는데, 그때의 5주간의 외교정책은 오판이 빚어낸 비극이었다. 이로써 1914년부터 1918년에 이르는 제1차 세계대전에는 총 27개국이 참전했고, 독일 측은 2000만 명, 연합국 측은 4000만 명이 동원됐으며, 수적으로나 자원 면에서는 연합군이 우세하였으나 훈련·장비·지휘관 면에서는 독일이 우세했다. 그리고 이 전쟁은 세계 경제의 중심이었고 널리 퍼져 있는 제국을 호령하던 유럽이 그 권세의 절정기에서, 결국 900만의 전사자를 남기면서 이전 시대의 수많은 제도와 가설을 파괴하며 승전국마저도 환멸을 느끼게 하는 결과를 낳았다.[29]

전쟁의 초기 상황, 마른(Marn) 전투에서 독일은 슐리펜-몰트케 전략(Schlieffen-Moltke Plan)에 따라 러시아 군이 동부에 병력을 집중하기 전에 서부에서 프랑스를 포위 공격하고자 했다. 프랑스의 조프 사령관(Joseph Joffre, 1852-1931)은 이 전략을 간파해서 독일군을 후퇴시켰다. 이후 독일군은 참호작전에 들어갔고, 이로 인해 연합국의 포격이 아무 소용이 없는, 서부전선의 교착상태에 빠졌다. 1915년 영국은 격심한 포격 끝에 느브-샤펠(Neuve-Chapelle)에서 겨우 1마일 진격했을 뿐이었다. 전쟁이 진행되면서 무서운 신무기가 추가되었는데, 1915년 4월 독일은 이플(Ypre) 항을 공격하기 위해 독가스를 사용했다. 독가스는 신체적으로뿐만 아니라 심리적으로 교란효과가 컸고 많은 인명을 빼앗아 갔지만, 비인간적이라는 비난만 받고 교착상태를 종식시키지는 못했다. 1916년 베르덩(Verdun) 전투에서 독일과 연합국은 40만 명이 넘는 큰 희생을 치르고도 전쟁의 진전이 없었으나 점차 프랑스 쪽으로 승리가 기울기 시작했고, 1917년 교착상태가 풀릴 징조가 보였다.[30]

또한 동부전선은 연합국에게 더욱 불리했다. 러시아 군은 개전과 더불어 신속하게 동 프로이센을 침공했지만 독일은 은퇴한 힌덴부르크 장군(Paul von Hindenburg, 1847-1934)을 소환해 탄넨베르크(Tannenberg) 전투를 승리로 이끌었다. 이 전투에서 러시아는 프랑스 함락을 저지했을 뿐 그 피해는 막대했다. 다른 한편 러시아가 오스트리아를 공격한 것은 성공적이었다. 그러나 1914년 9월부터 1915년 9월까지 있었던 이 전투에서, 러시아는 초반에만 성공했을 뿐 후반에는 120만이 살상되고 100만이 포로가 되는 등 참패를 하여 결코 회복할 수 없는 상태에 이르렀다. 그리고 1915년 세르비아를 점령하고 불가리아가 독일에 가담함으로써 오스트리아-독일 군대는 발칸을 장악했다. 그리하여 오스트리아-독일 군은 발트해와 흑해를 봉쇄함으로써 러시아에 대한 연합국의 보급로를 차단시킬 수 있었다. 이에 대해 영국은 해군장관인 처칠(Winston Churchill, 1874-1965)의 지휘 하에 다다넬즈 원정 계획을 세웠지만 20만의 희생을 치르면서 서부전선의 교착상태로부터 전쟁의 초점을 바꾸어 놓는 데 별 효과가 없었다. 이때 중립선언을 하고 있던 이탈리아가 연합군에 참전했는데, 이는 참전의 대가로 보상을 한다는 런던조약[31]에 따른 것이었다.[32]

다른 한편 해전의 상황에서, 영국은 해상봉쇄에 나서 적국의 물품을 통제했다. 이로 인해 영향을 받는 미국을 비롯한 중립국이 항의하였고, 독일은 1/3을 곡물수입에 의존한 터여서 심한 타격을 받았다. 그리고 이에 대한 대응조치로써 독일은 잠수함에 의한 봉쇄작전을 폈다. 독일의 잠수함 작전은 성공적이어서 영국의 함선은 매일 격침되었다. 그러나 중립국의 함선까지 무차별 공격을 하였기 때문에 반발을 샀고, 사실 이 작전으로 연합국의 상선 활동을 완전히 막을 수도 없었다. 그런데 1915년 독일의 어뢰 발사로 미국의 여객선 루시타니아 호의 침몰로 1200명의 인명피해가 나게 되어 미국은 독일에게 항의하였고, 미국의 항의로 독일은 더 이상 사전 경고 없이 발포하지 않겠다고 약속했다. 하지만 그 약속은 일시적으로 지켜졌고, 다시 독일은 1917년 무제한 잠수함 작전을 선포했다. 이로써 독일은 매월 100만 톤의 선박을 격침하겠다는 목표는 달성하지 못하고, 오히려 미국이 연합국에 가담해 제1차 세계대전에 참전하는 결과를 초래하고 말았다.[33]

마침내 1916년 독일은 연합국에게 평화제의를 했으나 연합국의 거절로 그것은 결렬되었고, 러시아는 전쟁수행으로 인한 국내의 혼란과 무정부 상태가 계속되면서 1918년 단독강화를 맺고 전쟁에서 철수했다. 한편 미국의 금융계는 연합국 정부에게 15억 달러를 대부해 준 것 때문에 전쟁개입의 여론을 굳히게 되었고, 1916년 프랑스 기선의 침몰로 미국인 다수가 사망하자 미국은 독일에 최후통첩을 보내게 되었다. 이로써 1917년 독일에 선전포고를 하여 미국은 전쟁에 참전하게 되었는데, 미국의 참전은 막대한 자금, 산업시설, 자원, 인력을 공급한다는 것을 의미했고, 이는 전쟁의 전환점이 되었다. 상황이 이러한 수준으로 전개되자 독일의 루덴도르프 참모총장(E. F. W. Ludendorff, 1865-1937)은 미국이 전쟁준비를 하는 1918년 7월 전에 전쟁을 끝내고자 1917년 총공격을 가했다. 그는 그해 10월 이탈리아군을 대파하고 영국군을 대파하였으나 근 50만의 사상자를 냈다. 이어 벌어진 7월 15일부터 8월 2일에 이르는 마른 전투(Battle of Marn)에서 쇠잔한 독일군을 상대로 연합국은 물량적 이점을 충분히 활용해서 영국은 모든 병력을 동원하였고, 미국은 100만 명을 파견하여 공격에 합세했다. 수적 열세에 몰린 독일이 후퇴하며 참호작전으로 연합국을 저지하려 했으나 연합국은 신무기 탱크로 이를 격퇴했다.[34] 그리고 나서 1918년 9월 28일 독일은 휴전을 요청하였고, 10월엔 윌슨 대통령(T. W. Wilson, 1856-1924)에게 전쟁중지를 요청했다. 이에 윌슨 대통령은 독일의 전제정치가 종식되지 않는 한 평화가 불가능하다는 답장을 보냈다. 11월 오스트리아는 항복했고, 독일 패배에 놀란 국민은 뮌헨과 베를린에서 혁명을 일으켰으며, 11월 10일 독일에도 공화정이 선포되었다. 마침내 1918년 11월 11일 오전5시에 콩피에뉴 숲에서 전쟁을 끝내는 문서에 서명했고, 6시간 뒤인 오전11시에 사격중지 명령이 서부전선에 하달되면서 전쟁은 종식되었다.[35]

전쟁이 끝나자 전후 처리의 문제를 두고 베르사유 체제로 들어가게 된다. 이에 앞서 윌슨의 평화안이 발표되었다. 1918년 윌슨 대통령은 14개 조의 평화안을 발표했는데, 이는 민족자결의 원칙과 국제연맹 설립을 골자로 한다. 민족자결의 원칙은 '피지배 민족의 정치적 자결권을 인정해야 한다'는 것인데, 이러한 원칙은 이후 2차 대전 후의 식민지 독립에 영향을 끼쳤다. 그리고 세계평화를 위한 국제기구로서 국제연맹의 창설 또한 중요한 제안이었다. 그러나 이러한 윌슨의 평화안은 국제도의에 입각한 전후 처리의 원칙을 제시한 것이었으나 실제 현실과는 차이가 있었다. 왜냐하면 각국이 자기 나라의 이해관계를 중심으로 비밀협약[36]을 맺어 둔 상태였기 때문이다. 그리고 이러한 윌슨의 평화안에 입각하여 전후문제를 처리하기 위해 "베르사유 조약"을 맺었다. 1919년 1월 18일 베르사유에서 영국, 프랑스, 이탈리아, 미국의 승전 4국의 강화회의가 열렸는데, 독일, 오스트리아, 터키, 불가리아의 패전 4국은 외교적 관례에 어긋나게 참석이 허용되지 않았다. 그리하여 1919년 5월 대독강화조약이 기초되었고, 마침내 6월 8일 독일은 전쟁의 책임을 인정하면서 전문 231조의 조약에 서명했다. 조약은 영토의 양도를 규정하여 독일의 영토를 1/10로 감소시켰는데, 구체적으로 알자스-로렌을 프랑스로 돌려주고, 폴란드 회랑(단치히 회랑)과 실레지아를 폴란드로 돌려줌으로써 폴란드는 독립하게 되었다. 또한 독일이 가지고 있었던 전 식민지를 포기하여, 카메룬은 프랑스가 인수받고 중국과 태평양 지역의 식민지는 일본이, 나머지 태평양 지역과 동 아프리카 및 서남아프리카는 영국이 인수 받았다. 그리고 독일은 엄청난 배상금을 지불해야 했다. 이는 전쟁 중 모든 시민에게 끼친 피해를 보상하도록 1921년 330억 달러로 계산되었는데, 유명한 경제학자 케인즈(J. M. Keynes, 1883-1946)는 이 배상금은 오히려 유럽 및 세계 경제의 회복을 저해할 것이라고 예견했고, 이는 1930년대 세계 대공황에서 정확하게 적중되었다. 또한 독일의 군비를 더욱 감축하도록 했다. 그래서 잠수함과 비행기 보유를 불허했고, 연합국 지역 및 라인강 동쪽 50km 선까지 요새 구축을 불허했다.[37]

독일뿐만 아니라 오스트리아-헝가리 2원국도 영토를 1/10로 줄이도록 했다. 이에 오스트리아-헝가리 2원국은 650만의 작은 지역에 오스트리아 계 독일인이 거주하게 되면서 차라리 독일에 병합되기를 원했지만 프랑스는 독일의 확대를 좋아하지 않았기 때문에 독일에 병합되는 걸 금지하는 조약을 삽입했고, 헝가리에 합스부르크 왕이 즉위하지 못하도록 했다. 그리하여 오스트리아 내에 있었던 약소민족들이 신생국가로 독립했는데, 물론 이는 윌슨의 민족자결의 원칙에 따라 각국의 전통에 따라 그 국경선이 정해져서 체코슬로바키아가 창설되었고, 루마니아가 확장되었으며, 보스니아·세르비아·몬테네그로가 유고슬라비아 왕국으로 병합되었다. 반면 불가리아는 독일에 참전하여 전쟁 중 획득한 영토를 내놓았고, 그것을 유고슬라비아가 할양·인수했다. 윌슨의 이상주의에 따라 독립한 신생국가들의 문제는 다시 1930년대 불거져 유럽의 안정을 해치게 된다. 그리고 오스만제국 내의 영국과 프랑스의 영토들은 국제연맹이 정한 위임통치 체제에 따라 프랑스는 시리아와 레바논을, 영국은 팔레스타인과 이라크를 위임통치 하였고, 독일 식민지는 국제연맹이 인계하여 특정 국가가 위임통치 하도록 처리되었다.[38]

끝으로 윌슨의 평화안에서 제안되었던 국제연맹은, 1919년 국제협력과 국제평화와 안전을 목적으로 하는 규약을 인준했다. 이로써 스위스 제네바를 항구적 소재지로 하고, 총회·이사회·사무국·국제재판소로 구성되며, 이사회의 결정은 만장일치로 되는 방식으로 국제연맹은 15년간 국제분쟁에서 전쟁방지의 역할을 하도록 설립되었다. 그리고 제1차 세계대전으로 총 동원된 7000만 중 900만이 죽고, 세르비아 병사의 40%가 전사했으며, 세르비아 전 인구의 15%을 잃고, 영국·프랑스·독일은 자국 인구의 2-3%를 잃는 등 이는 분명 '잃어버린 세대'였다는 것 이외에, 유럽은 인플레이션과 부채, 산업재건이라는 영속적인 경제적 결과들로 세계 경제의 중심에서 밀려난 자신들을 발견할 수밖에 없었고, 무엇보다도 세계는 그들 장래를 규정할 새로운 이념, 즉 민주주의, 공산주의 파시즘의 투쟁으로 돌입할 준비를 하게 되어 있었다.[39]

2. 겨울궁전으로 본 러시아 공산화

20세기 초 가장 중요한 사건은 러시아 혁명이었다. 19세기에 프랑스 혁명이 있었다면 20세기에는 러시아 혁명이 있었고, 1917년 러시아 혁명은 세계사를 뒤

흔든 열흘로 기억될 정도로 그것은 러시아를 공산화시킴으로써 그 체제를 변화시켰으며, 20세기 역사의 진행 방향에서 강한 영향을 미쳤다.[40]

19세기 말 러시아는 내부모순에 시달리고 있었다. 당시 산업혁명으로 인한 사회적 변화에도 불구하고 러시아의 전통적인 전제정치는 그 변화를 의식하지 못했고, 이로 인해 도시를 중심으로 파업이 일어나는 등 혁명운동이 일어났으며, 개혁을 주장하는 소리가 사방에서 일어났다. 이렇게 개혁을 주장하던 당파들 중 마르크스주의자들의 단체인 사회민주당은 온건한 멘셰비키와 과격한 볼셰비키로 분파되어 있었다. 그리고 1905년 러시아는 러-일 전쟁에 패배함으로써 기존의 사회적 모순은 더욱 증폭되어 전국적인 혼란과 시위가 벌어졌다. 그 단면을 보여 주는 사건이 이른바 "피의 일요일"이다. 그것은 1905년 수많은 도시 노동자들이 빈곤을 호소하며 황제가 머무르는 상트페테르부르크의 겨울궁전에 가서 진정서를 제출했는데, 코사크 기병이 무방비의 군중에게 발포하여 수백 명을 살상한 사건이다. 이 학살로 세계는 충격에 빠졌고, 러시아 정부는 개혁을 단행하고자 했으나 실패했으며, 이어 1914년 1차 대전에 참전하여 회복할 수 없을 만큼 타격을 입었다. 그로 인해 1917년 볼셰비키의 레닌을 중심으로 한 러시아 혁명이 일어나 전제정치를 몰락시키고 러시아는 공산화되기에 이른다. 이러한 러시아 공산화 과정에 대해서 찬찬히 살펴보도록 한다.

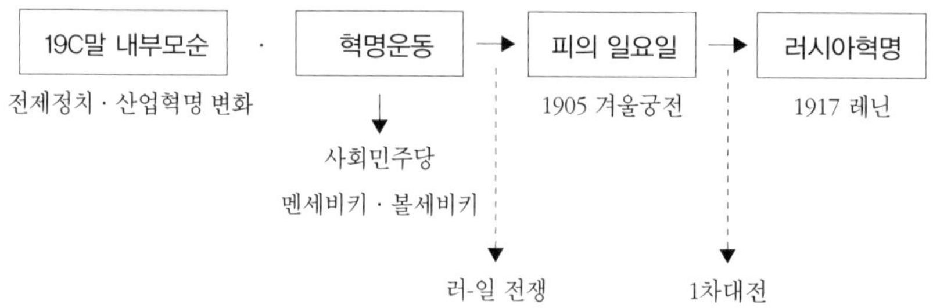

19세기 말 러시아는 내부모순과 그에 대한 혁명운동으로 점철되어 있었다. 러

시아는 1853-1855년에 이르는 크림전쟁에서 패배하게 되는데, 전쟁의 패배원인은 니콜라이 1세(Nikokai Ⅰ, 1795-1855) 시대의 사회적 모순과 행정적 부패에 있었다. 이에 즉위한 알렉산드르 2세(Aleksandr Ⅱ, 1818-1881)는 사회적 개혁을 단행하는데, 그 첫 번째 개혁은 농노제 폐지(1861)와 농노 해방(1863-66)이었다. 당시 러시아는 유럽에서 가장 후진적인 봉건적인 농업제도와 농노제를 가지고 있었고, 이는 지식인의 맹렬한 비판의 대상이 되었는데, 농노제 폐지로 인해 4000만에 이르는 농노가 해방되었다. 이로 인해 지주에게는 토지와 농노의 보상이 부족했는가 하면 농노에게는 공동농장 미르가 불모지인데다가 지주층 보상을 위한 특별상환세의 부담이 있어서 모두에게 불평등했지만, 점차적으로 곡물생산이 증가되고 농지면적이 증가하면서 농민의 생활조건이 개선되었고, 상거래가 활발해지면서 전반적인 경제성장 효과가 나타났다. 이로 인해 알렉산드르 2세는 '농노의 해방자', '해방자 차르'로 불렸다. 나아가 그는 지방 자치제를 위해서 젬스트포(Zemstvo; 지방의회)를 창설하였고, 서구의 사법제도를 모방하여 사법제도의 혁신을 이루었다. 그러나 지방의회 젬스트포는 지방민의 정치적-행정적 미숙과 중앙관리의 월권적 간섭으로 많은 결함이 드러났고, 그의 개혁은 사회각층의 비판과 무지한 대중의 무반응에 식어 가다가 과격한 허무주의자의 테러가 성행하면서 1881년 알렉산드르 2세는 암살되었다. 다른 한편 19세기 말 알렉산드르 2세처럼 가장 급진적인 정치집단은 '인민 속으로'라는 뜻의 나로드니키 운동(Narodnik)인데, 그것은 차르 체제의 전복을 꾀하는 비밀결사를 형성하는 등 노력을 하였으나 일반대중의 호응을 얻지 못해 좌절되었다. 그러나 나로드니키 운동이 러시아가 서양의 방식이 아닌 자신의 방식으로 현대화할 필요가 있다고 믿고 농민 사회주의를 강조한 것은 이후 사회개혁당에게 영향을 주었다.[41]

그러자 후계자 알렉산드르 3세(Aleksandr Ⅲ, 1845-1894)는 다시 러시아를 급격하게 전제정치로 돌아가게 하였고, 그는 러시아의 정치적 혼란을 막는 길은 서유럽의 자유주의로부터 단절되는 것이라고 확신했다. 그래서 범슬라브 민족주의를 강행했고, 그의 자문관이었던 포비예도노스체프(K. P. Pobyedonostzev, 1827-1907)는 테러주의자를 색출하였으며, 하나의 민족·언어·교회·정부라는 강력한 러시아화 정책을 추진했다. 알렉산드르 3세를 이은 니콜라이 2세(A. Nikolai Ⅱ, 1868-1918)는 유약한 사람이었고, 전통적인 전제정치를 답습했다. 그러나 그는 산업혁명의 영향을 받은 19세기 사회변화를 인식하지 못했고, 그로 인해 노동자의 빈번한 파업과 혁명단체의 결성에 대해서 정부경찰과 군부를 동원해 탄압했다. 이러한 분위기 속에서 개혁을 주장하는 당파들이 생겨났다. 우선 입헌민주당은 진보적 실업가와 귀족을 중심으로 입헌군주제에 입각한 평화로운 개혁을 주장했다. 반면 나로드니키의 전통을 계승한 사회개혁당은 농촌과 농민에게 더 많은 토지를 분배하고자 했다. 그리고 사회민주당은 과격한 지식인과 도시 노동자를 중심으로 한 마르크스주의자들로서 정치·경제·사회의 철저한 혁명을 주장했다. 사회민주당은 1903년 브뤼셀 대회에서 플레하노프(G. V. Plekhanov, 1856-1918)의 영도 하에서 입헌체제에서 점진적인 사회주의 건설을 주장하는 멘셰비키파(Mensheviks; 소수 집단)와, 레닌(V. I. Lenin, 1870-1924)을 중심으로 소수의 전문적 혁명분자를 조직하여 무력으로 정권을 탈취하고자 하는 볼셰비키파(Bolsheviks; 다수 집단)로 나누어졌다. 이 두 파는 화해할 수도 있었으나 레닌이 그의 리더십에 반기를 드는 사람을 적대시했기 때문에 그렇게 되지 못했고, 그런 가운데 런던에서 열린 2차 대회부터는 레닌이 주도하여 볼셰비키 공산당이 사회민주당을 장악하게 되었다.[42]

이러한 분위기 속에서 일어난 사건이 1905년의 "피의 일요일"이다. 당시 러시아는 러-일 전쟁에서 육전과 해전에서 모두 완패했는데, 이로 인해 정부의 부패와 무능과 전제정치가 비판되었고, 정치에 무관심하던 중간계급도 목소리를 내었으며, 급진 노동자들은 파업을 하며 시위를 했다. 그때 1월 22일 한 신부의 인도 아래 수많은 군중들이 황제에게 진정서를 제출하기 위해, 황제가 겨울에 기거하는 상트페테르부르크의 겨울 궁전에 몰려갔다. 이 진정서에는 도시 노동자의 빈곤을 호소하고 자의적 전제정과 부패한 관리를 비판하는 내용이 담겨 있었다. 그런데 코사크 기병은 무방비의 군중에게 발포하여 수백 명을 살상하였고, 이 사건으로 차르 정부는 무능할 뿐만 아니라 잔인하다는 비판이 일었다. 이 사건은 세계적으로 충격을 주었고, 1905년 내내 러시아에는 전반적인 저항이 일어났다. 상인은 상점문을 닫고, 공장주는 공장가동을 중지했으며, 지방 당국자는 종종 분노한 농민에게 살해당하는 등 전제정치는 통제력을 상실했다. 사회민주당은 차르에게 암살을 경고하면서 마침내 노동자의 회의체인 소비에트(Soviet: 평의회)를 조직하여 혁명운동을 지휘했다. 상트페테르부르크의 소비에트에서 레닌과 트로츠키(L. Trotskji, 1879-1940)가 활동하였고, 대도시에서 군중이 적기(赤旗)를 들고 다녔다. 가스·전기·수도가 나오지 않았고, 산업조직과 정부기관이 폐쇄되었으며, 전 러시아의 생활이 마비되었다.[43]

이에 니콜라이 2세는 '10월 선언'을 공포하게 된다. 러-일 전쟁을 수습하는 포츠머스 조약을 체결하고, 인신, 양심, 언론, 집회, 결사의 자유를 약속하면서 입법기관인 두마(Duma; 의회)를 소집했다. 이러한 10월 선언에 대해서 온건한 자유주의자는 만족했으나 사회주의자는 새로운 파업을 조직하려 했다. 1906년 첫 두마 소집에서 러-일 전쟁의 책임을 묻고 폴란드 자치와 정치범 석방을 요구하자 니콜라이 2세는 두마를 해체하고, 그로 인해 체포와 처형의 압제가 계속되었다. 이에 따라 1905년의 혁명으로 러시아는 진정한 입헌국가로 전환되지 못하고 만 것이다. 한편 레닌은 그의 형이 황제의 암살사건에 연루되어 처형되자 혁명가로서의 길로 들어서게 되었고, 1895년 정치활동으로 투옥되어 시베리아 유형을 갔다 온 후 주로 해외에서 활동하며 러시아의 문제는 오직 혁명만이 유일한 답이라고 생각했다. 1903년 그는 러시아 공산당의 볼셰비키 지도자가 되어 1917년 신속하게 권력을 장악하고 멘셰비키와 갈라섰다.[44]

레닌

레닌은 볼셰비키 독재를 통해 정권을 장악하고 "러시아 혁명"(러시아 10월 혁명)[45]을 일으키게 된다. 러시아는 1차 대전에 참전하여 막대한 전쟁비용을 지출함으로써 국가 위급사태 내지 정부의 정치력 약화가 야기되었다. 1917년 3월 3일 상트페테르부르크의 한 공장에서 파업이 시작되어 3월 8일 전 시가지가 마비되었고, 동시에 식량이 크게 부족하여 시민들이 거리로 나오게 되어 그들이 파업자나 경찰과 시가전을 벌이게 되었다. 니콜라이 2세는 3월 11일 두마를 해산하고 노동자가 일자리로 돌아갈 것을 명령했다. 그러나 두마나 노동자가 이에 불복하여 공개적인 항의를 하게 되었는데, 이것이 혁명적 사태로 진전되었던 것이다. 니콜라이 2세가 진압을 위해 경찰과 군대를 파견했는데, 3월 12일에는 군대와 경찰이 노동자에 가담하여 혁명은 전국으로 확산되었고, 이에 3월 12일-15일까지 두마가 해체되고 임시위원회(임시정부)가 선포되었다. 그리하여 마르크스주의자가 상트페테르부르크에서 노동자와 군인으로 구성된 소비에트(Soviet; 평의회)를 조직하였고, 마침내 니콜라이 2세가 퇴위함으로써 구체제는 종식되고 말았다. 이것이 이른바 '러시아 2월 혁명'이다.[46]

대략 6개월 간 소비에트와 임시정부라는 2원적 체제는 지속되었는데, 하나는 두마의 지도자들이자 중간계급의 자유주의자들로 조직되어 입헌적 민주체제를 옹호하는 임시정부이고, 다른 하나는 1905년 이래 사회주의자들에 의해 인민의 대표로서 조직된 소비에트가 있었다. 임시정부는 시민의 권리와 자유에 관한 안과 제헌의회 구성에 기대를 걸고 결정적인 조치를 취하지 못했고, 반면 소비에트는 온건한 멘셰비키에 의해 주도되었다. 그런데 7월 임시정부 수반으로 진취적인 케렌스키(A. F. Kerenskii, 1881-1970)가 취임하면서 볼셰비키와 상이한 노선을 취했다. 이에 과격한 마르크스주의자들은 레닌의 지휘 아래 소비에트를 확대 강화했다. 원래 볼셰비키는 사회주의자들 사이에서 소수파였으나 혁명이라는 목적 하에 헌신적으로 결속했고, 임시정부에 대한 대중의 불만과 급격한 실업률·기아·대혼란 속에서 볼셰비키의 신뢰도는 빠르게 상승했다. 쿠데타는 1917년 11월 7일에 일어났다. 레닌의 지시 하에 볼셰비키는 소비에트 정부를 장악하였고, 이에 군부의 신뢰를 잃은 케렌스키는 망명했다. 그러나 선거에서 레닌은 25%의 지지밖에 얻지 못했고, 이로 인해 1918년 의회가 그를 거부하자 신설된 적군(赤軍; Reds)을 동원하여 의회를 해산시켜 버렸다. 이에 대한 국내의 반대파의 저항이 강력했는데, 마침내 1918년 3월 레닌은 적군과 비밀경찰을 이용하여 공포정치를 시작했다. 그리하여 1918년 7월 트로츠키의 지휘로 니콜라이 2세 및 가족을 학살하였고, 1920년대까지 반혁명 러시아 인을 누르는 데 성공하여 내전이 끝났을 때 100만 명의 전투 사상자, 전쟁으로 인한 수백만의 기아와 질병 사망자, 적군의 테러로 자행된 10-20만 명의 처형 등 혁명은 그 야만성을 드러내었다.[47]

혁명 이후 레닌의 새 정부는 1921년 신경제 정책(NEP: Novaya Ekonomicheskaya Politika)을 시작한다. 이는 국가가 모든 주요 산업과 금융 기관을 소유하고, 개인은 사유재산을 소유하면서 자신의 토지를 경작하도록 하는 일종의 국가 자본주의로 돌아가는 것을 말한다. 이러한 신경제 정책이 소련의 농업을 회복시켜 주어서 1924년 수확량은 전쟁 이전 수준으로 회복되었다. 물론 이것이 농민이 시장에 참여하여 도시 지역에 혜택이 돌아가도록 하는 그러한 경제 정책으로까지 이어지지는 못했다. 1924년 레닌이 사망하자 러시아 공산주의는 어느 정도 안정적으로 정착되어 가는 듯했다. 그러나 스탈린(I. V. Satlin, 1879-1953)의 등장으로 갑자기 신경제 정책이 종식되고, 급속한 사회·경제적 변화를 몰고 오는 위로부터의 혁명이 단행된다. 그로 인해 농업에서부터 '집단화'가 추진되는데, 1929년 스탈린은 스스로가 제2차 세계대전보다 더 어려웠다고 술회한 집단화 운동에 착수한다. 농민은 사유지를 포기하고 집단 농장(콜호즈)에 가담할 것이 강요됐고, 이에 대해 1929-1933년 사이에 1600차례의 반란이 있었으며, 그 진압 과정은 잔인하고 혼란스러웠다. 기록에 따르면 1930-31년 사이에 반란자는 대략 180만 정도가 처형되었고, 저항을 막기 위해 일으킨 인위적 기근으로 1932-33년 사이에 6백만-7백만이 목숨을 잃었다. 그러나 1935년 농업의 집단화는 대체로 완성되었다. 농업의 집단화는 신속한 산업화를 위한 자원이 되어 주었다. 스탈린은 산업화를 위한 지침으로 제1차 5개년 계획(1928-1932)을 마련했다. 이를 통해 소련은 연간 성장률이 15-22%, 5년 간 50% 이상 증가했고, 이는 서구의 경제의 기초를 흔들어 놓을 정도로 놀라운 것이었다. 이로써 1930년대 모스크바와 레닌그라드의 인구가 두 배로 늘었고, 도시 인구는 15년 동안 2600만에서 5600만으로 늘어났다.[48]

그러나 이러한 급속한 산업화, 위로부터의 혁명의 이면에는 '굴라그'(Gulag; 강제노동수용소)라고 알려진 노동 수용소 체제가 있었다. 이는 사소한 범죄로부터 온갖 이상한 죄명으로 체포된 사람들을 수용하여 대규모 프로젝트, 예컨대 벌목이나 광산업 등에 이들 죄수를 동원하는 체제이다. 1930년대에 이 수용소 체제는 소비에트 연방공화국 전역에 확산되었다. 모든 기계의 동력을 인간이 대신하면서 엄청난 사람들이 목숨을 잃었다. 또한 이 경제 체제는 구조적 문제를 안고 있었다. 즉 이것은 극도로 중앙 집권적인 계획 경제였으므로 생산의 질을 무시하고 양에 치중되어 실제로 합리적인 방식으로 작동하지 않았다. 예를 들어 신발을 생산할 때 생산자는 질을 생각하지 않고 양만 맞추기 때문에 목표는 달성되지만 소비자에게는 별 쓸모없는 상품만 남게 되는 식이었다. 이렇게 해서 스탈린의 산업화는 단기적으로는 소련을 농업국가에서 산업 강국으로 변화시켰지만, 장기적으로는 이 체제의 경제적 재앙으로 잠복되어 있었던 것이다.[49]

끝으로 스탈린은 1937-1938년 사이에 대공포 시대를 열어 그 억압이 극에 달한다. 그는 자신의 독재권을 공고히 하면서 소비에트 사회에 불필요한 개인과 집단을 제거했다. 볼셰비키 당의 최고위층은 거의 완전히 다 숙청되었고, 군부에서 잠재적 위협이라고 여겨진 인사들도 거의 숙청하거나 총살시켰다. 이로써 스탈린 개인의 독재를 굳건히 하는 데는 성공했지만 그것은 소련 사회의 잠재력을 파괴한 것이고, 그 결과는 심대했다. 1939년에 이르면 농업은 집단화되었고, 상점은 정부나 협동조합의 소유이며, 모든 기반시설은 전적으로 국가의 소유이고, 어떤 사적 거래나 제조업은 완전히 폐지되었다. 서구의 어떤 정권도 국가의 제반 인프라를 완전히 재조직하려 한 적이 없었던 이런 일을, 소련은 10년 만에 해낸 것이다. 사회는 좀 더 도시화되고 근대화되었으며, 문맹률도 향상되었지만, 그 과정에서 그것은 엄청난 숙청이 이루어진 심각하게 상처받은 사회였다.[50]

13장 제2차 세계대전과 전체주의

1. 아우슈비츠로 본 제2차 세계대전

제2차 세계대전은 전체주의로 인해 발생한 전쟁이다. 즉 파시즘과 나치즘의 전체주의가 제2차 세계대전을 야기한 직접적인 원인이라고 할 수 있다. 즉 1930년대의 세계 대공황 속에서 강력한 정부를 원했던 국가는 전체주의 국가를 탄생시킨 것이다. 그밖에 제1차 세계대전의 베르사유 조약이 과도한 배상금을 책정했던 것, 또한 단치히 회랑을 중심으로 한 폴란드 문제, 그리고 전쟁을 막고자 설립됐던 국제연맹의 무능 등이 복합적으로 작용했다고 하겠다. 이러한 원인들로 해서 발생한 제2차 세계대전은 가공할 무기를 가지고 지구상의 곳곳에서 전쟁이 벌어졌던 인류 역사상 유례가 없는 전면 전쟁이었다[51]고 평가된다.

제2차 세계대전의 발발은 독일의 폴란드 침공에서 시작된다. 1939년 9월 1일 독일은 폴란드를 침공했는데, 그해 3월 히틀러(Adolf Hitler, 1889–1945)는 폴란드에게 단치히 자유항을 요구하였고, 이에 영국과 프랑스는 철수하라고 공동으로 경고했다. 그해 8월 이미 독일은 소련과 불가침 조약을 맺은 상태였다. 그래서 히틀러는 폴란드 침략에서 소련의 개입을 방지할 수 있었고, 그것으로 소련은 독일의 체코 병합 문제가 거론됐던 1938년 뮌헨 회담에서 4개국 열강으로부터 자국이 소외된 데 대해 스스로 자구책을 찾은 셈이었다. 그리고 9월 1일 독일이 폴란드를 침공하자 9월 3일 영국이 최후통첩을 선언했고, 이어 프랑스가 선전포고를 했다. 독일은 전격전(Blitzkrieg)으로 접어들어 1개월 안에 전투는 끝났고, 독일의 전차부대의 오랫동안 훈련된 전격전에 폴란드는 방어를 할 엄두도 못 내고 분할되었다. 그러자 전쟁은 장기전으로 들어가서 1939-1940년까지 독일, 영국, 프랑스는 국경에서 전투 없는 전쟁, 즉 교착전을 계속했다.[52]

마침내 프랑스는 덩케르크(Dunkerque)에서 후퇴하면서 독일에 패하게 되는데, 그 전에 1940년 4월 히틀러는 덴마크와 노르웨이를 침공하여 덴마크를 하루 만에 점령하자 영국과 프랑스의 원정군이 노르웨이에서 오래 버티지 못했고, 이에 책임을 지고 체임벌린 수상은 사임을 하고 처칠(Winston Churchill, 1874-1965)이 이를 뚫고 나가게 되었다. 그해 5월 히틀러는 다시 네덜란드, 벨기에, 룩셈부르크를 공격하여 항복시켰는데, 이때 마지노선이 뚫려 독일군은 북프랑스에 침공할 수 있게 되었다. 프랑스군은 군비 면에서는 앞섰지만 조직 면에서는 허술하여 독일의 기동작전에 속수무책이었고, 5월 중순 전후해서 프랑스 군대는 대패했다. 잔존한 영국군 군대가 덩케르크 해안에 집결하여 철수했으며, 프랑스의 몰락은 불가피했다. 이때 무솔리니(B. Mussolini, 18833-1945)는 선전포고를 하면서 남프랑스를 침입했고(6월 10일), 6월 14일 파리가 함락되자 프랑스 군은 휴전을 제의하게 되었다. 제1차 세계대전 영웅이었던 페탱(H. P. Pétain, 1856-1951) 원수는 수상이 되어 휴전 조약에 서명했고(6월 22일), 북 프랑스를 점령하고 있었던 독일이 1942년 11월 전 프랑스를 점령하기 전까지 페탱의 비시 정부(Gouvernement de Vichy)는 독일의 괴뢰가 되었다. 그로써 사실상 제3공화정, 독일의 역사적 적국인 프랑스는

40일 만에 몰락했다. 이때 드골(De Gaulle, 1890-1970)은 런던으로 망명하여 자유 프랑스 정부를 수립하였고, 연합국에 합세했던 것이다.[53]

이렇게 프랑스가 몰락함으로써 영국은 홀로 히틀러에 대항할 수밖에 없었다. 1940년 6월 말 유럽대륙 해안선은 노르웨이-스페인까지 독일이 점령하였고, 제1차 세계대전 때처럼 독일은 잠수함을 보내 영국의 보급로를 위협했다. 그렇게 영국은 홀로 히틀러에 대항했다. 이때 영국이 결연히 저항할 수 있었던 것은 처칠의 지도력이 중요한 이유였다. 처칠은 1939년까지 정치계의 거만한 독불장군으로서 정치생명이 끝난 것으로 여겨졌으나 그가 이 전시연합내각을 이끌면서 대중연설과 개인외교라는 천재적인 능력을 발휘해 최대의 효과를 내었다. 프랑스 함락 후 독일 공군은 공중에서 우월권을 확립하고자 영국에 대해 대대적인 공습을 강행했고, 영국의 산업시설뿐만 아니라 특히 민간인이 있는 도시를 주로 포격해서 4만 명 이상이 살상되었다. 그러나 영국은 곧 효과적인 전자 탐지기 레이다(Radar)를 개발하여 독일 비행기를 추락시켰는데, 10주 공습에서 독일은 2000대의 비행기를 잃은 데 반해 영국은 900대를 상실하는 것에 그쳤다. 이로 인해 독일의 공습은 야간에만 국한하게 되었다. 다른 한편 독일의 추축군(Axis Powers)인 이탈리아는 1940년 10월 그리스를 침략하는 데 실패했고, 또한 아프리카에서도 실패했다. 이탈리아 군은 영국령 소말릴란드를 정복하고 이집트에 침공했으나 영국군의 반격으로 대패했다. 또한 1941년 5월 이탈리아는 에티오피아에서도 영국군이 점령함으로써 실패했다. 이렇게 대서양과 북 아프리카에서 전투가 거듭되는 동안 독일은 발칸 반도로 진입했다. 1941년 히틀러는 한 차례의 전투도 없이 유고슬라비아를 점령했고, 차례로 크로아티아 괴뢰국을 세우고, 루마니아, 헝가리, 불가리아도 나치 동맹국에 가담했다. 그리스만이 완강히 버텼지만 독일이 유고슬라비아를 공수부대로 활용해서 크레타를 점령함으로써 함락할 수 있었다. 이렇게 해서 1941년 여름까지 유럽의 거의 모든 나라가 독일에 굴복했던 것이다.[54]

이때 독일은 러시아와의 전쟁을 치르게 된다. 상호 불가침 조약으로 인해 러시아는 전쟁에서 많은 이익을 얻었지만, 상호 불가침 조약을 맺은 것은 독일이 최후의 전쟁이 준비될 때까지의 편의상의 행동으로 여겨졌다. 1941년 봄 독일과 러시아는 상호 불신하게 되어 두 나라 상호간의 불가침 조약은 아무 의미가 없게 되었다. 1941년 여름 독일은 준비가 된 것처럼 보였고, 승자는 독일이 될 것처럼 보였다. 1941년 6월 21일 독일군은 선전포고 없이 발트해와 흑해를 거쳐 소련을 침공했다. 핀란드, 헝가리, 불가리아, 루마니아 등 소련의 위성국들이 독일의 위성국이 되어 소련을 공격했고, 파죽지세로 들어간 독일군은 무수한 포로와 함께 모스크바까지 진격했다. 그러나 몰락 직전에 몰린 소련은 추위와 눈으로 844일을 버티며 보급로가 끊긴 독일을 반격했고, 1943년은 결정적인 한 해가 되었다. 독일의 기갑부대는 소련군을 분열시키며 시가전에 돌입했는데, 수적으로 열세인 소련군은 돌덩이와 식칼까지 사용하면서 실탄이 다할 때까지 싸웠고, 겨울이 오자 대규모 러시아 군대가 도시 안에 있는 독일군을 포위해 모진 겨울 내내 전투를 치뤘다. 히틀러는 격노하여 부대들을 구출해낼 것을 명령했지만 독일군 사령관은 명령을 무시하고 항복했다. 소련 탱크의 거의 90%, 거대한 보급품 저장소가 파괴되었고, 엄청난 사상자를 냈지만 러시아는 결정적인 승리를 거뒀으며, 이러한 러시아 전선은 히틀러 파멸의 원인이 되었다. 이로써 나폴레옹이 영국과 러시아를 '위대한 불가해'(不可解)라고 말했던 것처럼 1944년 봄 독일군도 러시아에서 후퇴하여 자체 국경선을 지키는 데 급급한 상황으로 전세가 몰리게 되었다.[55]

다른 한편 프랑스의 함락과 영국의 덩케르크 철수 후에 미국의 고립주의에 변화가 생겼다. 미국은 영국에 무기를 수송하고 징병제를 실시했으며, 1941년 8월 나치의 폭정이 붕괴된 후 모든 민족에게 안전과 자결권이 보장될 것이라는 '대서양 헌장'이 루즈벨트에 의해 선언되었다. 이때 미국 해군과 독일 잠수함 사이에 포고 없는 전쟁이 발발하면서 미국 구축함 커니호가 독일에 의해 어뢰공격을 당하고, 루벤 제임스 호 또한 침몰했다. 이런 상황에서 1941년 12월 일본의 진주만 공격이 있었다. 워싱턴에서 일본 사절이 미국과 일본 양국의 관계개선을 절충하는 1941년 12월 8일, 일본 비행기가 진주만 미국 함선을 기습하여 대파했던 것이다. 정당한 이유 없는 공격에 미국 여론은 충격을 받았고, 이는 미국이 제2차 세계대전 참전을 결정하는 계기가 되었다. 이렇게 해서 전면전쟁에 뛰어든 미국에 대해 독일과 이탈리아가 선전포고를 했고, 영국은 미국과 함께 26개국이 국제연합(United Nation)이라 칭하며 대서양 헌장을 준수하는 서약 하에 연합전선을 펴게 되었다. 이런 가운데에서도 일본은 태평양 도서를 점령하였고, 급기야 1942년 태평양 소재의 영국과 미국의 기지들은 일본에 의해 상실되었다. 그러나 1942년 봄 일본의 성공은 한계점에 달했다. 미군이 나선 것이다. 미군이 태평양 지역에 공세를 시작해서 인구가 밀집된 일본 도시를 포격했다. 다른 한편 북 아프리카 전투에서 영국이 이탈리아 식민지인 리비아를 손에 넣는 바람에 독일이 개입하지 않을 수 없었고, 1942년 히틀러의 뛰어난 장군 롬멜(E. J. E. Rommel, 1891-1944)은 그의 최정예 아프리카 군단으로 영국을 몰아내고 2년간의 전쟁을 시작했다. 전투는 18개월 동안 진퇴양난을 거듭했고, 영국의 몽고메리 장군(B. L. Montgomery, 1887-1976)은 롬멜을 격퇴하고 독일군을 튀니지까지 후퇴시켰다. 1942년 11월 미국의 아이젠하워 장군(D. D. Eisenhower, 1890-1969)의 지휘 하의 연합군 합동공세에서 독일은 100만 사상자를 내며 전투는 종식되었다.[56]

1943년 1월 모로코의 카사블랑카에서 연합국은 장래의 전쟁에 대해 논의하기 위해 회담을 열었고, 독일과 이탈리아의 추축군의 무조건적인 항복을 받아내는 것이 전쟁의 목적임을 다짐했다. 그리고 북 아프리카에서 승리함으로써 연합군은 이탈리아를 침공할 수 있었고, 1943년 7월 연합군이 이탈리아에 상륙하자 파시스트 회의에 의해 무솔리니는 사임되었다. 이에 나치는 무솔리니를 구출하여 그를 북 이탈리아 괴뢰정권의 우두머리로 세우고, 독일군을 나폴리로 급파했다. 이탈리아는 항복했지만 내전이 일었고, 18개월이나 연합국 편이었던 공산주의 파르티잔[57]과 추방된 지도자를 위해 싸우는 파시스트들 사이에서 연합군은 서서히 고통스럽게 1944년 로마에 입성했다. 마침내 전세를 급진전시키는 노르망디 상륙작전이 시작된다. 1944년 6월 6일을 D-데이로 정하고, 4000척 수송선, 800척 군함, 11000대의 비행기, 50만 명의 병력을 노르망디 해안에 상륙시켰다. 독일군은 노르망디의 빽빽한 산울타리를 맹렬히 방어했지만 연합군은 엄청난 물자와 병력 그리고 프랑스 레지스탕스의 도움까지 가세되어 8월 파리를 해방시켰다. 1944년 12월 독일은 벌지 전투(Battle of Bulge)에서 수천 명의 포로를 사로잡으며 연합군의 전선을 거의 돌파하기도 했지만, 겨울이 지나면서 연합군의 반격은 독일군을 궤멸시키면서 1945년 4월 연합군은 라인강을 건넜고, 독일군은 와해되었다. 4월 30일 히틀러는 집무실 지하 반공호에서 자살했고, 1945년 5월 8일 독일 최고 사령부는 무조건적인 항복문서에 서명했다. 다른 한편 1945년 7월 26일 연합군은 일본에게 항복하지 않으면 괴멸할 거라는 공동 선언을 발표했다. 미국은 최신예 폭격기 B-29를 이용해 일본의 대공포 사정거리 위를 날며 이러한 파괴의 과정을 보여 주었다. 그러나 일본은 항복을 거부했고, 이에 미국은 원자폭탄의 사용을 결정했던 것이다. 8월 6일 원폭이 히로시마에 투하되자 이 도시의 60%가 흔적도 없이 날아가 버렸고, 사흘 뒤 원폭이 나가사키에 투하되자 도시는 완전히 파괴되었다. 8월 15일 일본은 무조건 항복했다. 원자 폭탄은 이전까지 사용된 적이 없는, 비밀리에 개발된 완전히 새로운 무기였다.[58]

이렇게 전쟁이 종전으로 치달아갈 때 전쟁을 마무리하는 여러 협정들이 맺어졌다. 1943년 11월 카이로 선언, 1943년 12월 테헤란 선언, 1945년 2월 얄타협정, 그리고 끝으로 1945년 5월 포츠담 선언이 그것이다. 카이로 선언에서는 일본의 운명에 대해서,[59] 얄타협정에서는 유엔기구의 수립방안을 비롯한 열강의 비밀협정에 의한 영토 회복에 대해서 논의되었다. 중요한 것은 포츠담 선언인데, 이것은 독일 붕괴 이후 연합군이 합의한 협정으로 5개의 골자를 갖는다. (1) 독일 영토는 광범위하게 축소되는데, 동 프로이센은 양분되어 쾨니히스베르크를 포함한 북반부는 소련으로, 남반부는 폴란드로 귀속된다. 폴란드는 단치히 자유시를 찾고 오데르 강과 나이제 강 동쪽의 모든 독일 영토는 폴란드에 의해 관장된다는 것이다. (2) 독일 군사력은 전격적으로 해체시키고, (3) 독일 산업은 극단적으로 감축하여 트러스트나 카르텔 등을 철폐함으로써 독일 경제를 분권화한다. (4) 독일은 기계류, 광물, 생산품, 생산시설, 상선 등과 같은 현물로 막대한 배상을 지불하고, (5) 독일은 네 개의 점령지역으로 나눠 각각 소련, 영국, 미국, 프랑스에 의해 통치된다는 것이다.[60]

제2차 세계대전을 일으켰던 이러한 전체주의는, 즉 독일의 나치즘은 아우슈비츠라는 가장 잔혹한 사건을 야기했다. 아도르노(Theodor Wiesengrund Adorno, 1903–1969)는 『계몽의 변증법』에서 아우슈비츠는 전체주의가 낳은 망령이라고 개탄하면서 왜 인류는 계몽을 통해 진정한 인간적 상태에 들어서기보다는 새로운 종류의 야만상태에 빠졌는가[61] 라고 말하고, 이성을 통해 인간이 계몽되면 스스로의 구원이 가능하다고 믿었던 계몽주의는 비판되어야 한다고 주장한다. 아우슈비츠는 폴란드의 수도 바르샤바에서 약 300km 떨어진 곳에 위치하여, 전체 28동으로 되어 있는, 나치가 세운 강제 수용소 중 최대 규모이다. 처형된 사람은 유대인, 소련군 포로, 정신 질환자, 동성애자, 나치즘에 반대하는 자 등 1945년 기준으로 약 600만 명으로 추정되고, 그 중 유대인은 200만 명인 것으로 알려져 있다. 이러한 통계는 숫자에 불과하다.[62] 이미 나치가 아우슈비츠에 죽음의 수용소를 세우기 전에 히틀러는 점령지에 괴뢰 정부를 세우고, 그곳에 있는 유대인 공동체를 50%이상, 특히 발트해 국가, 발칸 반도 국가, 독일과 폴란드 등에서는 80% 이상 절멸시켰다. 그리고 제2차 세계대전의 전투 가운데에서 나치의 군대의 뒤를 따라 이른바 '죽음의 부대'가 들어왔고, 그들은 1943년 당시 대략 220만의 유대인

을 학살했다.[63]

고압 철조망

아우슈비츠의 첫 학살은 1941년 9월 가스실에서 일어났는데, 한 번에 약 2000여 명의 수용자가 학살되었다고 한다. 가스실은 그 전에 독일에서 8만 명의 '부적합 개인'을 죽인 T-4안락사 프로그램을 진행한 과학자들에 의해 고안되었다. 그것은 대개 샤워실 모양을 하고 있고, 피해자에게 샤워를 하라고 옷을 벗게 한 후 그는 가스실에 보내어 학살되었다고 한다. 하루에 1500구에서 2000구까지의 시체가 학살되었는데, 이들의 옷과 신발은 분류되었고, 수용자들의 머리카락을 잘라 카펫과 가발을 만들었다. 아우슈비츠 강제수용소의 생존자인 프리모 레비(Primo Levi, 1919-1987)는 이를 다음과 같이 술회한다.

> 우리의 언어는 이러한 범죄, 즉 한 인간의 파괴를 표현할 단어를 갖고 있지 못하다. … 이것보다 더 비천하게 몰락하는 것은 불가능하다. 어떤 인간의 상황도 이보다 더 비참하지 않을 뿐만 아니라 아마도 그렇게 될 수도 없다. 우리에게는 더 이상 아무것도 속하지 않는다. 그들은 우리의 옷, 우리의 신발, 심지어 우리의 머리카락까지도 빼앗아갔다.[64]

⬆가스실

⬆가스실과 소각장

⬆소각로

"독일은 앞으로도 다른 것과 함께 아우슈비츠를 의미하게 될 것입니다. … 이것들은 모두 지울 수 없는 독일의 유산의 일부입니다"라고 폴란드의 어느 영화감독이 말했다. 그리고 이러한 나치의 만행은 현재 독일 역사교과서에 자세히 서술되어 있다. 아마도 다음과 같은 내용도 빼놓지 않고. 아우슈비츠는 '노동이 너희를 자유케 한다'라고 쓴 정문의 글귀로부터 시작해서, 고압 철조망으로 둘러싸여 있어서 탈출하기 어렵게 되어 있다. 그리고 가스실 옆에 소각장이 마련되어 있고, 그 소각장 안에 있는 소각로에서 하나에 2-3구의 시신을 태워 하루 530구의 시체가 태워졌다고 한다. 그리고 그러한 것들이 진부하리 만치 일상이 되어 있었다. 이러한 비극적인 광경이 나치의 전체주의 하에서 자행된 것임을 돌아볼 때, 아도르노의 말처럼 아우슈비츠 이후에는 시를 쓸 수 없을 것 같다.[65]

2. 오웰의 『동물농장』과 전체주의: 공산주의·나치즘·파시즘

이탈리아의 파시즘, 독일의 나치즘, 그리고 러시아와 중국의 공산주의는 모두 전체주의 국가이다. 전체주의는 20세기에 등장하여 경제공황이 가속화될 시기에 국가를 최우선시 하면서 독재와 공포정치를 일삼던 정치체제이다. 이러한 국가 최우선의 독재체제였던 전체주의 국가에서 개인의 자유는 상실되었고, 오로지 그들은 전체 의지에 예속된 생활을 할 뿐이었으며, 이러한 좌우익의 독재체제는 1940년대까지 유럽사의 두드러진 특징이었다.[66]

제1차 세계대전으로 인해 많은 국가들이 곤란에 처했다. 패전국이었던 독일에게 베르사유 조약은 너무나 가혹했고, 이탈리아는 승전국이었지만 가장 큰 불만을 품었다. 그럴 수밖에 없는 것이 이탈리아는 전쟁 중에 70만 명의 인명과 150억 달러 이상의 손실을 봤는데도, 그 결과는 패전국이나 다를 바 없이 회복할 수 없게 된 까닭이다. 비밀협정에 의해 약속된 영토도 희생에 비해 보잘 것 없었고, 더욱이 아드리아해 서부 해안도 민족 자결의 원리와 충돌해서 좌절되었다. 제1차 세계대전으로 인해 이탈리아는 오래된 문제들이 더욱 악화되어 회복할 수 없는 처지가 된 것이다. 즉 이탈리아 경제의 약점은 노출되었고, 경제난국은 극좌와 극우의 선동을 야기했다. 이때 1920년대 터진 파업으로 금속공업이 마비되고, 공산주의 선동에 휘둘린 농민들이 토지를 점유·분할하는 국가적 대혼란이 야기됐는데, 이러한 상황에서 새로운 정치적 집단인 파시스트가 대두되었다. 이탈리아 국민이 공산주의를 막고 산업을 평화적으로 재건하여 국가적 번영을 충족시킬 수 있는 확고한 정부를 원했던 까닭이다. 그리고 4년간의 혼란 끝에 무솔리니가 등장했다.[67]

무솔리니는 웅변에 뛰어났고, 그의 정열적인 연설에는 설득력이 있었다. 그로 인해 그는 사회당에서 주목을 받게 되어 1912년 29세의 젊은 나이에 이례적으로 당 기관지 『전진』(Avanti)의 편집장으로 발탁되었다. 제1차 세계대전이 터지자 참전론을 지지했다가 사회당에서 제명되었고, 1914년 10월 그는 참전을 지지하는 선동을 돕기 위해 파시(fasci)라는 집단을 만들었다. 이들은 젊은 이상주의자, 광신적 민족주의자들이었다. 전쟁이 끝나자 1919년 파시스트당 최초의 강령 초안을 작성하고, 본격적으로 파쇼 운동을 전개했다. 파쇼란 '결속'을 의미하는 이탈리아어로서 그 어원이 라틴어에 있다. 1921년 선거에서 35명이 당선되어 파시스트당을 만들었고, 중앙 정부가 약화되자 무솔리니 강압정치가 그 해결책인 것처럼 보이게 했으며, 1922년 10월 검은 셔츠 군복을 입은 5만 명의 파시스트 당원에게 "로마 진군"을 명했다. 그들은 로마로 행진해 들어가 수도를 점령해 버렸다. 국왕은 마지못해 무솔리니를 수상에 임명했고, 검은 셔츠 단은 무혈로 이탈리아 정권을 장악한 것이다. 이는 파시즘 세력이 강해서라기보다 전쟁으로 인한 이탈리아인의 실망과 구지배계급의 나약함에 기인한 것이었다.[68]

정권은 장악했으나 의회에서 소수파였기 때문에 무솔리니는 1923년 전체 투표 총수의 1/4 이상을 차지한 제1당이 의원 총수의 2/3를 차지한다고 선거법을 바꾸었다. 즉 자신의 정당에 의회 다수 의석을 공고히 해주고 반대파를 위협할 수 있도록 했다. 그렇게 해서 1924년에 실시된 총선거에서 관권이 동원되었고, 결국 파시스트당이 전체의석 535석 중 375석을 차지해 다수당이 되었다. 그런 다음 다른 정당들을 완전히 폐쇄하는 쪽으로 나아갔다. 내각제를 폐지하고 의회의 권력을 무력하게 만들었으며, 그로써 파시스트당만이 유일한 정당이 되었다. 그 일환으로 정치적 원수이자 소수파 사회당 의원 마테오티(G. Matteotti, 1885-1924)를 암살했는데, 이로 인해 국민은 충격에 빠졌다. 그렇게 모든 정당을 해체하고, 정부 반대세력을 소멸시킴으로써 1926년 무솔리니는 수상과 당 지도자를 겸임하면서 그의 일당 독재 체제가 완성되었다.[69]

그러한 일당 독재 체제하에서 폭력적인 방법으로 정적을 제거하기 위해 민병대가 이용되었고, 경찰은 통제되었으며, 언론에 재갈을 물리고 학문활동은 검열을 받았다. 그리고 무솔리니는 경제와 노동을 재조직하기 위해 노동운동 세력을 제거했고, 그리고 나서 국가경제를 22개 조합의 관리 하에 놓고, 각각의 조합은 주요 산업부문을 담당했다. 이는 산업부분의 조합들은 사회의 단위세포이고, 이 조합들의 연합체가 곧 국가통치체제가 된다는 프랑스 사회 철학자 소렐(G. Sorel, 1847-1922)의 입장에 따른 것이다. 이들 조합에는 파시스트당에서 조직한 노조, 고용주, 정부의 대표들이 있었고, 조합 구성원들이 함께 노동조건, 임금, 가격 등을 결정했다. 이러한 것은 파시스트 정권의 사회주의적인 요소이다. 그러나 이러한 조합의 결정을 정부가 면밀히 감독했고, 정부는 대기업과 제휴하여 부패한 관료제를 창출했다. 이러한 것은 또한 강력한 국가주의적 요소, 즉 반사회주의적인 요소이다. 결국 이 조합의 의회체는 조합의 장관 하에서 국가의회로 통합되고, 조합의 장관 또한 무솔리니가 맡는 것으로 되었다.[70]

이렇게 해서 무솔리니 파시즘 일당 독재 체제는 엘리트에 의해 지배되었고, 무솔리니는 자신의 등극을 도와 준 엘리트들과 친밀한 관계를 유지했는데, 무솔리니 파시즘은 개인은 국가의 구성원이라는 것 이외에 아무런 존재의미가 없는 국가 숭배주의였다. 그런데 무솔리니가 1919년 파시스트 강령을 작성했을 때의 파시즘은 양면적인 성격을 갖고 있었다. 즉 여성을 포함한 보통선거, 8시간 노동, 상속세 등은 사회주의적인 요소였는데, 의회정치와 정당정치를 부정하고 강력한 국가주의를 주장한 것은 반사회주의적 요소였다. 그러나 무솔리니의 실제 파시즘 체제에서 자본가와 지주의 이익은 보호받았으나 노동자와 농민 및 민중의 생활 수준은 유럽에서 가장 밑돌았다. 그런 까닭인지 제2차 세계대전에서 나치 독일과 추축군으로 참전했지만 이탈리아군은 보급도, 사기도 한껏 저하되어 전투마다 패배를 거듭했던 것이다.[71]

로마 행진

히틀러

다음은 독일의 나치즘이다. 나치즘의 등장 배경에는 제1차 세계대전 이후 베르사유 조약의 과도함과 1930년대의 세계대공황 그리고 이를 해결하지 못한 바이마르 공화국의 정치적 한계가 있다. 즉 베르사유 조약에서 독일이 갚아야 했던 천문학적인 배상금은 어떤 추산에 따르면 1987년까지도 갚을 수 없는 액수였고, 독일국민은 이에 대한 이행거부를 하지 않는 정부에 대해 계속 분개했다. 또한 바이마르 공화국은 바이마르 헌법에 기초하여 공산당과 군주론자의 반대를 꺾고 자유주의적 가치에 입각해 수립된 민주공화국이었다. 그러나 1920년대 초에 발생한 인플레이션으로 1파운드 감자가 4000만 마르크, 쇠고기는 파운드당 2조 마르크에 달하는 등 국민들은 저축과 유가증권이 사라지는 것을 뜬눈으로 목격해야 했고, 수백만의 독일인은 파산했다. 1925년 독일 경제는 회복되는 듯했으나 1929년 세계대공황이 시작되자 독일의 실업은 44.4%에 달하는 등 바이마르 공화국은 그 체제의 한계점에 이르렀다. 이에 전통적 정당들이 포기되고, 바이마르 공화국의 반대자들에게 기회가 주어진 것이다.[72]

이때 히틀러(Adolf Hitler, 1889–1945)는 베르사유 체제 타파와 강력한 독일 건설이라는 슬로건을 내걸고 나치당을 결성했다. 나치당(Nationalsozialismus: Nazi)은 이탈리아 파시스트당을 본뜬 것으로서 민족주의 이념을 가지고 있었던 독일 노동자당에다가 반민주·반자본·반공산·반유태의 노선을 표방하여 조직되었다. 경제위기가 가속화되고 정부에 대한 국민의 불신이 높아가는 가운데 나치당은 베르사유 조약의 폐기와 독일국민의 우수성이라는 민족주의의 호소로 국민의 폭넓은 지지를 얻게 되었다. 특히 농민과 소규모 재산 소유자 및 연금 수혜자 그리고 노인층이 전통적인 정당을 버리고 나치당을 지지함으로써 약진하게 된다. 1928년 제국의회에서 12석에 불과하던 나치당은, 경제불황이 심해진 1930년 선거에서는 107석, 1932년에는 공산당 세력을 두려워하는 자본가와 보수세력이 가세하여 230석을 차지해 최대정당이 되었다. 그러나 나치당이 과반수 의석을 차지한 것은 아니었다. 1933년 1월 대통령 힌덴부르크(Paul von Hindenburg, 1847–1934)는 히틀러를 수상으로 지명하고 내각 조직을 명했다. 덜 급진적인 정당과 협력해 보수적인 연립 정부를 창출하길 기대했던 힌덴부르크와는 다르게, 히틀러는 2월 27일의 국회의사당 방화사건을 공산당의 소행으로 뒤집어 씌워 힌덴부르크에게 제국의회를 해산하도록 종용했다. 그리고 3월 5일 새로운 선거에서 마침내 나치당이 과반수를 차지하면서 히틀러에게 4년간 전권을 위임한다는 법을 통과시켰다. 1934년 힌덴부르크 대통령이 사망하자 히틀러는 제3제국(das dritte Reich)을 선포하고 말 그대로 수상 겸 대통령, 즉 총통이 되었다.[73]

1933년 가을 독일은 히틀러와 나치의 일당 국가가 되었다. 히틀러의 나치 정권은 사회주의 및 공산주의 좌익을 분쇄하면서 시작되었다. 준군사 조직인 나치 돌격대(SA: Sturmabteilung)는 사회 질서유지를 위해 조직되었고, 하인리히 힘러(Heinrich Himmler, 1900–1945)가 우두머리로 있는 또 다른 준군사 조직인 친위대(SS: Schutzstaffel)는 정치적·인종적 적들과 싸우고 강제수용소 건설 등의 임무를 맡은 가장 무시무시한 무기였다. 또한 게슈타포(Gestapo)로 알려진 비밀경찰은 수만 명에 달하는 독일인의 체포, 강제수용소 억류, 살해에 책임이 있었다. 많은 독일국민들은 좌익에 대한 히틀러의 폭력 사용을 용인했고, 나치는 공산주의에 대한 뿌리 깊은 두려움을 이용했다. 합법성이 비독재 정부의 본질이고, 무법이 독재의 본질이라면, 테러는 전체주의 지배의 본질이라는 아렌트의 말이 옳다면 히틀러의 나치 정권은 본질적으로 SA, SS, 게슈타포를 통한 전체주의의 지배이다.[74] 그리고 많은 이들은 히틀러를 독일을 부흥시킬 강력한 독일의 상징으로 보았고, 또한 그는 베르사유 조약을 전복시키고 독일을 위대한 국가로 되돌리겠다고 약속했으며, 실제로 그는 1930년대에 외교적 승리를 거두며 그렇게 하는 것처럼 보였다.[75]

히틀러의 나치 정권은 경제적으로는 국가 자본주의를 지향하면서 자본주의와 개인재산제도를 유지했지만 국가가 기업과 노동을 강력히 장악했다. 노동조합을 해산했고, 노사는 다 같이 국가 조직 아래 편성되었으며, 노동3권은 없었다. 이러한 철저한 대규모 국가경제체제는 고속도로, 공공주택, 산림녹화 등의 대형 건축 프로젝트를 시작하면서 경제위기가 나아졌고, 유럽의 어떤 나라보다도 안정되는 것처럼 보였다. 실업은 600만에서 20만으로 떨어졌고, 히틀러는 이를 경제 기적이라고 자찬했는데, 그간의 경제위기 속에 살아온 독일국민에게 그것은 중요한 것이었다. 다른 한편 나치 정권은 대중매체를 장악하고, 문화부를 설치해 언론출판에 대한 사상통제를 하면서 유지되었다. 문화부 장관 괴벨스(Paul Joseph Goebbels, 1897–1945)의 주도하에 전 국민에게 대중교육을 하면서 보이스카우트를 모델로 한 히틀러–유겐트(Hitler–Jugend)는 히틀러 제국의 가치를 어린이들에게 가르치고, 대학은 나치의 인종주의를 선전하며, 그에 협력하지 않는 교수는 대학에서 추방되었다.[76] 왜냐하면 전체주의는 테러와 이데올로기 사유의 논리성을 행위의 원칙으로 삼는 정부의 형태이고, 전체주의에서만큼 이데올로기가 만개한 적이 없기 때문이다.[77]

끝으로 나치의 인종주의, 즉 반유대주의는 나치 이데올로기의 핵심이었다. 그러나 이는 실은 새로운 것이 아니라 중세로부터 이어져온 기독교 전통 속에 뿌리박혀 있는 반유대주의와 결합한 것이다. 19세기 말 드레퓌스 사건에서 보듯이 유럽에서 이러한 전통적 기독교 반유대주의가 민족주의적 반유대주의와 결합해, 특히 보수주의자들 속에서 유럽 불안정과 경제변동의 책임이 유대인 자본가에게 있다고 생각하였고, 그것은 그런 서적이나 잡지를 통해 공공연하게 형성된 흐름이었다. 이는 히틀러에게는 그의 개인적 성향과 함께 강박관념을 형성한 것 같지만, 그가 권좌에 오르기 전에는 정치적으로 부차적인 주제였었다. 그러나 1933년 4월 인종주의적 법들은 유대인을 공직에서 몰아내고, 유대상인에 대한 불매운동을 권장했으며, SA가 그들에게 무차별 폭력을 행사했다. 1935년 뉘른베르크 포고령은 유대인에게 독일 시민권을 박탈하고, 유대인과 독일인의 혼인을 금지시켰으며, 1938년 11월 SA는 '수정의 밤'(Kristallnacht)이라는 테러 활동을 자행해 유대인 상점을 공격하고, 유대인 회당을 불태우며, 유대인을 살해하고, 수천 명 이상을 구타했다. 이러한 폭력에 대해 일반 독일국민은 반감을 가졌지만 법적 박해는 단지 묵인될 뿐이었다.[78] 왜냐하면 전체주의에서 테러는 단순한 협박 수단이 아니라 그 자체의 본질이 테러이기 때문이다.[79]

전체주의의 다른 한축인 공산주의, 즉 중국의 공산화 과정에 대해 살펴본다. 유럽에서와 마찬가지로 제2차 세계대전은 아시아에서도 새로운 갈등을 낳았다.

장제스(Jiang Jie Shi, 蔣介石, 1887-1975)의 국민당 군과 마오쩌둥(Mao Zedong, 毛澤東, 1893-1976)의 공산당 반군이 남부와 북부에서 싸운 1926년 이래로 중국은 내전 상태였다. 그러나 1937년 양측은 오랜 반목을 중단하고 대항일전에 공동전선을 펴기로 했다. 일본이 패배하고 물러나자 공산당이 북부지방을 포기하지 않으려 하면서 1941년 다시 전면적인 내전이 시작되었다. 국민당은 미군의 압도적인 지원을 받아 승리한 듯 보였으나 국민당이 장악한 것은 도시나 도로를 점령한 데 불과했다. 그에 반해 공산당은 1934년 '대장정'(大長征)의 쓰라린 경험을 바탕으로 농민의 절대적인 지지를 얻고 있었다. 그에 따라 제2차 세계대전이 끝날 때까지 국제적으로 중국대표로는 국민당 정부를 인정하였지만, 점차로 마오쩌둥과 저우언라이(Zhou en lai, 周恩來, 1898-1976)가 거느린 중공세력이 커졌다. 또한 국민당 정부는 인플레이션과 빈곤, 장씨 4대 가족의 정치적 부패와 타락으로 일반민중의 신뢰를 상실한 상태였다. 이리하여 제2차 세계대전 후 국민당과 중공을 타협시키려는 미국의 노력은 실패했고, 1947년 중국의 내란은 전국을 휩쓸었다. 외국 무기와 장비를 갖춘 국민당이 처음에는 우세했으나 1948년 말 정세는 결정적으로 중공군에 유리해졌다. 1949년 국민군은 양자강까지 후퇴했고, 그 후 더 밀려 마침내 타이완으로 건너가 간신히 정부를 유지했다. 그리고 1949년 10월 1일 마오쩌둥은 베이징의 천안문 광장에 모여 중화인민공화국의 성립을 선언하기에 이르렀다.[80]

타이완으로 건너간 국민당 정부는 미국의 지원으로 중국의 합법정부임을 주장했으나 미국이 대중공 화해정책을 시작하자 점차 국제적 지위를 상실했다. 결국 1970년 유엔 안전보장 이사회의 지위마저 잃고 대외적으로 고립되었다. 반면 중공은 인민공화국이라는 명칭 하에 북경을 수도로 하고, 영국과 인도의 승인을 받아 1950년 러시아와 동맹을 맺었다. 미국은 중공을 인정치 않다가 닉슨(R. M. Nixon, 1913-1994)의 데탕트 정책의 일환으로 중공을 승인하게 된다. 오늘날 중공은 유엔의 안전보장 이사국일 뿐만 아니라 G2라는 세계적인 대국으로 성장해 국제 정치에 큰 영향력을 행세하고 있다. 이렇게 해서 중국 공산주의 혁명은 성공한 농민 반란으로서 전 세계 반식민주의 활동의 본보기로 자리 잡았다.[81]

마오쩌뚱

조지 오웰

그렇다면 이러한 전체주의 사회의 모습을 조지 오웰의 『동물농장』을 통해 살펴보도록 한다. 조지 오웰(George Orwell, 1903-1950)은 인도에서 출생했는데, 영국인 부모를 따라 다시 영국의 명문 이튼 스쿨(Eton College)을 다녔지만 대학을 포기하고 인도제국의 경찰에 지원했다. 여기서 제국주의가 저지른 식민악을 절감하고 작가가 되기로 결심했다. 스페인 내전에 파시즘과 싸우기 위해 자원입대 했다가 이데올로기에 대한 격심한 환멸을 느껴서 탄생한 작품이 『동물농장』이다. 이 책으로 그는 세계적인 주목을 받게 되었고, 이후 『1984년』이라는 미래사회의 모습을 그린 생애 최대 걸작을 남겼다.

작품내용을 잠시 살펴보면 이러하다.[82] 장원 농장의 주인은 존스 씨인데, 동물들은 그들 삶의 모든 화근이 인간의 폭정에서 생겨난다고 보고, 인간을 몰아내기로 한다. 돼지 가운데는 나폴레옹과 스노우볼이라는 탁월한 재능을 가진 어린 수퇘지가 있었고, 마침내 반란은 성공했다. 그런데 돼지들은 실제로 일은 하지 않고 다른 동물들을 지휘 감독만 했다. 우유가 어디로 없어졌는가 하는 것은 곧 밝혀졌다. 그것은 매일 돼지들의 먹이 속에 들어갔던 것이다. 돼지들은 이에 대해

해명하기를, 자신들은 우유를 좋아하지 않지만 그들은 머리를 쓰는 일꾼들이고 이 농장의 경영과 조직이 모두 그들에게 달려 있으니 그들이 우유를 마시고 사과를 먹는 것은 다 농장을 위한 것이라고 말한다. 그러지 않으면 존스 씨가 돌아온다고 으름장을 놓는다. 반면 뛰어난 언변과 재능을 가진 스노우볼은 드디어 풍차의 설계도를 완성했다. 나폴레옹은 풍차란 무의미한 것이라고 주장하면서 찬성투표를 하지 말라고 아주 조용히 말하고 착석했다. 이때 문밖에서 개 짖는 소리가 들려오더니 놋새장식이 달린 거 대한 개 아홉 마리가 곧 스노우볼에게 달려들었다. 그는 안간힘을 써서 울타리 구멍으로 빠져 나가 자취를 감추어 버렸다. 그러고 나자 나폴레옹은 개들을 이끌고 높은 단상으로 올라가서 앞으로 일요일 회합은 중지한다고 선언했다. 앞으로 농장운영에 관한 모든 문제는 돼지들의 특별위원회에서 결정하겠다는 것이었다. 이런 식으로 이 작품은 전체주의 사회가 갖는 독재체제 및 공포정치의 특징을 동물들을 통해 풍자적으로 잘 보여 준다.

14장 현대사회: 냉전과 탈냉전

1. 철의 장막으로 본 냉전체제

20세기의 국제정치의 지형은 다음과 같다고 하겠다. 즉 유럽의 주도권은 상당히 약화되었고, 미국과 소련이라는 초강대국이 그 밖의 나라들의 역할을 축소시키고 말았다.[83] 제2차 세계대전 종결과 함께 미소의 두 나라는 날카로운 이념적 대립을 계속하면서 이른바 냉전에 돌입했다. 즉 1945년부터 1960년까지에 이르는 미국과 소련의 냉전체제이다. 소련은 독일의 군사위협 재발방지를 위해 동유럽을 지배하면서 아무런 장애물이 없었기 때문에 대외팽창주의를 펴서 반(反)서방 체제를 확립했다. 이를 윈스턴 처칠은 '철의 장막'이라고 불렀다. 이에 대해 미국은 트루먼 독트린을 발표하여 공산세력을 저지하는 데 미국이 앞장설 것을 결의하였고, 아울러 유럽부흥을 위한 원조계획으로 마셜 계획으로 대응했다. 그러나 문제는 소련이 핵개발을 강행하고 이에 성공했다는 것이다. 이에 따라 미국은 철의 장막으로부터 기습당하는 경우에 대비한 집단방위체제인 북대서양 조약기구

(NATO)를 창설했다. 그러자 소련은 동유럽 국가들과 바르샤바 협정을 체결하여 응대했다. 이렇게 냉전이 군사, 경제, 외교상으로 경쟁을 벌이다가 스탈린이 죽은 이후 1960-70년대에는 공존과 화해의 무드가 형성된다.

1945 ~ 1960년	=	냉전 철의 장막 • 핵개발 • 바르샤바협정 트루먼 독트린 • 마셜계획 • NATO
1960 ~ 1970년	=	공존과 화해 무드

냉전은 소련이 이른바 철의 장막을 친 데서부터 시작한다. 소련은 제2차 세계대전 이후 이른바 신제국주의를 표면화하는데, 이는 동유럽을 자신의 영역이자 방패로 생각하는 소련의 야욕과, 연합국에 협력해 히틀러를 패배시킨 데 대한 대가로 자신에게 권한이 주어졌다고 보는 스탈린의 망상이 결합된 결과라고 할 수 있다. 그리고 무엇보다 이러한 대외팽창주의에 대한 장애물이 없었다. 소련의 이러한 신제국주의는 동일한 과정, 즉 (1)나치 동조자를 배제한 연립정부 수립, (2)공산주의자가 지배하는 연합, (3)하나의 당이 권력의 핵심지위를 차지하는 과정을 통해 전개되었다. 즉 겉으로 보기에 인민민주주의라는 민주주의를 내건 정치체제가 성립하고, 그 다음으로 반대세력이 추방되어 공산당의 독재가 성립되었다. 그리고 나서 공산당 내부의 숙청이 이루어진 후 소스탈린주의라는 소련에 충실한 독재정권이 탄생하는 것이다. 이미 소련은 독일과 불가침협정 중에(1939-40) 라트비아, 리투아니아, 에스토니아, 폴란드 및 핀란드 일부를 병합했고, 동유럽을 침공하여 폴란드, 루마니아, 헝가리, 체코슬로바키아 등을 위성국가로 만들었다. 특히 1948년 체코의 민주적 연립정부를 무너뜨리자 이는 얄타 협정의 위반으로서 많은 사람들에게 충격을 주었다. 그러나 유고슬라비아의 티토(J. B. Tito, 1892-1980)를 제외하고 다른 국가들의 저항은 거의 없었고, 소련의 신제국주의 하에 복속된 이들 나라들을 한데 묶어 '동구권'(Eastern bloc)이라고 부른다. 이것을 보고

윈스턴 처칠은 1946년 미국의 한 대학 졸업식에서 '유럽에는 이제 철의 장막이 쳐지고 있다. 장막 뒤쪽은 모스크바에 순종하고 있다'라고 표현한 것이다. 그리고 공산 위성국가의 모든 정치적·경제적 정책은 소련의 패턴에 조화되도록 수립되었고, 외교정책도 소련의 승인에 따라 수행되었으며, 군대도 소련 식 전술을 익혔다. 또한 과거의 코민테른을 대신하는 세계 공산기구 코민포름(Cominform), 즉 공산당 정보국이 1947년 형성되어 그것을 통해 서방을 반대하는 선전을 집중적으로 했다. 이렇게 해서 소련은 1950년까지 반서방 체제를 확립했다.[84]

패전국 독일은 냉전의 두 세력권의 심장부에 있었고, 이내 충돌이 발생할 여건 속에 있었다. 이미 제2차 세계대전 후 독일은 4개 지구로 분할·관리되었는데, 소련과 미국을 비롯한 연합국은 이에 대한 관리를 둘러싸고 격렬한 대립이 있었다. 그러다가 냉전이 가속화되면서 이러한 논의가 진정되었고, 1948년 4월 서방 3개국 연합국은 독일 지역에 대해 민주적인 방식으로 경제와 사회 전반의 문제를 해결하고자 했다. 이때 소련은 서방측이 서베를린으로 가는 모든 육로와 수로를 봉쇄해 버렸다. 이것이 1948년 6월의 이른바 '베를린 봉쇄'이다. 서방측은 베를린에 통화개혁을 단행해 이를 적용할 계획이었는데, 베를린이 봉쇄되자 서방측은 숲을 개간하여 비행장을 만들고, 11개월 동안 매일 수백 편의 항공기로 12000톤의 보급품을 공수하는 방식으로 저항했으며, 그때 물자를 나른 항공기만 30만 대에 이른다. 1949년 4월 12일 소련의 봉쇄는 해제되었으나 그로 인해 두 개의 독일, 즉 그해 5월 서독에는 독일연방공화국이, 같은 해 10월 동독에는 독일민주공화국이 탄생한다. 이렇게 해서 독일이 분단된 것은, 이후에 한국도 마찬가지이지만 바로 미소의 냉전으로 인한, 냉전의 결과이다.[85]

소련의 팽창과 동구권의 준동에 대해 미국은 서유럽에 대한 경제 및 군사 원조계획으로 맞섰다. 이것이 소련의 철의 장막에 대한 서방의 냉전전략이라고 할 수 있다. 즉 1947년 미국 의회연설에서 트루먼 대통령(Harry S. Truman, 1884–1972)

은 그리스 반공주의자들에 대한 군사지원을 촉구하면서 '트루먼 독트린'(Truman Doctrine)을 발표하는데, 이는 미국이 공산세력을 저지하는 데 지도적인 역할을 해야 한다는 내용을 담고 있다. 몇 달 뒤 미 국무장관 마셜(George C. Marshall, 1880-1959)은 동유럽을 포함한 유럽의 부흥을 위한 원조 계획인 '마셜 계획'(Marshall Plan)을 발표하는데, 이는 산업 재개발을 목표로 4년간 130억 달러를 원조하는 구상으로 궁극적으로는 자국민의 경제문제를 자체 해결하도록 돕고, 부분적으로는 프랑스를 설득해 독일의 배상금 요구를 단념시키고 유럽 국가들 사이의 협력을 꾀했다. 또한 군사적으로는 1949년 북대서양 조약기구(NATO: North Atlantic Treaty Organization)가 창설되었는데, 이는 철의 장막으로 기습당하는 경우에 대비한 집단방위체제이다. 나토는 아이젠하워를 최고 사령관으로 하는 합동군 사령부를 창설하여 1950년 30개 사단으로 출범해서 1953년 서독의 12개 사단을 포함한 약 60개 사단을 보유하게 되었다. 이때 소련은 유럽 문제에 대한 미국의 개입을 경계의 눈초리로 바라보면서, 마셜 플랜에 대해서 경제상호원조회의(COMECON: Council for Mutual Economic Assistance)를 결성하고, 코민포름(Cominform: Communist Information Bureau)을 조직했다. 전자는 소련 및 동구 제국간의 물자교환협정 및 통상차관협정을 맺은 것이고, 후자는 전 세계 공산주의 정책과 프로그램을 조정하는 국제적인 정치기구이다. 또한 나토에 대해서 소련은 위성국 및 중공 등과 여러 가지 상호원조체제를 수립했는데, 서독이 NATO에 가입하자 소련은 동유럽의 국가들과 바르샤바 협정(Warsaw Treaty Organization)을 체결하여 이에 대응했다. 이에 따라 소련은 동구권 국가에서 계속 주둔할 수 있었다.[86]

이 모든 갈등은 핵무기 경쟁으로 더욱 어두워졌다. 1949년 소련 최초로 원폭 실험을 함으로써 미국을 놀라게 했고, 소련의 원자탄 개발 성공으로 핵무장 철폐와 원자력의 국제관리에 관한 합의는 더욱 곤란하게 되었다. 1953년 미소의 초강대국은 원폭보다 천 배 강력한 수소 폭탄을 과시했고, 얼마 지나지 않아 양국은 이를 소형화해서 그것을 운반할 운반체계를 개발했다. 이렇게 양국은 경쟁을 벌였고, 1958–1962년이라는 냉전의 최종단계에 이르면 양국에는 대륙간탄도미사일(ICBM)이 개발되기에 이른다. 이러한 핵 위기는 1962년 소련이 미국을 공격할 수 있는 핵미사일을 쿠바에 설치하려는 바람에 절정에 달했고, 전쟁일보 직전의 극한 대립을 보였다. 즉 쿠바 혁명으로 집권한 공산주의자 피델 카스트로(Fidel Castro, 1926–2016)가 소련에게 몇 분 만에 플로리다까지 날아가는 핵미사일 기지를 요청했는데, 미국 첩보기가 그 미사일 기지를 확인하면서 케네디(J. F. Kennedy, 1917–1963)는 쿠바에 해상 봉쇄령을 내리고, 흐루시초프에게 무기 철수를 요청하며 '세계를 파괴의 나락으로부터 되돌려놓으라'고 으름장을 놓았다. 방공호에서 시민들이 핵전쟁으로 인한 세계의 종말을 걱정하는 일촉즉발의 3주가 지나고, 소련은 쿠바에 배치된 미사일을 철수하는 데 동의하면서 위기는 종결되었다.[87]

1953년 스탈린이 사망하고 흐루시초프가 집권하자 미소 양국 간에 평화의 조짐이 나타난다. 1959년 흐루시초프(N. Khurshchev, 1894–1971)는 소련 지도자로서는 처음으로 미국을 방문하여 아이젠하워 대통령과 우호적인 회담을 가졌고, 영국과 프랑스의 지도자들과도 첫 정상회담을 가졌다. 이는 1960년대 초 핵무기 실험 금지를 가져온 일련의 협정을 이끌었다. 이렇게 서방과의 평화적 공존(peaceful coexistence)이라는 흐루시초프의 정책으로 1960년대에는 대체로 해빙이 이루어져서 미소 간에 화해와 공존의 무드가 생겨났다. 이런 의미에서 흐루시초프는 고르바초프의 페레스트로이카 정책의 선구자였다고 말할 수 있다. 고르바초프를 비롯한 개혁파들은 흐루시초프 시대에 자란 사람들이었기 때문이다.[88]

2. 베를린 장벽과 탈냉전의 현대사회

1970년에서 1980년에 이르는 시기 동안 데탕트(Détente), 즉 소련과 미국 사이에 화해의 무드가 형성된다. 이는 양국이 NPT, 즉 핵확산 금지조약에 조인하고, 미국이 닉슨 독트린을 발표하는 데서 드러난다. 이로써 2차 대전 이후에 생성된 미소 간의 냉전체제는 역사 속으로 사라지는 듯했다. 그리고 1990년대 이후에는 공산주의가 몰락함으로써 냉전이 완전히 종식되었다고 할 수 있다. 소련의 고르바초프 서기장이 개혁과 개방을 외침으로써 그것이 도화선이 되어 소련 공산주의는 붕괴되었던 것이다. 또한 베를린 장벽이 붕괴됨으로써 동독 공산주의가 와해되고, 독일 통일이 이루어진다. 다른 한편 중국은 수정 공산주의 노선을 제시함으로써 공산주의 체제 내에 자본주의 경제체제를 도입하고, 따라서 냉전 체제 속에서 구가되던 공산주의는 사라지게 된다.

1970년에서 1980년대에 데탕트가 형성된다. 데탕트는 프랑스 말로 완화·휴식을 뜻한다. 2차 대전 이후 미소의 냉전체제가 수립되었으나 1960년대 말부터 서독과 일본의 성장, 제3세계의 등장, 중소 분쟁 등으로 국제정치에서 이데올로기보다는 국가 이익이 우선시되었다. 그리고 국제정치에서 미소의 양극대립에서 다극화된 양상이 생겨났다. 즉 영국, 중국, 프랑스 등 핵무기 보유국 증가로 국제 정치가 양극 체제에서 다극 체제로 이행되기 시작했다. 이에 따라 미소 양국은 핵확산 금지에 노력하였고, 마침내 1969년 국제연합총회에서 NPT(Nuclear nonproliferation treaty; 핵확산금지조약), 즉 비핵보유국이 새로 핵을 획득하는 것과 보유국이 비보유국에게 양도하는 것을 동시에 금지하는 핵확산금지조약에 조인했다. 또한 1969년 미국은 닉슨 독트린을 발표하여 아시아에서 미군의 과잉 군사개입을 철회하고 자주적인 행동만 지원하겠다고 선언하게 된다. 아울러 1970년 미소 양국이 전략무기제한협정(SALT: Strategic Arms Limitation Talk)에 교섭함으로써 미소 양국은 대륙간탄도미사일(ICBM: InterContinental Ballistic Missile) 등 전략무기에 대해 수량적 제한을 목적으로 한 협정을 맺었다. 이렇게 해서 긴장완화의 분위기가 조성되었던 것이다.[89]

1972년 닉슨 대통령이 모스크바와 베이징을 방문해 미소 간 데탕트가 실현되기에 이른다. 유럽에서도 1970년 서독-소련의 불가침협정, 1972-1973년 동서독이 국제연합 동시가입으로 인해 화해 분위기가 조성되었다. 1975년 7월 헬싱키에서 '유럽안보협력회의 35개국 정상회담' 개최로 데탕트가 최고조에 달했다.[90] 이러한 데탕트의 분위기에서 1990년대 공산주의가 몰락함으로써 냉전이 완전히 종식하게 된다. 이러한 방향의 한 표현이 곧 고르바초프(M. S. Gorbachev, 1931-)의 개혁·개방이다. 1985년 소련의 당 서기장 고르바초프는 스탈린식의 국가계획제도를 수정하는 정책을 시행하고자 했는데, 이것이 그의 페레스트로이카와 글라스노스트 정책이다. 페레스트로이카(Perestroyka), 즉 개혁이란 과감한 구조개혁을 말하는 것으로 계획경제가 갖는 무능하고 부패한 당과 평등주의 정책이 낳는 의욕상실을 극복하기 위해 과감한 구조개혁을 가하는 것을 말한다. 이리하여 결국 스탈린식의 계획경제를 시장의 힘으로 작동하는 경제계획과 결합시키는 것이다. 그리고 이것이 제대로 추진되려면 정보공개와 민간의 자율성 증대를 의미하는 글라스노스트(Glasnost), 즉 개방이 절실하고, 그래야 현실적이고 합리적인 정책이 나온다는 것이고, 그렇지 않으면 번번이 실패하게 된다는 것이다. 그러나 그의 개혁은 저항에 부딪혔고, 대중의 지지를 받지 못했으며, 무엇보다도 너무 미약했고 너무 늦었었다. 1990년 소련경제가 계속 침체되자 1991년 가을 고르바초프가 소비에트 연방을 뭉쳐 보려고 분투하는 동안 그해 12월 옐친을 중심으로 한 보수파는 다시 쿠데타를 일으켜 독립국가 공동체를 창립하고, 소비에트 연방이 더 이상 존재하지 않는다고 선언했다. 그로써 12월 25일 고르바초프는 사임하고 정계를 떠났고, 40년 동안 유럽의 절반을 속박시켰던 망치와 낫이 그려진 소련의 국기

는 크렘린 궁에서 내려졌다.[91]

고르바초프의 개혁·개방 정책이 소련에서는 실패하였지만 동구권에는 변화를 가져왔다. 이는 결국 베를린 장벽 붕괴라는 독일통일로 귀결되었다. 동구권은 그 태생 자체가 이른바 소스탈린주의라고 하는, 소련에 꼭두각시 노릇을 하는 독재 정권에서 유래했고, 그 때문에 그것이 민중의 호응을 받을 리가 없었고, 무엇보다 장기 집권과 공직 부패에 따른 경제문가 심각했다. 그러한 터에 1953년 스탈린이 사망하고, 1956년 흐루시초프의 '비밀 연설'이라고 하는 스탈린 비판이 광범위하게 회자되자 불만이 폭발했다. 이로써 동구권은 여러 가지 형태로 개혁을 모색했는데, 1985년 고르바초프가 등장하여 페레스트로이카를 추진하고 위성국가들에서도 공개적인 논의, 즉 글라스노스트를 장려하자 그들이 소련의 영향권으로부터 벗어나는 일이 급속이 이루어졌다. 이미 동독은 1949년에서 1961년까지 무려 300만 이상의 탈주자가 발생하였고, 이를 막기 위해 1961년 8월 베를린 장벽을 구축했다. 그리고 이는 동서 냉전의 상징이 되었다. 그런데 고르바초프의 개혁 개방 정책에 따라 동구권이 소련의 눈치에서 벗어나 민주화 되자 1989년 10월 9일 라이프치히에서 10만 군중의 시위로 시작된 동독의 개혁은, 마침내 그해 11월 베를린 장벽을 허물었다. 즉 동독 정부가 그것이 자국민을 잡아두는 데 무력함을 인정하여 체코슬로바키아 쪽 국경을 개방한 것이다. 이때 서독은 막강한 경제력을 앞세워 소련에 경제 원조를 약속하였고, 주변국에 외교공세를 펴 1990년대 초부터 동서의 양 당사국과 미국, 영국, 프랑스, 소련과 회담하여 8월말 통일 조약을 체결하고, 급기야 10월 3일 통일을 이끌어내었다. 이렇게 독일 통일이 추진되면서 1989년 베를린 장벽도 철거된 것이다. 그리고 1990년 3월 독일 전역에 걸친 자유선거에서 헬무트 콜 총리가 승리하고, 10월 2일 저녁 9시 동독 정부 해체식이 거행되어 다음날 0시를 기해 서독이 흡수 통일한 독일연방공화국이 선포된다.[92]

고르바쵸프

베를린 장벽

마지막으로 중국의 변화가 냉전종식의 대미를 장식했다. 중국은 수정 공산주의를 수용하면서 변화해 갔다. 마오쩌둥(Mao Zedong, 毛澤東, 1893-1976)은 중공을 수립한 후 1차 5개년 계획(1953-1957)을 시행하여 소련의 집단농장 수준에 이르렀으나 기대만큼의 성과가 없었다. 이어 대약진 운동, 즉 2차 5개년 계획(1958-1962)으로 전 산업분야에 획기적인 발전을 도모하나 현실을 무시한 정책과 관리들의 부패와 무능으로 실패했다. 게다가 1960-1961년 자연재해로 농업이 치명타를 입어 결국 식량이 부족해 아사자가 2000만이나 발생했다. 대약진 운동 실패 후 마오쩌둥은 비판을 받고 실용주의적인 덩샤오핑(Dèng Xiâo Píng, 登小平, 1904-1997), 류사오치(Liú Shàoqí, 劉少奇, 1898-1969) 등에게 정권을 물려주고 2선으로 물러났다. 그런데 대약진 이후 혼란한 사회분위기를 틈타 마오쩌둥은 그의 사인방(장칭(江靑), 왕훙원(王洪文), 장춘차오(張春橋), 야오원위안(姚文元))과 함께 도시 청년들을 '홍위병'으로 조직하는 대중동원 방식으로 문화계에 대한 대규모 숙청작업을 통해 정권탈취를 기도했다. 1966년 5월 홍위병의 공격이 시작되었고, 천안문 광장에 몰려든 수많은 홍위병의 연호 속에 마오쩌둥은 베이징에 입성했다. 이러한 문화대혁명(1966-1969)은 민간에 뿌리박힌 마오쩌둥 숭배사상과 사인방의 군부와의 암묵적 지지가 없었다면 불가능했을 것이다.[93]

문화대혁명 이후 저우언라이(Zhou en lai, 周恩来, 1898-1976)는 사인방을 견제하기 위해 덩샤오핑을 부총리로 불러들였는데, 실무경험이 풍부하고 군부와 사이가 좋았던 덩샤오핑은 신임을 받았다. 이러는 사이 1976년 1월 저우언라이가 사망하자 그를 추모하고 사인방을 비판하는 텐안문 사건이 발생했다. 그해 4월 4일 청명절에 고인을 추모하는 시위행렬이 있었는데, 공안당국이 이를 강경진압 하는 과정에서 4인방 비판과 마오쩌둥 체제에 대한 반역의사가 드러나 이에 대한 책임을 물어 덩샤오핑이 물러난다. 그러나 그해 9월 마오쩌둥이 사망하자 텐안문(天安門) 사건은 혁명적 행동이었다는 대역전의 평가를 받는다. 또한 마오쩌둥에 대해서도 그의 문화혁명으로 야기된 공산당의 10년간은 극좌노선의 결과라고 평가하기에 이른다. 즉 10년간 정부 기능이 마비되었고, 국가 생산력이 저하되었으며, 당 지도부를 불신하는 심각한 후유증을 낳았다는 것이다. 그리고 덩샤오핑이 실권을 잡고 1978년 공산당은 4개 현대화 기본방침을 분명히 하고, 여러 가지 개혁 정책을 발표했다. 농촌에서는 농업생산 책임제를 도입하였고, 도시에서는 시장조절의 보조적 기능을 인정하고 기업의 자주권을 확대했다. 또한 대외개방정책을 시행하여 경제특구 14개를 지정하였고, 14개 연해도시의 개방을 결정했다. 이로써 1982년부터 3년에 걸친 정당작업을 통해 덩샤오핑 체제가 확립되었다.[94]

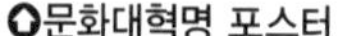
문화대혁명 포스터

덩샤오핑

텐안먼 사건

덩샤오핑 체제의 두 원칙은, (1)개혁개방의 견지이고, (2)4항 기본원칙의 고수(사회민주 노선의 고수, 인민 민주독재주의의 고수, 공산당 영도의 고수, 마르크스-레닌주의와 마오주의의 고수)이다. 1982년 덩샤오핑이 등용한 후야오방(Hu Yaobang, 胡曜邦, 1915-1989)은 과감한 정치개혁을 추진하나 당내 보수파의 반발로 물러나 1989년 사망했다. 그가 추진하려 했던 사상해방, 언론자유, 개인의 자유신장, 법치주의 또한 실패로 돌아가게 되었다. 그의 사망 후 북경대학에서 보수파를 비난하고 후야오방을 찬양하는 대자보가 붙었으며, 4월 22일 그의 장례식에서 수십 만의 학생과 시민이 참여해 그가 추진하려다 실패한 정치개혁과 민주화에 대한 요구가 봇물처럼 쏟아져 나왔다. 5월 13일부터 텐안먼 광장에 2000명의 학생이 단식농성에 들고, 100만 명 넘는 학생과 시민이 그것을 지지했다. 중국정부는 5월 19일 군을 투입하고 5월 20일 계엄령을 선포하였지만 민주화 시위가 전국으로 퍼져 나갔고, 6월 4일 이른바 '피의 일요일'로 강경 대진압되었다.[95]

이러한 텐안먼 사건으로 중국은 국제사회에서 고립되었고, 1991년 소련 연방이 붕괴되었다. 이 둘로 인해 덩샤오핑의 개혁개방 정책에 좌절의 위기가 온 것이다. 그러나 그는 1992년 1월부터 2월까지 무한, 심천, 주해, 상해를 시찰하면서 담화를 발표했는데, 이를 '남순강화'(南巡講話)라고 부른다. 이 강화의 주요논점은 개혁개방 노선의 강화, 생산력 표준화, 계획경제와 시장경계의 결합이다. 남순강화 이후 투자열기가 높아져 중국정부는 개혁개방정책을 계속했고, 이것이 현재 중국의 고도성장의 초석이 되었다.[96]

주

1. 차하순, 『서양사 총론』, 497쪽 참조; J. G. Coffin & R. C. Stacey, 『새로운 서양 문명의 역사』 하, 370쪽 참조.
2. 이때 존 스튜어트 밀이 의회 내의 유력한 소수파와 함께 여성의 참정권에 대한 열렬한 지지를 보냈다는 것을 7장에서 본 바 있다(7-2절 참조).
3. 차하순, 『서양사 총론』, 498-500쪽 참조; J. G. Coffin & R. C. Stacey, 『새로운 서양 문명의 역사』 하, 328-330쪽 참조; 정상수, 『제국주의』, 책세상, 2013, 70-73쪽 참조.
4. 차하순, 『서양사 총론』, 498-501쪽 참조.
5. 차하순, 『서양사 총론』, 502-503쪽 참조; J. G. Coffin & R. C. Stacey, 『새로운 서양 문명의 역사』 하, 439-440쪽 참조.
6. 차하순, 『서양사 총론』, 503-504쪽 참조; J. G. Coffin & R. C. Stacey, 『새로운 서양 문명의 역사』 하, 440-441쪽 참조.
7. 차하순, 『서양사 총론』, 504-506쪽 참조; J. G. Coffin & R. C. Stacey, 『새로운 서양 문명의 역사』 하, 441-442쪽 참조.
8. 차하순, 『서양사 총론』, 507쪽 참조.
9. 차하순, 『서양사 총론』, 507-509쪽 참조; J. G. Coffin & R. C. Stacey, 『새로운 서양 문명의 역사』 하, 446쪽 참조.
10. 차하순, 『서양사 총론』, 509-510쪽 참조; J. G. Coffin & R. C. Stacey, 『새로운 서양 문명의 역사』 하, 446-447쪽 참조.
11. E. Zola, 『나나』, 강명희 역, 하서출판사, 1994 참조.
12. V. I. Lenin, 『제국주의론』, 남상일 역, 백산서당, 1986, 121-132쪽 참조.
13. 영국 다이아몬드계의 거물 로즈(C. J. Rhodse, 1853-1902)도 1870-1880년 남아프리카 다이아몬드 광산에서 돈을 벌어 다이아몬드 광산회사 드비어스(DeBeers)를 세웠는데, 그 또한 영국 제국주의자들의 비전에서 드러나듯이 케이프타운에서 카이로에 이르는 철도를 건설하려는 꿈을 가지고 있었다(J. G. Coffin & R. C. Stacey, 『새로운 서양 문명의 역사』 하, 402쪽 참조).
14. 차하순, 『서양사 총론』, 526-528쪽 참조; J. G. Coffin & R. C. Stacey, 『새로운 서양 문명의 역사』 하, 402쪽 참조.
15. 차하순, 『서양사 총론』, 528-529쪽 참조; J. G. Coffin & R. C. Stacey, 『새로운 서양 문명의 역사』 하, 402쪽 참조.
16. 차하순, 『서양사 총론』, 528-529쪽 참조.
17. 차하순, 『서양사 총론』, 529쪽 참조; J. G. Coffin & R. C. Stacey, 『새로운 서양 문명의 역사』 하,

401쪽 참조.

18. 차하순, 『서양사 총론』, 530-532쪽; J. G. Coffin & R. C. Stacey, 『새로운 서양 문명의 역사』 하, 412-413쪽 참조.

19. 차하순, 『서양사 총론』, 536-537쪽 참조; 정상수, 『제국주의』, 88쪽 참조.

20. 차하순, 『서양사 총론』, 529쪽 참조; J. G. Coffin & R. C. Stacey, 『새로운 서양 문명의 역사』 하, 384-398쪽 참조.

21. 차하순, 『서양사 총론』, 529-530쪽 참조.

22. 차하순, 『서양사 총론』, 533-534쪽 참조.

23. 차하순, 『서양사 총론』, 534-536쪽 참조.

24. 네이버 철학사전 및 맑스사전(검색항목: 칼라일).

25. 차하순, 『서양사 총론』, 444-445쪽 참조; 정상수, 『제국주의』, 126-127쪽 참조.

26. 차하순, 『서양사 총론』, 445쪽 참조; J. G. Coffin & R. C. Stacey, 『새로운 서양 문명의 역사』 하, 456쪽 참조.

27. 3B정책이란 독일의 바그다드 철도 수주를 바탕으로 형성된 베를린(Berlin)-비잔티움(Byzantium)-바그다드(Bagdhad)를 철도로 연결하는 노선구축을 말한다. 이는 영국 식민지의 해상 거점인 카이로(Cairo)-캘커타(Calcutta)-케이프타운(Capetown)을 연결하는 3C정책에 장애물이 되곤 했다(정상수, 『제국주의』, 81쪽 참조).

28. 차하순, 『서양사 총론』, 537쪽 참조; 정상수, 『제국주의』, 81쪽, 126쪽 참조.

29. 차하순, 『서양사 총론』, 538-539쪽, 544쪽 참조; J. G. Coffin & R. C. Stacey, 『새로운 서양 문명의 역사』 하, 476-477쪽, 481-483쪽 참조; 정상수, 『제국주의』, 121-122쪽 참조.

30. 차하순, 『서양사 총론』, 544-545쪽 참조; J. G. Coffin & R. C. Stacey, 『새로운 서양 문명의 역사』 하, 488-490쪽, 493-496쪽 참조.

31. 런던조약은 전후에 연합국이 승리할 경우 이탈리아에게 재정적 보상과 아드리아 해의 미수복지, 오스트리아 영토 일부 및 아프리카의 독일 식민지 일부를 약속했다. 그리고 러시아에게는 콘스탄티노플, 프랑스에게는 알자스-로렌, 영국에게는 독일 령 식민지의 일부를 차치하도록 허용한다는 상호간의 약속을 내용으로 한다(차하순, 『서양사 총론』, 546쪽 참조; J. G. Coffin & R. C. Stacey, 『새로운 서양 문명의 역사』 하, 491쪽 참조).

32. 차하순, 『서양사 총론』, 545-546쪽 참조; J. G. Coffin & R. C. Stacey, 『새로운 서양 문명의 역사』 하, 488-492쪽 참조.

33. 차하순, 『서양사 총론』, 547-548쪽 참조; J. G. Coffin & R. C. Stacey, 『새로운 서양 문명의 역사』 하, 492쪽 참조.

34. 차하순, 『서양사 총론』, 548-550쪽 참조; J. G. Coffin & R. C. Stacey, 『새로운 서양 문명의 역

사』 하, 517-519쪽 참조.

35. 차하순, 『서양사 총론』, 550쪽 참조; J. G. Coffin & R. C. Stacey, 『새로운 서양 문명의 역사』 하, 519쪽 참조.

36. 영국, 프랑스, 이탈리아, 그리스, 루마니아 등은 라인강 유역, 아드리아 연안일대, 터키, 독일령 식민지 등에 관해 비밀협약을 맺었고, 영국과 일본은 1918년까지 태평양 도서를 비롯한 독일 식민지를 모두 점령하는 협약을 맺어 둔 상태였다(차하순, 『서양사 총론』, 553쪽 참조).

37. 차하순, 『서양사 총론』, 552-555쪽 참조; J. G. Coffin & R. C. Stacey, 『새로운 서양 문명의 역사』 하, 522-524쪽 참조.

38. 차하순, 『서양사 총론』, 555-557쪽 참조; J. G. Coffin & R. C. Stacey, 『새로운 서양 문명의 역사』 하, 524-525쪽 참조.

39. 차하순, 『서양사 총론』, 557-558쪽 참조; J. G. Coffin & R. C. Stacey, 『새로운 서양 문명의 역사』 하, 527-529쪽 참조.

40. 차하순, 『서양사 총론』, 543쪽 참조; J. G. Coffin & R. C. Stacey, 『새로운 서양 문명의 역사』 하, 515쪽 참조.

41. 차하순, 『서양사 총론』, 443-444쪽, 519쪽 참조; J. G. Coffin & R. C. Stacey, 『새로운 서양 문명의 역사』 하, 450-451쪽 참조.

42. 차하순, 『서양사 총론』, 519-521쪽 참조; J. G. Coffin & R. C. Stacey, 『새로운 서양 문명의 역사』 하, 451-452쪽 참조; R. Pipes, 『공산주의의 역사』, 이종인 역, 을유문화사, 2014, 54쪽 참조.

43. 차하순, 『서양사 총론』, 521-522쪽 참조; J. G. Coffin & R. C. Stacey, 『새로운 서양 문명의 역사』 하, 454-455쪽 참조.

44. 차하순, 『서양사 총론』, 522쪽, 565쪽 참조; J. G. Coffin & R. C. Stacey, 『새로운 서양 문명의 역사』 하, 452쪽, 455쪽 참조.

45. 1917년 일어난 러시아 혁명은 부르주아 민주주의 혁명으로서의 2월 혁명과 사회주의 혁명으로서의 7월 혁명으로 구성된다. 2월 혁명은 3월에 일어났고, 7월 혁명은 11월에 일어났지만 혁명 전 러시아가 16세기까지 유럽에서 쓰던 율리우스력을 사용했기 때문에 그렇게 부르는 것이다(네이버 두산백과(검색항목: 러시아 혁명 참조)).

46. 차하순, 『서양사 총론』, 566쪽 참조; J. G. Coffin & R. C. Stacey, 『새로운 서양 문명의 역사』 하, 509-511쪽 참조.

47. 차하순, 『서양사 총론』, 566쪽 참조; J. G. Coffin & R. C. Stacey, 『새로운 서양 문명의 역사』 하, 511-515쪽, 532-533쪽 참조; R. Pipes, 『공산주의의 역사』, 62-73쪽 참조.

48. J. G. Coffin & R. C. Stacey, 『새로운 서양 문명의 역사』 하, 535-540쪽 참조; R. Pipes, 『공산

주의의 역사』, 93-100쪽 참조.

49. J. G. Coffin & R. C. Stacey, 『새로운 서양 문명의 역사』 하, 540쪽 참조; 김희보, 『세계사 다이제스트100』, 495쪽 참조.

50. J. G. Coffin & R. C. Stacey, 『새로운 서양 문명의 역사』 하, 544-545쪽 참조.

51. 차하순, 『서양사 총론』, 589쪽 참조.

52. 차하순, 『서양사 총론』, 589-590쪽 참조; J. G. Coffin & R. C. Stacey, 『새로운 서양 문명의 역사』 하, 592-596쪽 참조.

53. 차하순, 『서양사 총론』, 590-591쪽 참조; J. G. Coffin & R. C. Stacey, 『새로운 서양 문명의 역사』 하, 596-597쪽 참조.

54. 차하순, 『서양사 총론』, 591-593쪽 참조; J. G. Coffin & R. C. Stacey, 『새로운 서양 문명의 역사』 하, 600-601쪽, 604쪽 참조.

55. 차하순, 『서양사 총론』, 593-594쪽 참조; J. G. Coffin & R. C. Stacey, 『새로운 서양 문명의 역사』 하, 605쪽, 625-627쪽 참조.

56. 차하순, 『서양사 총론』, 594-596쪽 참조; J. G. Coffin & R. C. Stacey, 『새로운 서양 문명의 역사』 하, 600-602쪽 참조.

57. Partisan은 프랑스어 parti(당)에서 비롯된 말로 당원·동지를 뜻하는데, 현재는 유격전을 수행하는 비정규요원, 즉 유격대원을 가리킨다. 우리 역사에서는 흔히 '빨치산'이라는 말로 공산게릴라를 가리키는 말로 사용됐다(네이버 두산백과 참조).

58. 차하순, 『서양사 총론』, 596-599쪽 참조; J. G. Coffin & R. C. Stacey, 『새로운 서양 문명의 역사』 하, 601쪽, 628-630쪽 참조.

59. 카이로 선언에서는 특히 한국과 관련된 언급이 있다. 즉 일본이 중국에서 빼앗은 영토는 한국만 제외하고 반환해야 했고, 한국은 적절한 시기에 자유와 독립을 얻게 된다고 규정했다(차하순, 『서양사 총론』, 599쪽 참조).

60. 차하순, 『서양사 총론』, 599-600쪽 참조.

61. M. Horkheimer & Theodor W. Adorno, 『계몽의 변증법』, 15쪽 참조.

62. 1942-44년 사이에 100만 이상의 사람들이 아우슈비츠-비르케나우 수용소 한 곳에서만 살해되었다(J. G. Coffin & R. C. Stacey, 『새로운 서양 문명의 역사』 하, 613쪽 참조).

63. 네이버 위키백과(검색항목: 아우슈비츠); J. G. Coffin & R. C. Stacey, 『새로운 서양 문명의 역사』 하, 607-617쪽 참조.

64. J. G. Coffin & R. C. Stacey, 『새로운 서양 문명의 역사』 하, 616쪽.

65. 네이버 위키백과(검색항목: 아우슈비츠); Ian Buruma, 『아우슈비츠와 히로시마』, 정용환 역, 한겨레 신문사, 2002, 91-118쪽 참조.

66. 차하순, 『서양사 총론』, 543쪽 참조; J. G. Coffin & R. C. Stacey, 『새로운 서양 문명의 역사』 하, 613–617쪽 참조.
67. 차하순, 『서양사 총론』, 570쪽 참조; J. G. Coffin & R. C. Stacey, 『새로운 서양 문명의 역사』 하, 546–547쪽 참조; 김희보, 『세계사 다이제스트100』, 443쪽 참조.
68. J. G. Coffin & R. C. Stacey, 『새로운 서양 문명의 역사』 하, 547–548쪽 참조; 김희보, 『세계사 다이제스트100』, 443–444쪽 참조; 차하순, 『서양사 총론』, 571쪽 참조.
69. J. G. Coffin & R. C. Stacey, 『새로운 서양 문명의 역사』 하, 548–549쪽 참조; 김희보, 『세계사 다이제스트100』, 444–445쪽 참조.
70. J. G. Coffin & R. C. Stacey, 『새로운 서양 문명의 역사』 하, 550쪽 참조; 차하순, 『서양사 총론』, 573쪽 참조.
71. J. G. Coffin & R. C. Stacey, 『새로운 서양 문명의 역사』 하, 548쪽, 551쪽 참조; 김희보, 『세계사 다이제스트100』, 445쪽 참조; 차하순, 『서양사 총론』, 574쪽 참조.
72. J. G. Coffin & R. C. Stacey, 『새로운 서양 문명의 역사』 하, 551–555쪽 참조; 김희보, 『세계사 다이제스트100』, 452쪽 참조.
73. J. G. Coffin & R. C. Stacey, 『새로운 서양 문명의 역사』 하, 555–558쪽 참조; 김희보, 『세계사 다이제스트100』, 451–452쪽 참조; 차하순, 『서양사 총론』, 576–578쪽 참조.
74. H. Arendt, 『전체주의의 기원』2, 이진우·박미애 역, 한길사, 2010, 262쪽 참조.
75. J. G. Coffin & R. C. Stacey, 『새로운 서양 문명의 역사』 하, 558–559쪽 참조.
76. 차하순, 『서양사 총론』, 578쪽 참조; J. G. Coffin & R. C. Stacey, 『새로운 서양 문명의 역사』 하, 559–560쪽 참조.
77. H. Arendt, 『전체주의의 기원』2, 270쪽, 276쪽 참조.
78. J. G. Coffin & R. C. Stacey, 『새로운 서양 문명의 역사』 하, 564–566쪽 참조.
79. H. Arendt, 『전체주의의 기원』2, 267쪽 참조.
80. 차하순, 『서양사 총론』, 609쪽 참조; 김희보, 『세계사 다이제스트100』, 461–463쪽 참조; J. G. Coffin & R. C. Stacey, 『새로운 서양 문명의 역사』 하, 665–666쪽 참조.
81. 차하순, 『서양사 총론』, 609쪽 참조; J. G. Coffin & R. C. Stacey, 『새로운 서양 문명의 역사』 하, 666쪽 참조.
82. G. Orwell, 『동물농장』, 김희진 역, 범우사, 2008 참조.
83. 차하순, 『서양사 총론』, 618쪽 참조.
84. J. G. Coffin & R. C. Stacey, 『새로운 서양 문명의 역사』 하, 644–645쪽 참조; 차하순, 『서양사 총론』, 618–619쪽 참조; 김희보, 『세계사 다이제스트100』, 461쪽, 486쪽 참조.
85. J. G. Coffin & R. C. Stacey, 『새로운 서양 문명의 역사』 하, 647쪽 참조; 차하순, 『서양사 총론』,

614쪽, 619–620쪽 참조; 김희보, 『세계사 다이제스트100』, 491쪽 참조.

86. J. G. Coffin & R. C. Stacey, 『새로운 서양 문명의 역사』 하, 649–650쪽 참조; 차하순, 『서양사 총론』, 615쪽 참조.

87. J. G. Coffin & R. C. Stacey, 『새로운 서양 문명의 역사』 하, 650–651쪽, 692–693쪽 참조; 차하순, 『서양사 총론』, 614쪽 참조.

88. J. G. Coffin & R. C. Stacey, 『새로운 서양 문명의 역사』 하, 652쪽, 654–655쪽 참조; 차하순, 『서양사 총론』, 616쪽 참조; 김희보, 『세계사 다이제스트100』, 480–481쪽 참조.

89. 네이버 두산백과(검색항목: 데탕트).

90. 네이버 두산백과(검색항목: 데탕트).

91. 네이버 캐스트사전(검색항목: 고르바초프); J. G. Coffin & R. C. Stacey, 『새로운 서양 문명의 역사』 하, 728쪽, 731–732쪽 참조; 김희보, 『세계사 다이제스트100』, 494–497쪽 참조.

92. J. G. Coffin & R. C. Stacey, 『새로운 서양 문명의 역사』 하, 652쪽, 728–731쪽 참조; 김희보, 『세계사 다이제스트100』, 486쪽, 489쪽, 490–491쪽, 493쪽 참조; 네이버 두산백과(검색항목: 독일통일), 네이버 두산백과(검색항목: 베를린 장벽).

93. 네이버 쉽게 이해하는 중국문화(검색항목: 대약진운동).

94. 네이버 쉽게 이해하는 중국문화, 네이버 두산백과(검색항목: 텐안먼 사건).

95. 네이버 쉽게 이해하는 중국문화, 네이버 두산백과(검색항목: 텐안먼 사건).

96. 네이버 쉽게 이해하는 중국문화.

IV. 결론: 역사 앞에 선 우리 -역사와 나-

지금까지 서양의 고대, 중세, 근대, 그리고 현대의 역사에 대해서 문학, 철학, 예술 등의 문화 텍스트를 통해서 살펴보았다. 고대 그리스의 역사 서술에서는 플라톤의 저술을 통해서, 중세 사회에 대해서는 고딕 교회건축을 통해서, 근대 계몽주의에 대해서는 칸트의 철학을 통해서 해당 역사적 사건을 흥미롭고 생동감 있게 다루어 보고자 했다. 이러한 과정에서 역사적 사건이 담고 있는 의미를 보다 깊이 이해할 수 있기를 바랐고, 나아가서는 그러한 사건과 그것이 보여주는 의미를 넘어서 그것들이 제시하는 본질적인 차원을 추론하거나 직관해낼 수 있기를 바랐다. 역사의 이러한 본질적인 차원으로 걸어 들어갈수록 개별적 사건사를 넘어선 보편적 의미의 지평, 즉 역사성에 도달하고, 그것을 아는 것이 역사의식이며, 우리가 역사를 배우는 이유는 바로 그러한 역사의식의 형성에 있다고 생각하였기 때문이다.

이런 의미에서 역사는 결국 역사의 의미지평인 역사성에 대한 깊은 인식으로 안내하고, 그곳이 바로 역사철학이 시작되는 지점일 것이다. 헤겔은 이런 점에서 개별적 사건사 속에서 보편적인 자유와 이성의 전개를 통찰해야 한다고 했다. 이에 대해 그는 다음과 같이 말했다.

> 사실을 보이는 대로, 들리는 대로 적어 내려가는 역사가 있다. 일정한 거리를 두고 과거의 사실을 바라보면서 온갖 각도에서 반성하는 역사도 있다. 하지만 철학적 역사는 이런 역사들과는 다르다. 철학적 역사는 역사 속에서 자유를 투시하고 이성을 통찰해야만 한다. 아니, 이 역사라면 분명 자유를 투시하고 이성을 통찰할 수 있을 것이다.[1]

역사는 결국 사건사에 대한 사실적 기술이 아니라, 자유와 이성과 같은 보편적 의미지평을 드러내는 역사철학이 되어야 한다는 게 헤겔의 논지이다. 즉 역사는 궁극적으로는 보편적 이념의 장을 드러내는 것이고, 그것을 통찰하는 데에 역사의 존재의미가 있다고 생각된다. 또한 우리가 일상적으로 '역사 앞에 부끄럽지 않나!', '역사적 정의', '역사가 보고 있다', '역사에 살아라!'라고 말할 때 그 역사는 개별적 사건사가 아니라 보편적인 이념사를 의미할 것이고, 그런 의미에서 역사는 결국 그런 이념의 장인 것이다. 헤겔은 이를 자유와 이성의 보편적 이념으로 보았고, 그런 것으로서 역사철학을 전개했던 것이다.

한 발짝 더 나아가 역사가 제시하는 그러한 이념의 장은 결국 인간 사회에서 가능한 도덕성, 즉 정의라는 이념의 장이라고 생각해 본다. 종교가 그러한 것처럼 역사 또한 우리에게 도덕적 압력(Moral Pressure)을 가하는 보편적 이념의 장인 것이다. 왜냐하면 인간은 정신적 존재로서 문화를 형성하여 사회를 구성하는 존재양식 속에 있으므로 인간은 누구나 그러한 도덕적 압력을 피할 수 없고, 그 속에서 살아가고 있기 때문이다. 즉 역사적 정의는 곧 우리의 삶을 이끌어가는 정신적 이정표로서의 도덕성이고, 그것이 역사가 우리에게 궁극적으로 제시하는 보편적 이념의 장이라고 여겨진다. 그렇게 우리는 역사의 도도한 물결 속에 있고, 그러한 역사 앞에 서 있는 것이다. 그리고 역사적 정의를 바라보며 현실의 질곡을 이해하고 싸워 나가고 있다.

이 작은 저술도 바로 개별적 역사기술을 통해서 그런 보편적 이념을 발견하는 데 이르고자 했다. 그것을 위해 여러 가지 문화 텍스트를 좋은 매개물로서 활용하고자 노력했다. 앞으로 문헌을 보다 충실히 참고하여 이 글이 그런 역사의 이념의 현상학이 전개되는 저술로 거듭나기를 소망해 본다.

주

1. G. F. W. Hegel, 『역사철학 강의』, 545쪽 참조.

역사 일반 및 역사철학

김희보, 『세계사 다이제스트 100』, 가람기획, 2010.

차하순, 『서양사 총론』, 탐구당, 1998.

J. Nehru, 『서양사 편력』, 장명국 편역, 석탑, 1993.

G. W. F. Hegel, 『역사철학 강의』, 권기철 역, 동서문화사, 2015.

J. G. Coffin & R. C. Stacey, 『새로운 서양 문명의 역사』 상, 박상익 역, 소나무, 2014.

J. G. Coffin & R. C. Stacey, 『새로운 서양 문명의 역사』 하, 손세호 역, 소나무, 2014.

Ⅰ. 문화 – 예술로 본 고중세사

1. 역사와 역사의식

이인호, 『지식인과 역사의식』, 문학과 지성사, 1989.

H. J. Kaye, 『과거의 힘』, 오인영 역, 삼인, 2004.

E. H. Carr, 『역사란 무엇인가』, 황문수 역, 범우사, 1995.

2. 선사시대와 고대문명

도미니크 졸리, 『선사시대 사람들』, 장석훈 역, 아이세움, 2005.

A. Vanzan, 『페르시아』, 송대범 역, 생각의 나무, 2008.

http://m.blog.daum.net/yangman8031/8561954

3. 고대 그리스와 헬레니즘

Homeros, 『일리아스』, 이상옥 역, 삼성기획, 1992.

Homeros,『오딧세이』, 이상옥 역, 삼성기획, 1993.
W. Durant,『문명이야기. 그리스 문명 2-1』, 김운한·권영교 역, 민음사, 2011.
W. Durant,『문명이야기. 그리스 문명 2-2』, 김운한·권영교 역, 민음사, 2011.
M. Horkheimer & Theodor W. Adorno,『계몽의 변증법』, 김유동·주경식·이상훈 역, 문예출판사, 1996.
Platon,「크리톤」,『소크라테스의 변명(외)』, 최현 역, 범우사, 2005.
M. Aurelius,『명상록』, 김은정 역, 일신서적 출판사, 1992.
http://blog.daum.net/dhlee40s/334
http://terms.naver.com/entry.nhn?docId=2444779&cid=51670&categoryId=51672

4. 로마 제국사와 중세사회

강상원,『Basic 고교생을 위한 세계사 용어사전』, 신원문화사, 2002.
김규회,『상식의 반전 101』, 끌리는 책, 2012.
김덕수,『그리스와 로마』, 살림, 2004.
한정주,『영웅 격정사』, 포럼, 2005.
시오노 나나미,『또 하나의 로마인 이야기』, 부엔리브로, 2007.
T. Monssen,『몸젠의 로마사』 제1권, 김남우·김동훈·성중모 역, 푸른역사, 2013.
T. Monssen,『몸젠의 로마사』 제2권, 김남우·김동훈·성중모 역, 푸른역사, 2014.
T. Monssen,『몸젠의 로마사』 제3권, 김남우·김동훈·성중모 역, 푸른역사, 2015.
Plutarchos,『플루타르코스 영웅전』, 천병희 역, 숲, 2015.
http://www.chanyang.org/sharingBoard/8709
http://blog.daum.net/seo-gallery/20

5. 스콜라 철학과 십자군 원정

이민호,『독일사』, 미래엔, 1996.
이안태,『Basic 중학생이 알아야 할 사회·과학 상식』, 신원문화사, 1997.
H. Huiginga,『중세의 가을』, 최홍숙 역, 문학과 지성사, 1995.

시오노 나나미, 『십자군 이야기 1』, 송태욱 역, 문학동네, 2011.
시오노 나나미, 『십자군 이야기 3』, 송태욱 역, 문학동네, 2012.
Umberto Eco, 『장미의 이름』 상·하, 이윤기 역, 열린책들, 1995.
J. Hirschberger, 『서양철학사』 상, 강성위 역, 이문출판사, 1992.
S. Runciman, 『1453 콘스탄티노플 최후의 날』, 이순호 역, 갈라파고스, 2004.
정승양 기자, "가톨릭 교회의 뿌리, 유럽 수도원을 가다 〈하〉 프란치스코 수도회", 서울경제 (뉴스), 2011.11.22.(《인터넷한국일보》(www.hankooki.com)).

II. 문화 – 예술로 본 근대사

6. 르네상스와 근대국가의 탄생

T. More, 『유토피아』, 황문수 역, 종합출판 범우, 2011.
W. Durant, 『문명 이야기. 르네상스 5–1』, 안인희 역, 민음사, 2011.
W. Durant, 『문명 이야기. 르네상스 5–2』, 안인희 역, 민음사, 2011.
Jacob Burckhardt, 『이탈리아 르네상스의 문화』, 이기숙 역, 한길사, 2006.
Perry Anderson, 『절대주의 국가의 역사』, 김현일 외 역, 소나무, 1993.
N. Machiavelli, 「군주론」, 『마키아벨리와 군주론』, 김영국 편역, 서울대출판부, 1995.

7. 과학혁명과 산업혁명

송영운·이동철, 『코페르니쿠스와 과학 혁명』, 주니어 김영사, 2013.
J. S. Mill, 『공리주의』, 서병훈 역, 책세상, 2008.
James Rachels, 『도덕철학』, 김기순 역, 서광사, 1989.

8. 시민혁명과 계몽주의

김세라·박종호, 『프랑스 대혁명』, 주니어 김영사, 2014.
G. Lefebvre, 『프랑스 혁명』, 민석홍 역, 을유문화사, 2000.

G. Lanson,『랑송 불문학사』, 정기수 역, 을유문화사, 1999.
J. Hirschberger,『서양철학사』 하, 강성위 역, 이문출판사, 1992.
I. Kant,『실천이성비판』, 백종현 역, 아카넷, 2009.
I. Kant,『순수이성비판』 1, 백종현 역, 아카넷, 2010.
J. J. Rousseau,『에밀』, 정봉구 역, 범우사, 2008.

9. 낭만주의와 종교개혁

강영안,『종교개혁과 학문』, SFC, 2016.
이상규,『종교개혁의 역사』, SFC, 2016.
안재경,『종교개혁과 예배』, SFC, 2017.
황희상,『특강 종교개혁사』, 흑곰북스, 2016.
CBS 종교개혁 500주년 기획단,『교양 종교개혁 이야기』, 대한기독교서회, 2016.
Isaiah Berlin,『낭만주의의 뿌리』, 강유원·나현영 역, EjB, 2005.
Novalis,『밤의 찬가』, 윤동하 역편, 태학당, 1994.
P. B. Shelley,『시인의 꿈』, 강대건 역, 민음사, 1991.
J. Keats,『키이츠의 명시』, 이재호 역편, 한림출판사, 1985.
W. Wordsworth,『수선화』, 김기태 편역, 태학당, 1997.
Cho Kyu-Chul, *Poésies Choisies Du XIXe Siècle*, Shinasa, 1995.

10. 보수주의와 자유주의

박우성·남기영,『나폴레옹과 프랑스 제1제정』, 주니어 김영사, 2016.
V. Hugo,『빅토르 위고의 워털루 전투』, 고봉만 역, 책세상, 2015.
W. Durant,『철학 이야기』, 황문수 역, 문예출판사, 2006.

III. 문화 – 예술로 본 현대사

11. 제국주의 시대

김지은·진선규, 『동인도 회사와 유럽 제국주의』, 주니어 김영사, 2015.

정상수, 『제국주의』, 책세상, 2013.

V. I. U. Lenin, 『제국주의론』, 남상일 역, 백산서당, 1986.

E. Zola, 『나나』, 강명희 역, 하서출판사, 1994.

12. 제1차 세계대전과 러시아 공산화

A. Badiou, 『알랭 바디우, 공산주의 복원을 말하다』, 김태옥 역, 숨쉬는 책공장, 2015.

R. Pipes, 『공산주의의 역사』, 이종인 역, 을유문화사, 2014.

13. 제2차 세계대전과 전체주의

후지타 소조(藤田 省三), 『전체주의의 경험』, 이홍락 역, 창비, 2000.

I. Buruma, 『아우슈비츠와 히로시마』, 정용환 역, 한겨레신문사, 2002.

H. Arendt, 『전체주의의 기원』 1, 이진우·박미애 역, 한길사, 2011.

H. Arendt, 『전체주의의 기원』 2, 이진우·박미애 역, 한길사, 2010.

H. Arendt, 『예루살렘의 아이히만』, 김선욱 역, 한길사, 2013.

M. Horkheimer & Theodor W. Adorno, 『계몽의 변증법』, 김유동·주경식·이상훈 역, 문예출판사, 1996.

G. Orwell, 『동물농장』, 김희진 역, 범우사, 2008.

14. 현대사회: 냉전과 탈냉전

J. L. Gaddis, 『냉전의 역사』, 정철·강규형 역, 에코 리브르, 2014.

IV. 결론: 역사 앞에 선 우리 – 역사와 나 –

문화 텍스트로 본 서양역사

발행일 1쇄 2021년 11월 20일
지은이 박유정
펴낸이 여국동

펴낸곳 도서출판 인간사랑
출판등록 1983. 1. 26. 제일 - 3호
주소 경기도 고양시 일산동구 백석로 108번길 60 - 5 2층
물류센타 경기도 고양시 일산동구 문원길 13 - 34(문봉동)
전화 031)901 - 8144(대표) | 031)907 - 2003(영업부)
팩스 031)905 - 5815
전자우편 igsr@naver.com
페이스북 http://www.facebook.com/igsrpub
블로그 http://blog.naver.com/igsr
인쇄 인성인쇄 **출력** 현대미디어 **종이** 세원지업사

ISBN 978 - 89 - 7418 - 857 - 3 03900

* 책값은 뒤표지에 있습니다. * 잘못된 책은 바꿔드립니다.